Excel 2010

pour les nuls

Excel 2010

pour les nuls

Greg Harvey

FIRST
INTERACTIVE

Excel 2010 pour les Nuls

Titre de l'édition originale : Excel 2010 For Dummies

Publié par Wiley Publishing, Inc.
111 River Street
Hoboken, NJ 07030-5774
USA

Edition française publiée en accord avec Wiley Publishing, Inc.
Éditions First, un département d'Édi8,
12, avenue d'Italie
75013 Paris
Tél : 01 44 16 09 00
Fax : 01 44 16 09 01
E-mail : firstinfo@efirst.com
Web : www.editionsfirst.fr
ISBN : 978-2-7540-2396-2
Dépôt légal : 1er trimestre 2011

Collection dirigée par Jean-Pierre Cano
Edition : Pierre Chauvot
Traduction : Bernard Jolivalt

Imprimé en France

Sommaire

Introduction

Je suis très fier de vous présenter *Excel 2010 pour les Nuls*, l'ouvrage de référence sur la dernière version du tableur Microsoft Office Excel pour tous les lecteurs qui n'ont pas l'intention de devenir des gourous des tableurs.

Les transformations spectaculaires de la nouvelle édition de ce livre ne sont que le reflet des transformations "révolutionnaires", apportées par Microsoft à son fameux tableur. Un coup d'œil à la nouvelle structure de commandes que constitue le Ruban et aux riches galeries d'Excel 2010 vous suffira pour vous rendre compte que vous êtes d'un coup transporté dans un monde nouveau.

Excel 2010 pour les Nuls expose toutes les techniques fondamentales que vous devez connaître pour créer, modifier, mettre en forme et imprimer vos propres feuilles de calcul. En plus de vous montrer ce qu'est une feuille de calcul, ce livre explique comment créer des graphiques et des bases de données, et analyser des données. Gardez cependant à l'esprit que ce livre ne fait qu'aborder ces notions de la manière la plus facile ; il n'a pas du tout été question pour moi d'aller au fond des choses. Le livre est essentiellement consacré à la création de feuilles de calcul avec Excel, car c'est bien cela qui intéresse la majorité des gens.

À propos de ce livre

Ce livre n'a pas été conçu pour être lu de la première à la dernière page. Bien que les chapitres se succèdent dans un ordre à peu près logique, un peu comme si vous appreniez à utiliser

Excel dans un centre de formation, chacun des sujets couverts dans un chapitre est indépendant des autres.

Chaque sujet commence par un exposé qui explique son utilité et comment le mettre en œuvre. À l'instar d'autres logiciels sophistiqués, Excel propose toujours plusieurs moyens d'accomplir une tâche. Pour ne pas vous embrouiller, j'ai délibérément réduit le choix au cheminement le plus efficace. Plus tard, si vous en avez envie, vous pourrez toujours expérimenter d'autres moyens d'y parvenir. Pour le moment, tenez-vous-en à la voie que je décrirai.

J'ai essayé autant que possible de vous éviter d'avoir à vous rappeler ce qui est traité ailleurs dans le livre. Cependant, de temps en temps, vous aurez droit à une référence croisée qui vous renverra à une autre section ou chapitre. Le plus souvent, ces références croisées sont censées vous aider à compléter votre information sur tel ou tel sujet, si vous en avez le temps et si cela vous intéresse. Sinon, faites simplement comme si elles n'existaient pas.

Comment ce livre est structuré ?

Ce livre est organisé en six parties, ce qui vous laissera six occasions d'admirer les désopilants dessins de Rich Tennant. Chaque partie rassemble au moins deux chapitres sous la bannière d'un thème commun. Chaque chapitre est subdivisé en sections qui exposent les bases du sujet. Ne vous attachez pas trop à la structure de ce livre, car après tout peu importe que vous ayez appris à modifier une formule avant de savoir comment mettre en forme les cellules, ou si vous avez appris à imprimer avant de savoir faire des modifications dans les cellules. L'important est que vous découvriez l'information nécessaire pour exécuter une tâche et que vous sachiez où la rechercher.

Les conventions utilisées dans ce livre

Les informations qui suivent vous expliquent quelque peu comment les choses sont présentées dans ce livre. Les éditeurs appellent cela des *conventions*, mais, contrairement aux conventions politiques américaines, il n'est besoin ni de faire campagne, ni de rameuter les *pom-pom girls*, ni de s'en prendre à l'adversaire.

Clavier et souris

Excel 2010 est un programme sophistiqué, reposant sur une interface utilisateur à rubans. Au Chapitre 1, je vous dis tout sur les rubans, et je vous explique comment vous sentir à l'aise avec ce nouveau système de commandes. Tout au long du livre, vous trouverez des séquences de commandes de Ruban utilisant la codification habituelle dans les livres *Pour les Nuls*, dans laquelle le nom de l'onglet du Ruban et le bouton de commande à sélectionner dans cet onglet sont séparés par une barre oblique, comme dans cet exemple :

```
Accueil/copier
```

Ce qui indique la commande du Ruban par laquelle la sélection en cours (cellules, graphique ou autres) est copiée dans le Presse-papiers de Windows. Dans cet exemple, vous cliquez sur l'onglet Accueil du Ruban (s'il n'est pas déjà affiché), puis sur le bouton Copier de cet onglet (dont l'icône représente toujours deux feuilles de papier côte à côte).

Certaines des séquences de commandes du Ruban nécessitent un peu plus que de cliquer sur un bouton, à savoir sélectionner la commande voulue dans un menu ouvert par un bouton. Dans ce cas, le nom de la commande à sélectionner dans ce menu suit le nom du bouton qui ouvre celui-ci, chaque élément de la séquence étant séparé par une barre oblique, comme ceci :

```
Formules/Options de calcul/Manuel
```

Ce qui indique la séquence de commandes dans le Ruban qui active le mode de recalcul manuel dans Excel : vous cliquez sur l'onglet Formules (s'il n'est pas déjà affiché), puis sur le bouton Options de calcul, et enfin vous sélectionnez Manuel dans le menu qui apparaît.

Bien que vous utiliserez abondamment la souris et les raccourcis clavier pour vous déplacer dans les feuilles de calcul, vous devrez néanmoins saisir les données manuellement. C'est pourquoi cet ouvrage vous encourage de temps en temps à taper des données dans telle ou telle cellule. Vous pouvez bien sûr choisir de ne pas tenir compte de ces instructions. Lorsque je vous demande de saisir une formule, ce que vous devez taper apparaît en **gras.** Par exemple : Tapez **=somme(A2:B2)** signifie que vous devez exactement taper cela, c'est-à-dire le signe "égal", le mot "somme", la parenthèse ouvrante, les mots "A2:B2" avec le signe "deux-points" entre les deux ensembles chiffre + lettre et la parenthèse fermante. Enfin, cerise sur le gâteau, vous devrez en plus appuyer sur la touche Entrée pour valider cette formule.

Il m'arrivera de vous demander d'appuyer sur une *combinaison de touches* (ce que l'on appelle aussi un *raccourci clavier*) pour exécuter une action, plutôt que de cliquer sur un bouton dans le Ruban. Un raccourci clavier se présente ainsi : Ctrl + S ou Alt + FS (ces deux raccourcis exécutent la commande Enregistrer). Notez qu'il ne faut pas taper la lettre en majuscule. Lorsqu'il faut appuyer aussi sur la touche Maj, celle-ci est indiquée dans la description du raccourci.

Dans le cas de la touche Alt, vous devez appuyer successivement sur la touche Alt (en la relâchant aussitôt) et sur les touches des lettres qui suivent. Les raccourcis clavier utilisant la touche Alt sont propres à la nouvelle interface d'Excel 2010 reposant sur le Ruban, et toutes les lettres correspondantes apparaissent à l'écran lorsque vous appuyez sur la touche Alt.

Les raccourcis clavier utilisant la touche Ctrl sont d'origine plus ancienne, mais fonctionnent un peu différemment : vous devez maintenir enfoncée la touche Ctrl tout en appuyant sur la lettre qui suit (là encore, en minuscule). N'appuyez sur la touche Maj que si elle est indiquée dans la description du raccourci.

Excel 2010 ne comporte qu'un seul menu déroulant (le menu Fichier des versions antérieures) et une seule barre d'outils (la barre d'outils Accès rapide). Le menu Fichier s'ouvre en cliquant sur l'onglet Fichier ou en appuyant sur Alt + F. La barre d'outils Accès rapide, avec les quatre boutons qu'elle contient dans la configuration par défaut, se trouve à gauche dans la barre de titre.

Les pictogrammes

Les pictogrammes que voici sont fort judicieusement placés dans la marge pour attirer l'attention sur ce qui vaut ou non la peine d'être lu :

Ce pictogramme signale une astuce ou toute autre indication utile concernant le sujet en cours.

Ce pictogramme rappelle une information dont il vous sera utile de vous souvenir.

Ce pictogramme indique ce que vous devez faire pour éviter une catastrophe.

Et maintenant, on va où ?

Si vous n'avez encore jamais utilisé un tableur, lisez d'abord le Chapitre 1 pour faire connaissance. Et si vous avez déjà une certaine expérience avec les versions précédentes d'Excel, vous pouvez aller directement à la section "Passer à Excel 2010 à partir d'une version antérieure", toujours au Chapitre 1, qui vous permettra de vous familiariser paisiblement avec la nouvelle interface basée sur le Ruban, et de vous sentir rapidement à l'aise avec elle.

Puis, au fur et à mesure que des questions plus précises se poseront à vous (par exemple "Comment faire pour copier une formule ?"), vous pourrez vous reporter à la table des matières ou à l'index pour y trouver la section ou la page appropriée, et vous y rendre directement pour y trouver la réponse.

Première partie

On se jette à l'eau

"J'ai déjà utilisé toutes sortes de tableurs, mais c'est celui-ci le meilleur pour dessiner des patchworks."

Dans cette partie...

Il suffit d'un coup d'œil à la fenêtre d'Excel 2010, avec sa barre d'outils Accès rapide et son Ruban, pour se rendre compte de la quantité d'outils dont on dispose ici. Que cela ne vous épouvante pas : au Chapitre 1, le Ruban d'Excel 2010 est analysé afin de clarifier les nombreux onglets et boutons de commande que vous aurez devant vous jour après jour.

Naturellement, il ne suffit pas de vous asseoir tranquillement pour vous faire expliquer par quelqu'un comme moi tout ce que vous voyez sur l'écran. Pour faire effectivement quelque chose d'Excel, il vous faut commencer par apprendre à utiliser toutes ces merveilles. Pour cela, c'est le Chapitre 2 qui vous explique comment utiliser certains des principaux boutons et des principales commandes de la fenêtre pour entrer vos données dans votre feuille de calcul. À partir de cette modeste entrée en matière, le chemin n'est pas très long jusqu'à la maîtrise complète du logiciel.

Chapitre 1

Excel 2010 pour son utilisateur

Dans ce chapitre :

- Sélectionner des commandes à partir du Ruban.
- Les méthodes pour lancer Excel 2010.
- Surfer dans un classeur et une feuille de calcul Excel 2010.

À l'instar de la version 2007, la nouvelle interface utilisateur d'Excel 2010 a été débarrassée de ses menus déroulants, panneaux et barres d'outils. Tous ces éléments ont été remplacés par un seul bandeau placé en haut de la feuille de calcul, appelé Ruban. Il contient toutes les commandes d'Excel, rapidement accessibles à tout moment.

L'interface utilisateur et son Ruban

À son premier lancement, Excel 2010 s'ouvre en affichant la première des trois feuilles de calcul nommées Feuil1, Feuil2, Feuil3, d'un nouveau fichier de classeur (Classeur1), dans une fenêtre identique à celle de la Figure 1.1.

Cette fenêtre se compose des éléments suivants :

- **L'onglet Fichier**, qui ouvre le panneau dont le volet de gauche, appelé Backstage – "les coulisses", comme au théâtre – contient toutes les commandes relatives au fichier, notamment Enregistrer, Ouvrir, Imprimer, et Quitter,

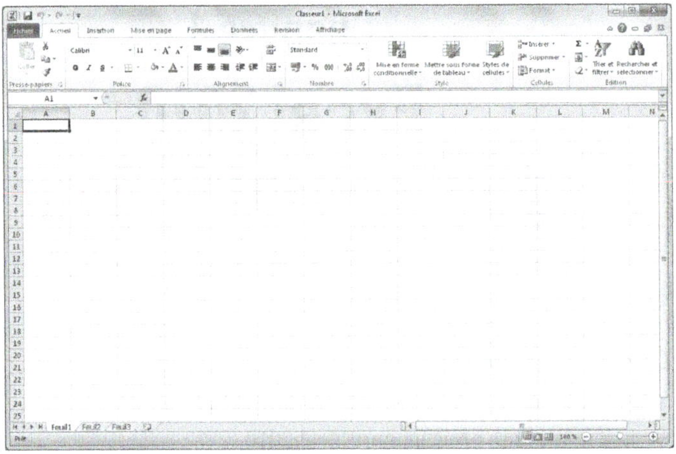

Figure 1.1 : La fenêtre qui apparaît au démarrage d'Excel 2010.

ainsi que le bouton Options qui permet de modifier les paramètres par défaut d'Excel.

- **La barre d'outils Accès rapide,** qui contient des boutons sur lesquels vous pouvez cliquer pour accomplir des tâches d'usage courant, par exemple enregistrer votre travail ou bien annuler ou répéter une modification, et que vous pouvez personnaliser en y ajoutant des boutons.
- **Le Ruban**, qui contient la majeure partie des commandes d'Excel, réparties dans un certain nombre d'onglets allant d'Accueil à Affichage.
- **La Barre de formule**, qui affiche l'adresse de la cellule sélectionnée ainsi que son contenu.
- **La zone de feuille de calcul**, qui contient toutes les cellules de la feuille de calcul en cours, identifiées par des en-têtes de colonnes au moyen de lettres sur le bord supérieur, et par des en-têtes de lignes utilisant des nombres sur le bord gauche, avec des onglets permettant de sélectionner une autre feuille de calcul du classeur, une barre de défilement horizontale sur le bord inférieur pour se déplacer vers la droite et vers la gauche dans la feuille de calcul, et une barre de défilement verticale sur le bord droit pour se déplacer vers le haut et vers le bas dans la feuille de calcul.

- **La Barre d'état**, qui indique dans quel mode se trouve le programme et quelles touches spéciales sont activées, vous permet de sélectionner une autre feuille de calcul et de faire un zoom avant ou arrière sur la feuille de calcul affichée.

Aller en coulisse via l'onglet Fichier

L'onglet Fichier se trouve à gauche de l'onglet Accueil, juste sous la barre d'Accès rapide.

Cliquer sur l'onglet Fichier donne accès à la vue Backstage. Elle contient le menu visible dans la Figure 1.2. L'option Informations affiche l'état du classeur Excel actuellement ouvert et actif.

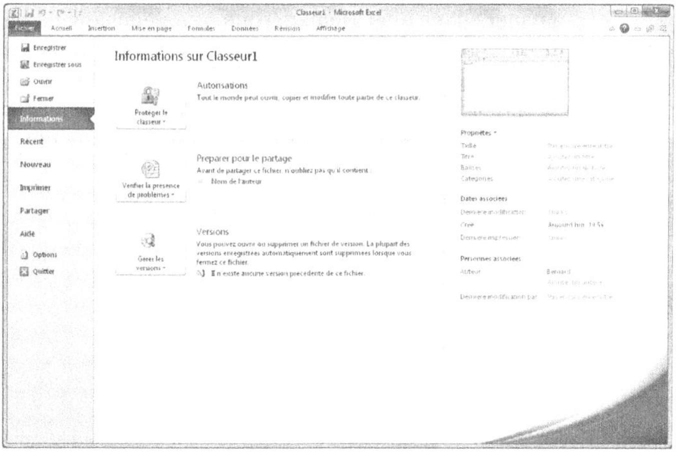

Figure 1.2 : La Vue Backstage fournit des informations sur le fichier courant, donne accès à des commandes de gestion des fichiers ainsi qu'aux options d'Excel.

Le panneau Informations est divisé en deux parties. Celle de gauche contient de grands boutons servant à modifier les autorisations du classeur et à restreindre sa diffusion. La partie de droite contient une miniature du classeur ainsi que des informations concernant les propriétés du document, dont certaines, comme Titres, Balises, Catégorie et Auteur, sont modifiables. Les autres ne le sont pas.

En haut de l'option Informations se trouvent les commandes Enregistrer, Enregistrer sous, Ouvrir et Fermer, qui sont usuellement utilisées lorsque vous travaillez sur des classeurs Excel. En bas du menu, l'option Aide affiche un panneau Support dans la vue Backstage. Il contient l'aide en ligne d'Excel, l'aide pour personnaliser les paramètres par défaut ainsi que la recherche des mises à jour d'Excel 2010. En dessous de Aide, le bouton Options permet de paramétrer Excel, tandis que le bouton Quitter met fin à la session de travail avec Excel.

TRUC

Pour fermer la vue Backstage et revenir à l'affichage normal de la feuille de calcul, cliquez de nouveau sur Fichier ou appuyez sur la touche Echap.

Visite guidée du Ruban

Le Ruban (Figure 1.3) change radicalement la manière de travailler avec Excel 2010. Au lieu de devoir vous rappeler (ou deviner) dans quel menu déroulant ou dans quelle barre d'outils Microsoft a placé la commande que vous voulez utiliser, les concepteurs d'Excel 2010 ont imaginé ce Ruban qui rend directement accessibles dans des onglets les commandes les plus utilisées pour une certaine catégorie de tâches.

Figure 1.3 : Le Ruban d'Excel se compose d'une série d'onglets contenant des boutons de commande répartis dans différents groupes.

Le Ruban est constitué des composants suivants :

- **Des onglets** pour chaque catégorie de tâches d'Excel, rassemblant chacun les commandes les plus utilisées pour cette catégorie de tâches.
- **Des groupes**, rassemblant des boutons de commande par sous-ensemble de ces catégories de tâches.
- **Des boutons de commande** dans chaque groupe, que vous pouvez sélectionner pour accomplir une action ou ouvrir une galerie dans laquelle vous pourrez cliquer sur la miniature de votre choix. Notez que dans certains onglets un certain nombre de ces boutons se présentent comme des mini-barres d'outils donnant accès aux paramètres correspondants.
- **Des lanceurs de boîte de dialogue**, dans le coin inférieur droit de certains groupes, vous permettant d'ouvrir une boîte de dialogue contenant un certain nombre d'options supplémentaires.

TRUC

Pour sélectionner une commande dans le Ruban minimisé, cliquez d'abord sur l'onglet voulu. Celui-ci apparaît. Mais dès que vous avez sélectionné la commande voulue, le Ruban est à nouveau minimisé ; seuls les onglets restent visibles.

Les onglets du Ruban

La première fois que vous lancez Excel 2010, son Ruban contient les onglets suivants, de la gauche vers la droite :

- **Accueil**, qui contient les boutons de commande normalement utilisés pour créer, mettre en forme et modifier une feuille de calcul, répartis dans les groupes Presse-papiers, Police, Alignement, Nombre, Style, Cellules et Édition.
- **Insertion**, qui contient les boutons de commande normalement utilisés pour ajouter divers éléments (dessins, tableaux, graphiques, graphiques sparkline, liens hypertextes, en-têtes et pieds de pages), répartis dans les groupes Formes, Tableaux, Illustrations, Graphiques, Graphiques sparkline, Diagrammes, Liens et Texte.
- **Mise en page**, qui contient les boutons de commande normalement utilisés pour préparer une feuille de calcul

pour l'impression ou réorganiser les dessins sur une feuille de calcul, répartis dans les groupes Thèmes, Mise en page, Mise à l'échelle et Options de la feuille de calcul et Organiser.

- **Formules**, qui contient les boutons de commande normalement utilisés pour ajouter des formules et des fonctions dans une feuille de calcul ou pour rechercher des erreurs dans une formule, répartis dans les groupes Bibliothèque de fonctions, Cellules nommées, Audit de formules et Calcul. Notez que cet onglet contient également un groupe Solutions lorsque vous activez certains compléments comme Analysis Toolpack et Outils pour l'euro.
- **Données**, qui contient les boutons de commande normalement utilisés pour importer, émettre des requêtes, mettre en évidence ou faire un sous-total des données d'une feuille de calcul, répartis dans les groupes Donnés externes, Gérer les connexions, Trier et filtrer, Outils de données et Plan. Notez que cet onglet contient également un groupe Analyse lorsque vous activez certains compléments comme Analysis Toolpak ou Complément Solver.
- **Révision**, qui contient les boutons de commande normalement utilisés pour vérifier, protéger et effectuer le suivi des modifications d'une feuille de calcul, répartis dans les groupes Vérification, Commentaires et Modifications. Notez que ce ruban contient aussi un groupe Ink si vous utilisez Office 2010 sur un Tablet PC ou avec un ordinateur équipé d'une tablette numérique Ink.
- **Affichage**, qui contient les boutons de commande normalement utilisés pour modifier l'affichage de la feuille de calcul, répartis dans les groupes Affichages classeur, Afficher/Masquer, Zoom et Fenêtre.

TRUC

En plus de ces sept onglets standard, Excel dispose également de l'onglet supplémentaire optionnel Développeur, que vous pouvez ajouter au Ruban si vous travaillez avec des macros et des fichiers XML.

Bien que ces onglets standard soient ceux que vous voyez toujours sur le Ruban lorsqu'il est affiché dans Excel, ils ne sont pas tout ce qui peut apparaître dans cette zone. Excel peut également y afficher des outils contextuels lorsque vous travaillez sur un objet que vous avez sélectionné dans la feuille de calcul, par exemple une image insérée ou un graphique, ou un tableau que vous avez créé. Les noms des outils contextuels pour l'objet sélectionné apparaissent juste au-dessus de l'onglet ou des onglets associés à ces outils.

Par exemple, la Figure 1.4 montre une feuille de calcul après avoir cliqué sur le graphique qu'elle contient pour le sélectionner. Sélectionner ce graphique fait apparaître à l'extrémité du Ruban les Outils de graphique répartis dans trois onglets supplémentaires : Création (sélectionné par défaut), Disposition et Mise en forme. Notez également que les boutons de commande de l'onglet Création sont répartis dans les groupes Type, Données, Disposition rapide, Styles rapides et Emplacement.

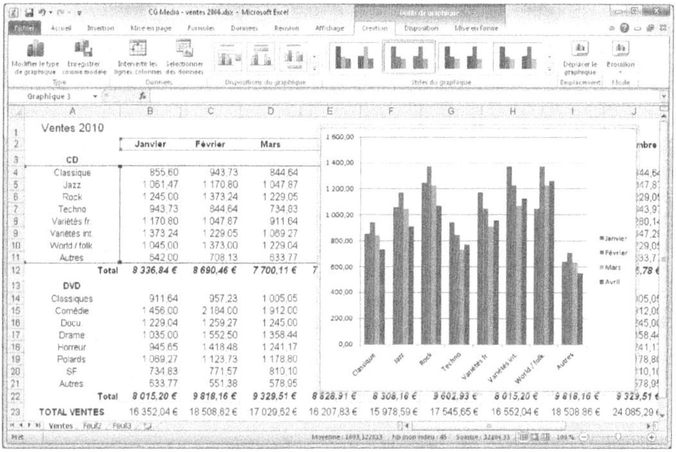

Figure 1.4 : Lorsque vous sélectionnez certains objets dans la feuille de calcul, Excel ajoute au Ruban des outils contextuels avec leurs propres onglets, groupes et boutons.

TRUC

Lorsque vous désélectionnez l'objet, en général en cliquant dans la feuille à l'extérieur de celui-ci, l'outil contextuel pour celui-ci disparaît immédiatement du Ruban, qui ne laisse plus apparaître que les onglets habituels.

Sélectionner des commandes dans le Ruban

La méthode la plus facile pour sélectionner des commandes du Ruban (si vous êtes vraiment à l'aise avec votre clavier) consiste à appuyer sur la touche Alt, la relâcher, puis à taper la séquence de lettres définissant le raccourci clavier pour l'onglet et le bouton voulus.

Lorsque vous appuyez sur la touche Alt et la relâchez aussitôt, Excel affiche les touches de raccourci pour tous les onglets du Ruban. Lorsque vous appuyez alors sur la touche de raccourci d'un onglet, celui-ci apparaît, avec toutes les touches de raccourci des boutons de commande qu'il contient, comme le montre la Figure 1.5. Pour sélectionner un bouton de commande (ou ouvrir une boîte de dialogue), appuyez alors simplement sur les touches de raccourci correspondantes.

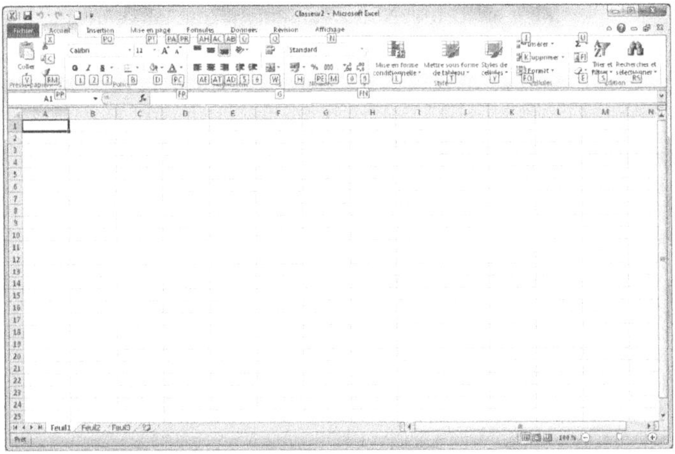

Figure 1.5 : Lorsque vous appuyez successivement sur Alt puis sur la touche de raccourci d'un onglet, Excel affiche les touches de raccourci de tous ses boutons de commande et boîtes de dialogue.

Se déplacer dans la feuille de calcul

Une feuille de calcul Excel contient bien trop de lignes et de colonnes pour que toutes soient affichées en même temps, quelles que soient la taille et la définition de votre écran (ne perdons pas de vue qu'il y a au total 17 179 869 184 cellules dans une feuille de calcul). Excel offre donc de nombreux moyens de déplacer le curseur de cellule dans la feuille de calcul pour atteindre celle que vous voulez modifier :

- Cliquer sur la cellule voulue (dans le cas où celle-ci se trouve dans la zone de la feuille de calcul affichée à l'écran).

- Cliquer dans la zone de nom de la Barre de formule, y entrer directement l'adresse de la cellule voulue et appuyer sur la touche Entrée.
- Appuyer sur F5 pour faire apparaître la boîte de dialogue Atteindre, entrer l'adresse de la cellule voulue dans le champ Référence, puis cliquer sur OK.
- Utiliser les barres de défilement horizontale et verticale, respectivement sur le bord inférieur et le bord droit de la fenêtre, pour faire apparaître à l'écran la zone de la feuille de calcul qui contient la cellule voulue, puis cliquer sur celle-ci pour la sélectionner.

TRUC

Vous pouvez utiliser la touche Verr Maj (Verrouillage Majuscule) pour "verrouiller" la position du curseur de cellule dans la feuille de calcul, de manière à faire défiler à l'écran la feuille de calcul avec des touches comme PgSuiv et PgPréc sans changer la position du curseur de cellule (autrement dit, de manière que ces touches se comportent comme les barres de défilement).

Après avoir activé le Verrouillage Majuscule, lorsque vous faites défiler la feuille de calcul avec le clavier, Excel ne sélectionne pas une nouvelle cellule dans la zone affichée. La cellule sélectionnée reste la même, même si elle n'est plus visible à l'affichage. Pour "déverrouiller" le curseur de cellule en utilisant le clavier pour faire défiler la feuille de calcul, vous devez désactiver le Verrouillage Majuscule (soit en appuyant à nouveau sur la touche Verr Maj, soit en appuyant sur la touche Maj, selon le paramétrage de Windows).

Astuces pour les barres de défilement

Pour comprendre comment fonctionne le défilement dans Excel, représentez-vous cette énorme feuille de calcul comme un rouleau de papier enroulé sur une bobine à chaque extrémité. Pour faire apparaître une partie du rouleau qui se trouve cachée sur sa bobine du côté droit, vous rembobinez la bobine de gauche, jusqu'à ce que la partie voulue apparaisse sous vos yeux. Et pour faire apparaître une partie du rouleau qui se trouve cachée sur sa bobine du côté gauche, vous rembobinez la bobine de droite, jusqu'à ce que la partie voulue apparaisse sous vos yeux. C'est le même principe vers le haut et vers le bas.

Vous pouvez utiliser la barre de défilement horizontal qui se trouve sur le bord inférieur de la feuille de calcul pour faire défiler vos colonnes vers la droite ou vers la gauche, et la barre de défilement verticale qui se trouve sur le bord droit de la feuille de calcul pour faire défiler vos lignes vers le haut ou vers le bas. Pour faire défiler d'une colonne ou d'une ligne à la fois dans une direction, cliquez sur la flèche de défilement appropriée à l'une ou l'autre extrémité de la barre de défilement correspondante.

N'oubliez pas que vous pouvez redimensionner la barre de défilement horizontale pour la rendre plus longue ou plus courte en faisant glisser le bouton qui apparaît à son extrémité gauche. Gardez à l'esprit que l'espace restant à gauche de la barre de défilement horizontale permet de loger les onglets des feuilles de calcul que contient le classeur.

Surfer sur les feuilles d'un classeur

Chaque nouveau classeur que vous créez dans Excel 2010 contient trois feuilles de calcul vierges, chacune avec ses 16 384 colonnes et 1 048 576 lignes (ce qui vous fait disposer de la bagatelle de 51 539 607 552 cellules vierges par feuille). Mais si vous avez besoin de feuilles supplémentaires dans votre classeur, il suffit de cliquer sur le bouton Insérer une feuille de calcul, juste après les onglets des feuilles de calcul existantes.

Dans le coin inférieur gauche de la fenêtre, les boutons de défilement d'une feuille de calcul à une autre sont suivis par les onglets des feuilles de classeur, puis par le bouton Insérer une feuille de calcul. Pour activer une feuille de calcul, c'est-à-dire pour la faire apparaître à l'affichage et pouvoir y travailler, il vous suffit de la sélectionner en cliquant sur son onglet. Excel met en évidence la feuille active en mettant son nom en gras dans l'onglet correspondant et en faisant apparaître celui-ci au-dessus des autres.

Si votre classeur contient trop de feuilles de calcul pour que tous leurs onglets puissent être affichés en même temps en bas de la fenêtre, utilisez les boutons de défilement situés à gauche des onglets pour les faire défiler et faire apparaître ceux dont vous avez besoin, de manière que vous puissiez alors cliquer sur celui que vous voulez activer.

Montrer la Barre d'état

La Barre d'état occupe tout le bord inférieur de la fenêtre d'Excel et comporte les zones suivantes :

- **L'indicateur Mode Cellule** indique l'état du programme Excel (Prêt, Entrer, et ainsi de suite), ainsi que toutes les touches spéciales du clavier qui sont activées (Verr Maj, Verr Num et Défilement).
- **Les indicateurs Moyenne, Nombre et Somme** affichent la moyenne et la somme de tous les contenus numériques de l'ensemble des cellules sélectionnées, ainsi que le nombre de ces dernières.
- **Le Sélecteur d'affichage** vous permet de choisir entre trois modes d'affichage pour votre feuille de calcul : Normal (c'est l'affichage par défaut qui ne montre que les cellules avec les en-têtes de lignes et de colonnes) ; Mise en page (qui affiche les règles, les marges et les sauts de page) ; et Sauts de page (qui vous permet de mettre au point la mise en page du document). Pour en savoir plus à ce sujet, reportez-vous au Chapitre 5.
- **Le Curseur de zoom** permet de zoomer en avant ou en arrière dans votre feuille de calcul, en le tirant vers la droite ou vers la gauche.

Lancer et quitter Excel

Excel 2010 fonctionne sous le "vieux" Windows XP, et bien sûr avec Windows Vista et le nouveau Windows 7. Du fait des changements apportés au menu Démarrer dans Windows Vista, la procédure pour lancer Excel avec cette dernière version est un peu différente de celle de Windows XP.

Lancer Excel à partir du menu Démarrer

Vous pouvez utiliser le champ Rechercher qui se trouve en bas du menu Démarrer de Windows Vista pour identifier l'emplacement du programme Excel sur votre ordinateur et le lancer très rapidement :

1. **Cliquez sur le bouton Démarrer dans la Barre des tâches pour ouvrir le menu Démarrer.**
2. **Cliquez dans le champ Rechercher et tapez les deux lettres** ex **afin que Windows identifie l'emplacement du programme Excel 2010 sur votre ordinateur.**
3. **Cliquez sur l'option Microsoft Office Excel 2010 qui apparaît maintenant dans le volet de gauche du menu Démarrer.**

Vous pouvez aussi lancer Excel à partir du menu Démarrer, en cliquant sur Démarrer/Tous les programmes/Microsoft Office/Microsoft Office Excel 2010.

Lancer Excel à partir du menu Démarrer de Windows XP

Pour lancer Excel à partir du menu Démarrer de Windows XP, suivez simplement ces étapes :

1. **Cliquez sur Démarrer dans la Barre des tâches de Windows pour ouvrir le menu Démarrer.**
2. **Dans le menu Démarrer, sélectionnez Tous les programmes/Microsoft Office/Microsoft Office 2010.**

Créer sur le Bureau un raccourci vers Excel

Certains préfèrent disposer d'une icône de raccourci vers le programme Excel sur le Bureau de Windows, de manière à pouvoir lancer Excel en double-cliquant simplement sur cette icône. Pour créer une icône de raccourci vers le programme Excel sur le Bureau de Windows Vista, suivez ces étapes :

1. **Cliquez sur le bouton Démarrer puis mettez l'option Tous les programmes en surbrillance.**

   Windows XP déploie un sous-menu tandis que Windows Vista et Windows 7 affichent une nouvelle liste de programmes.

2. **Sous Windows XP, mettez l'option Microsoft Office en surbrillance. Sous Windows Vista et Windows 7, cliquez l'option Microsoft Office.**

   Windows XP déploie un sous-menu contenant tous les programmes d'Office 2010. Windows Vista et Windows 7 affichent la liste des programmes d'Office 2010.

3. **Cliquez du bouton droit sur l'option Microsoft Excel 2010.**

4. **Dans le menu contextuel, cliquez Envoyer vers/Bureau (créer un raccourci).**

   Un raccourci nommé Microsoft Excel 2010 apparaît sur le Bureau. Double-cliquer dessus démarre Excel.

Ajouter un raccourci vers Excel dans la Zone de lancement rapide

Si vous voulez pouvoir lancer Excel 2010 par un simple clic sur un bouton directement accessible, faites simplement glisser l'icône de votre raccourci vers Excel sur le Bureau – que ce soit sous Windows XP ou sous Windows Vista – pour le déposer dans la Zone de lancement rapide de la Barre des tâches. Lorsque vous faites glisser une icône jusqu'à cette zone de lancement rapide, une petite barre noire apparaît au-dessous de l'icône après laquelle sera placée celle que vous êtes en train de faire glisser si vous relâchez à cet instant le bouton de la souris. Une fois l'icône placée dans la Zone de lancement rapide, un simple clic sur celle-ci lance le programme correspondant.

Épingler l'icône d'Excel dans la Barre des tâches de Windows 7

Si votre ordinateur tourne sous Windows 7, vous pouvez placer en permanence l'icône Microsoft Excel 2010 dans la Barre des tâches, avec celles d'Internet Explorer, de Windows Explorer et du Lecteur Windows Media.

Il suffit pour cela de faire glisser jusque sur la Barre des tâches l'icône d'Excel que vous avez épinglée dans le menu Démarrer ou l'icône du raccourci (voir sections "Placer Excel dans le menu Démarrer" et "Créer sur le Bureau un raccourci vers Excel").

L'icône d'Excel reste en permanence dans la Barre des tâches. Cliquez dessus pour démarrer le programme.

Quitter Excel

Une fois votre travail terminé, vous êtes prêt à quitter Excel ; vous disposez pour cela de plusieurs méthodes :

- Cliquer sur l'onglet Fichier puis sur le bouton Quitter.
- Appuyer sur Alt + F + X ou sur Alt + F4.
- Cliquer sur le bouton Fermer (X) dans le coin supérieur droit de la fenêtre d'Excel.

Si vous essayez de quitter Excel après avoir travaillé dans un classeur mais sans avoir enregistré vos dernières modifications, le programme émet une alerte sonore et affiche une boîte d'alerte vous demandant si vous voulez enregistrer vos modifications. Pour les enregistrer avant de quitter Excel, cliquez sur le bouton Oui (pour en savoir plus sur l'enregistrement de vos documents, reportez-vous au Chapitre 2). Si vous ne voulez pas enregistrer vos dernières modifications, cliquez sur le bouton Non.

Chapitre 2

Créer une feuille de calcul à partir de zéro

Dans ce chapitre :

- Démarrer un nouveau classeur.
- Entrer des données de trois types possibles dans une feuille de calcul.
- Créer des formules simples.
- Corriger des entrées erronées.
- Utiliser la fonction de correction automatique.
- Faire le total de lignes ou de colonnes avec le bouton Somme automatique.

Maintenant que vous savez démarrer Excel 2010, le moment est venu de passer à l'action sans que cela tourne au cauchemar. Vous découvrirez dans ce chapitre comment entrer toutes sortes d'informations dans toutes ces petites cellules vierges décrites dans le chapitre précédent. Après avoir appris à entrer des données brutes dans la feuille de calcul, vous aborderez ce qui est sans doute la plus importante des leçons : l'enregistrement de toutes ces informations sur le disque afin que vous n'ayez plus à ressaisir tout ça !

La saisie des données

Voici la règle de base de toute saisie de données :

Pour entrer des données dans une feuille de calcul, il faut cliquer avec le pointeur dans la cellule qui doit les recevoir puis les taper.

Notez qu'avant de positionner le pointeur de cellule là où la saisie (ou entrée) doit avoir lieu, Excel doit être en mode Prêt ; ce mode est affiché en toutes lettres dans la barre d'état. Mais, dès que vous commencez à saisir des données, Excel passe en mode Entrer (ce mot remplace le mot Prêt, dans la barre d'état).

Dès lors que vous commencez à saisir en mode Entrer, les caractères que vous tapez apparaissent à la fois dans la cellule de la feuille de calcul et dans la barre de formule, en haut de l'écran. Tout ce que vous tapez dans une cellule a un effet dans la barre de formule, à commencer par l'apparition des boutons Annuler, Entrer et Insérer une fonction, entre la Zone Nom et la barre de formule.

Au fur et à mesure que vous tapez, Excel affiche votre saisie à la fois dans la barre de formule et dans la cellule active de la feuille de calcul, comme l'illustre la Figure 2.1. Le point d'insertion n'est toutefois présent qu'après les caractères affichés dans la cellule.

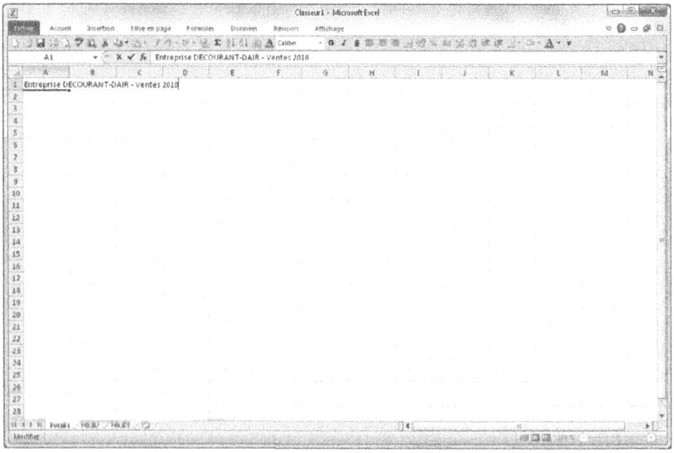

Figure 2.1 : Ce que vous tapez apparaît à la fois dans la cellule active et dans la barre de formule.

Après avoir effectué la saisie, vous devez faire en sorte qu'elle demeure dans la cellule. Pour ce faire, le logiciel doit quitter le mode Entrer et revenir au mode Prêt afin que vous puissiez déplacer le pointeur vers une autre cellule et y entrer éventuellement d'autres données.

Pour terminer la saisie et par là même passer du mode Entrer au mode Prêt, vous pouvez au choix cliquer sur le bouton Entrer (dans la barre de formule), appuyer sur la touche Entrée, ou encore appuyer sur l'une des touches fléchées (←, →, ↑ ou ↓) pour déplacer le pointeur vers une cellule voisine. Il est aussi possible d'appuyer sur la touche Tab ou Maj + Tab.

Bien que chacune de ces manipulations serve à valider la saisie des données dans une cellule, ce qui s'ensuit diffère quelque peu :

- Si vous cliquez sur le bouton Entrer, dans la barre de formule, la saisie est validée mais le pointeur de cellule reste en place.
- Si vous appuyez sur la touche Entrée, la saisie est validée mais le pointeur se place sur la cellule située juste en dessous.
- Si vous appuyez sur l'une des touches fléchées, la saisie est validée, après quoi le pointeur de cellule se place sur la cellule suivante, dans le sens de la flèche.
- Si vous appuyez sur la touche Tab, la saisie est validée, après quoi le pointeur se déplace vers la cellule immédiatement à droite (ce qui équivaut à appuyer sur la touche Flèche droite). L'appui sur Maj + Tab déplace le pointeur vers la cellule immédiatement à gauche (équivalent de la touche Flèche gauche).

Si, pendant la saisie – et aussi longtemps qu'elle n'a pas été validée –, vous vous rendez compte d'une erreur, vous pouvez purger et désactiver la barre de formule en cliquant sur le bouton Annuler (celui avec un X) ou en appuyant sur la touche Echap. Mais si vous ne repérez cette erreur qu'après la validation, vous devrez revenir à cette cellule pour la corriger ou supprimer l'entrée (nous verrons ces opérations dans le Chapitre 4) et refaire la saisie.

Tous les types sont les bienvenus

Pendant que vous entrez joyeusement des données dans le tableur, Excel analyse constamment à votre insu le type de ces données et les classe selon l'un des trois types qu'il connaît : du *texte*, une *valeur* ou une *formule*.

Si Excel découvre qu'il s'agit d'une formule, le logiciel la calcule aussitôt, puis affiche le résultat dans la cellule de la feuille de calcul (la formule elle-même reste cependant visible dans la barre de formule). Si la saisie n'a rien d'une formule, Excel détermine s'il s'agit d'un texte ou d'une valeur.

Les signes révélateurs d'un texte

Un *texte* n'est rien d'autre qu'une saisie qu'Excel ne reconnaît ni comme formule ni comme valeur. Autant dire que, en ce qui concerne les types de données, il s'agit carrément d'une catégorie fourre-tout. En pratique, la plupart des entrées de texte (appelées aussi *intitulés*) sont des combinaisons de lettres et de ponctuations, ou de lettres et de chiffres. Les textes servent principalement à créer des titres, des en-têtes ou des annotations.

Il est facile de savoir si une saisie a produit un texte, car ce type de données est automatiquement aligné contre le bord gauche de la cellule. Si le texte est plus long que la cellule, il déborde sur la ou les cellules à droite, *aussi longtemps que celles-ci sont vides* (voir Figure 2.2).

Si par la suite vous entrez une information dans une cellule sur laquelle du texte a débordé, Excel tronque le texte, comme le montre la Figure 2.3. Ne vous inquiétez pas ; Excel n'a pas du tout coupé le texte, il a simplement évité de l'afficher pour libérer de la place pour les nouvelles données. Pour récupérer la partie masquée du texte, vous devrez élargir la colonne qui le contient (nous verrons comment dans le Chapitre 3).

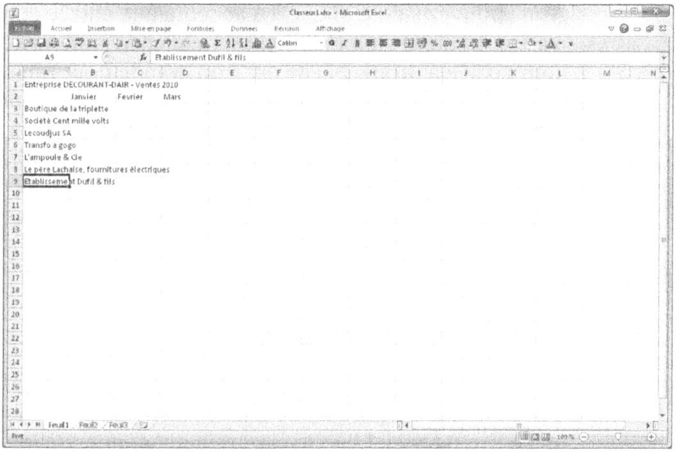

Figure 2.2 : Un texte long déborde à droite de la cellule, vers ses voisines vides.

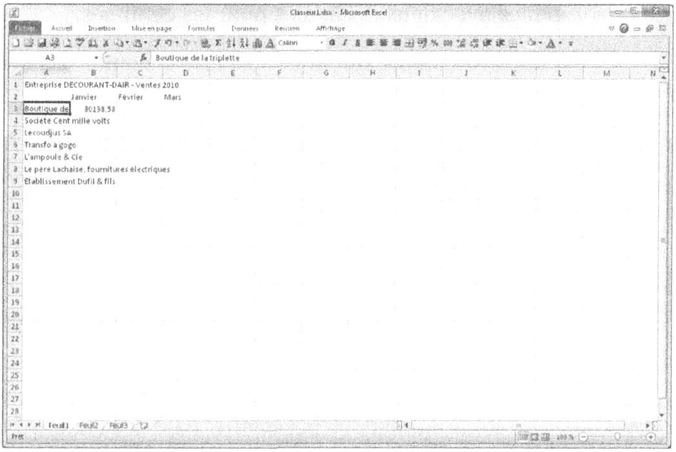

Figure 2.3 : Les données de la colonne B masquent partiellement les textes longs qui débordent.

Comment Excel évalue-t-il les valeurs ?

Les *valeurs* sont les blocs de construction de la plupart des formules que vous élaborerez dans Excel. Il en existe deux sortes : les chiffres qui représentent des quantités (14 unités en stock ou 140 000 euros...) et les chiffres qui représentent une date (le 19 décembre 2001) ou une heure (13:30).

Vous pouvez savoir si Excel a accepté une entrée comme valeur en observant comment il l'a alignée ; une valeur est toujours calée à droite. Si elle est trop grande pour tenir dans la cellule, Excel la convertit automatiquement en *notation scientifique*. Par exemple, la valeur 6E + 08 indique que 6 est suivi par 8 zéros, soit une valeur de 600 millions. Pour obtenir l'affichage d'un nombre scientifique en notation décimale, plus conventionnelle, il suffit d'élargir la cellule (nous verrons comment dans le Chapitre 3).

Fixer les décimales

Si vous devez entrer une série de chiffres qui doivent comporter un même nombre de décimales, activez la fonction Décimale fixe d'Excel. Elle s'avère vraiment commode lorsque vous devez saisir des centaines de valeurs financières ou comptables avec deux décimales pour les centimes.

Procédez comme suit pour spécifier le nombre de décimales à afficher pour les nombres que vous entrez :

1. **Cliquez sur Fichier/Options, ou appuyez sur Alt + FI, puis cliquez sur l'onglet Options avancées dans la boîte de dialogue Options Excel.**

   La boîte de dialogue Options Excel apparaît, avec l'onglet Options avancées au premier plan.

2. **Dans la section Options d'édition, cochez la case Décimale fixe.**

   Par défaut, Excel affiche deux chiffres après la virgule. Pour modifier ce paramètre, passez à l'Étape 3. Si vous voulez le conserver, passez à l'Étape 4.

3. **Tapez une nouvelle valeur dans le champ Place ou utilisez les boutons fléchés pour l'augmenter ou la réduire.**

   Par exemple, si vous voulez afficher trois décimales, mettre la valeur de Place à 3 donnera : 00,000.

4. **Cliquez sur OK ou appuyez sur Entrée.**

Excel affiche la mention Décimale fixe dans la barre d'état pour bien indiquer que la fonction Décimale fixe est active.

Après avoir fixé les décimales, Excel ajoute automatiquement la virgule décimale à toutes les valeurs numériques que vous serez amené à entrer. Tout ce que vous avez à faire est de taper des chiffres et de les valider. Par exemple, pour entrer 100,99 dans une cellule lorsque la place de la décimale fixe est 2, vous taperez **10099** sans jamais taper la virgule. Dès que vous validez ces chiffres, Excel fait apparaître 100,99 dans la cellule.

Taper comme avec la bonne vieille calculatrice

Vous pouvez obtenir plus encore de la fonction Décimale fixe en sélectionnant la plage de cellules dans laquelle vous voulez entrer des chiffres et en appuyant ensuite sur la touche Verr Num afin de procéder aux saisies à partir du pavé numérique, comme avec une calculatrice.

En procédant ainsi, tout ce que vous avez à faire pour entrer des plages de données dans les cellules est de les taper et d'appuyer sur la touche Entrée (ou Enter) du pavé numérique. Excel insère la virgule au bon endroit puis décale le pointeur vers la prochaine cellule. Mieux, lorsque vous avez tapé la dernière valeur d'une colonne, appuyer sur Entrée déplace automatiquement le pointeur en haut de la prochaine colonne de la sélection.

Regardez les Figures 2.4 et 2.5 pour voir en quoi la méthode de la calculatrice peut vous être utile. Dans la Figure 2.4, la fonction Décimale fixe est active, avec 2 places décimales, et la plage de cellules allant de B3 à D9 est sélectionnée. Vous remarquez aussi que six entrées ont été faites dans les cellules B3 à B8 et une septième, 30834,63, est en cours de saisie dans la cellule B9. Pour procéder à cette entrée en mode Décimale fixe, il suffit de taper **3083463** à partir du pavé numérique.

Dans la Figure 2.5, observez ce qui se passe juste après avoir appuyé sur Entrée (la touche habituelle ou celle du pavé numérique). Excel a non seulement placé la virgule dans la valeur de

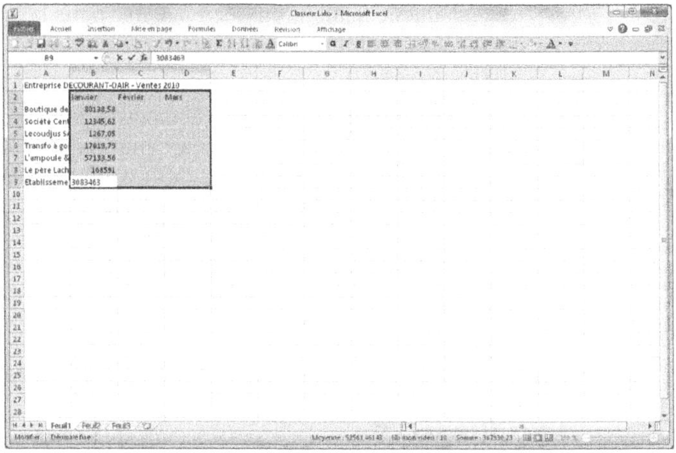

Figure 2.4 : Pour entrer la valeur 30834,63 dans la cellule B9, tapez *3083463* et appuyez sur la touche Entrée.

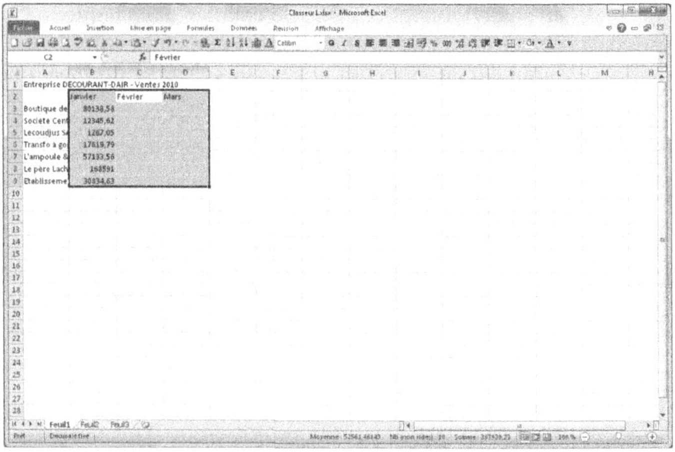

Figure 2.5 : La touche Entrée vient d'être pressée pour valider la valeur 30834,63 tapée dans la cellule B9. Le pointeur passe ensuite automatiquement à la cellule C3.

la cellule B9, mais il a aussi déplacé le pointeur vers la cellule C3, en haut de la colonne suivante.

La saisie des dates et des heures

Excel détermine si la valeur que vous venez d'entrer est une date ou une heure, ou bien du texte, selon le format utilisé. Si celui-ci correspond à l'un des formats de date ou d'heure d'Excel, le logiciel considère ces valeurs comme une date ou comme une heure. Autrement, si le format n'est pas reconnu, l'entrée est considérée comme du texte.

Excel reconnaît les formats d'heure suivants :

3	AM ou PM
3	A ou P (pour AM et PM)
3:21	
3:21:04	AM ou PM
15:21	
15:21:04	

(*NdT* : Les initiales AM et PM, utilisées dans les pays anglophones, sont respectivement celles des termes latins *ante meridiem,* "avant midi" et *post meridiem,* "après midi". Elles sont utilisées pour différencier les heures dans un système horaire basé sur 12 heures.)

Excel reconnaît les formats de date suivants :

6 novembre 2010 ou 6 novembre 10

6/11/10 ou 6-11-10

6-nov-10, 6/nov/10 ou 6nov10

6/11, 6-nov, 6/nov ou 6nov

06nov ou 06-nov

Concocter ces fabuleuses formules !

Les formules sont les véritables chevaux de bataille d'Excel. Pour peu qu'une formule ait été correctement élaborée, elle renverra le résultat recherché dès sa validation. Par la suite, elle réagira en temps réel à toutes les modifications apportées aux cellules dont elle dépend.

Vous indiquez à Excel que vous tapez une formule – et non du texte ou une valeur – en commençant la saisie par le signe = (égal). Il précède toutes les formules, même les plus élémentaires comme SOMME ou MOYENNE (reportez-vous à la section "Placer une fonction dans une formule avec l'Assistant Fonction", plus loin dans ce chapitre, pour en savoir plus sur l'utilisation des fonctions d'Excel). D'autres formules simples se basent sur une série de valeurs ou de références de cellules contenant des valeurs. Ces dernières sont séparées par un ou plusieurs des opérateurs mathématiques suivants :

+ Addition

- Soustraction

* Multiplication

/ Division

^ Puissance

Par exemple, pour créer dans la cellule C2 une formule qui multiplie la valeur contenue dans la cellule B2, vous taperez la formule suivante : **=A2*B2**.

Procédez comme suit pour entrer cette formule :

1. **Sélectionnez la cellule C2.**
2. **Tapez l'intégralité de la formule :** =A2*B2.
3. **Appuyez sur la touche Entrée.**

Ou :

1. **Sélectionnez la cellule C2.**
2. **Tapez le signe** = **(égal).**
3. **Sélectionnez la cellule A2 en cliquant dedans ou avec les touches fléchées.**

   Cette action place la cellule de référence A2 dans la formule, comme le montre la Figure 2.6.
4. **Tapez * (sur la plupart des claviers, ce caractère est à proximité de la touche Entrée).**

   L'astérisque est le signe de multiplication. Il se substitue au signe "×" appris à l'école.
5. **Sélectionnez la cellule B2 avec la souris ou au clavier.**

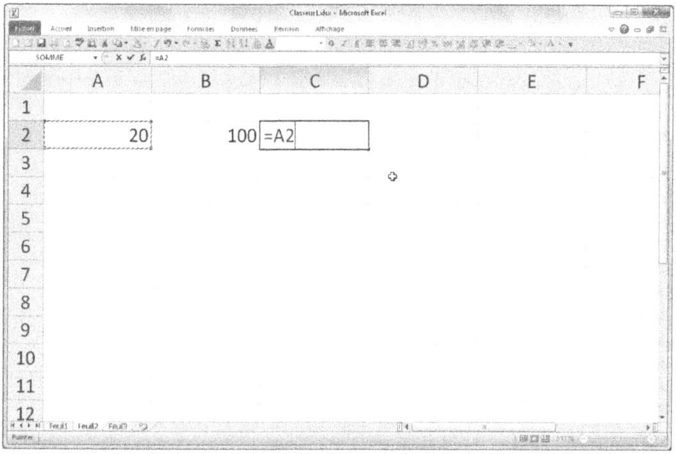

Figure 2.6 : Pour commencer à créer la formule, tapez le signe = puis sélectionnez la cellule A2.

Cette action insère le contenu de la cellule B2 dans la formule, comme le montre la Figure 2.7.

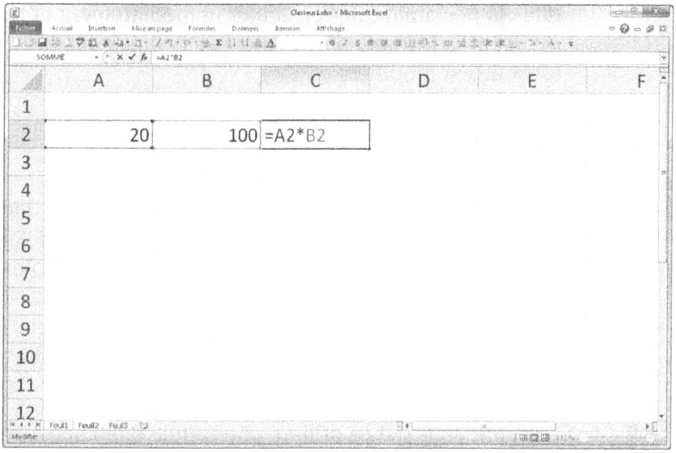

Figure 2.7 : Pour entrer la seconde partie de la formule, tapez * puis sélectionnez la cellule B2.

6. **Cliquez sur le bouton Entrer pour terminer la formule tout en laissant le pointeur sur la cellule C2.**

   Excel affiche le résultat du calcul dans la cellule C2 ; la formule apparaît dans la barre de formule (voir Figure 2.8).

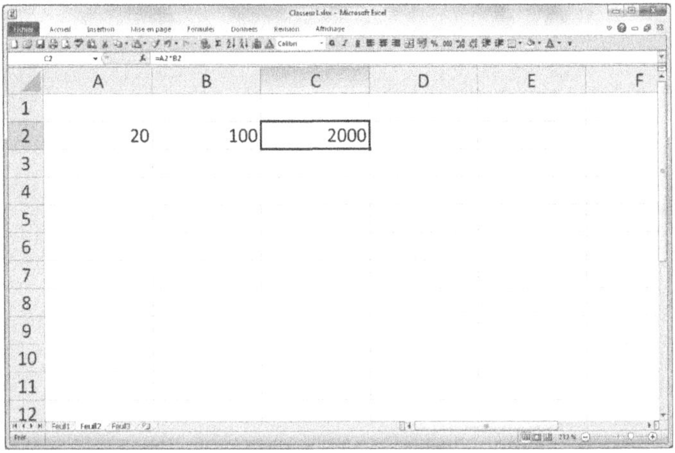

Figure 2.8 : Cliquez sur le bouton Entrer. Excel affiche le résultat dans la cellule C2 ; la formule apparaît dans la barre de formule.

Après avoir validé la formule =A2*B2 dans la cellule C2, Excel affiche le résultat selon les valeurs actuellement contenues dans les cellules A2 et B2. La grande force du tableur réside dans la possibilité de recalculer immédiatement et automatiquement la formule dès qu'une des cellules dépendant d'une formule est modifiée.

Pour l'avoir, il suffit de pointer

Cette méthode de sélection des cellules à utiliser dans une formule, différente de la frappe de leurs références au clavier, est appelée *pointage*. Le pointage est non seulement plus rapide que la saisie des références, mais aussi plus sûr, car il élimine tout risque de faute de frappe. Or, la moindre erreur dans la lettre d'une colonne ou le numéro d'une ligne peut avoir des conséquences désastreuses.

TRUC

Lorsque vous devez utiliser une cellule dans une formule, vous limiterez considérablement les risques d'erreur en cliquant dans cette cellule ou en amenant le pointeur dessus.

La priorité des opérationsDe nombreuses formules que vous créerez effectueront plus d'une opération mathématique. Excel les exécute de la gauche vers la droite selon un ordre hiérarchique strict, qui est en fait l'ordre naturel des opérations arithmétiques. La multiplication et la division sont prioritaires sur l'addition et la soustraction, et de ce fait effectuées en premier, même si ces opérations ne figurent pas en tête dans la formule (lors d'une lecture de gauche à droite).

Étudions la série d'opérations de cette formule :

```
=A2 + B2*C2
```

Si la cellule A2 contient le nombre 5, la cellule B2 le nombre 10 et la cellule C2 le nombre 2, Excel évalue la formule de la manière suivante :

```
=5 + 10*2
```

Dans cette formule, Excel commence par multiplier 10 par 2, ce qui donne 20, puis il ajoute 5, ce qui donne 25.

Si vous tenez à ce qu'Excel effectue l'addition entre les valeurs des cellules A2 et B2 avant de procéder à la multiplication du résultat par la valeur de la cellule C2, vous devez mettre l'addition entre parenthèses, comme suit :

```
=(A2 + B2)*C2
```

La parenthèse indique à Excel que cette opération doit être effectuée avant la multiplication. Dans ce cas de figure où A2 contient 5, B2 contient 10 et C2 contient 2, Excel commence par additionner 5 et 10, ce qui donne 15, après quoi il multiplie ce résultat par 2 pour produire le résultat final 30.

Dans des formules plus alambiquées, vous devrez jongler avec beaucoup plus de parenthèses, en les imbriquant parfois, comme les célèbres poupées russes, pour imposer l'ordre dans lequel les calculs doivent être exécutés. Lorsque des parenthèses sont imbriquées, Excel commence par calculer celle qui est le plus à l'intérieur. Voyons par exemple la formule :

```
=(A4 + (B4-C4))*D4
```

Excel soustrait d'abord la valeur de la cellule C4 de celle de la cellule B4, puis il ajoute la différence à la valeur de la cellule A4 et multiplie enfin le résultat par la valeur de D4.

Sans les deux paires de parenthèses imbriquées, livré à lui-même, Excel aurait d'abord multiplié la valeur de la cellule C4 par celle de la cellule D4, puis il aurait ajouté la valeur de la cellule A4 à celle de la cellule B4, et enfin effectué la soustraction.

Les erreurs de formule

Le pire avec les valeurs d'erreur est qu'elles peuvent se répercuter dans d'autres formules de la feuille de calcul. Si une formule retourne une valeur d'erreur dans une cellule et qu'une autre formule d'une autre cellule s'y réfère, cette deuxième formule retourne à son tour la même erreur, qui risque d'être reprise ailleurs et ainsi de suite.

Lorsqu'une valeur d'erreur apparaît dans une cellule, vous devez découvrir son origine puis modifier la formule. Le Tableau 2.1 recense quelques-unes des valeurs d'erreur que vous risquez de rencontrer et indique les causes les plus communes.

Corriger les entrées erronées

Nous visons tous à la perfection, mais comme bien peu d'entre nous peuvent s'en prévaloir – en ce qui concerne Excel bien sûr –, nous finissons tous par nous planter plus ou moins. Quand il s'agit d'entrer de grandes quantités de données, la faute de frappe n'attend qu'un moment d'inattention pour s'immiscer dans le travail. Mais, dans notre quête de la feuille parfaite, nous ne sommes pas sans armes. Voici quelques recommandations. La première est de configurer Excel pour qu'il rectifie automatiquement certaines fautes de frappe grâce à la fonction de correction automatique. La seconde est de corriger manuellement les petites erreurs, soit au moment de la saisie, soit après validation.

La correction automatique

La correction automatique est une aubaine pour tous ceux d'entre nous qui ont tendance à répéter toujours les mêmes erreurs. Grâce à cette fonction, vous pouvez signaler vos fautes de frappe favorites à Excel et obtenir de lui qu'il les corrige aussitôt.

Tableau 2.1 : Les valeurs d'erreur susceptibles d'entacher des formules.

Ce qu'affiche la cellule	Cause probable
#DIV/0!	Se produit lorsqu'un élément de la formule doit être divisé par le contenu d'une cellule dont la valeur est 0 ou, ce qui est le plus souvent le cas, lorsque cette cellule est vide. En mathématique, la division par zéro est une aberration.
#NOM?	Se produit lorsque la formule se réfère à un *nom de plage* qui n'existe pas dans le classeur. Ce type d'erreur apparaît lorsque vous faites une faute de frappe en tapant le nom ou lorsque du texte utilisé dans une formule n'est pas placé entre guillemets, ce qui laisse croire à Excel qu'il s'agit d'un nom de plage.
#NUL!	Se produit le plus souvent lorsque vous insérez une espace, au lieu du point-virgule utilisé pour séparer les références de cellules utilisées comme arguments pour les fonctions.
#NOMBRE!	Se produit lorsque Excel rencontre dans la formule un problème avec un nombre comme un type d'argument erroné dans une fonction ou un calcul qui produit un nombre trop grand ou trop petit pour être représenté dans la feuille de calcul.
#REF!	Se produit lorsque Excel rencontre une référence de cellule non valide. C'est le cas lorsque vous supprimez une cellule utilisée par une formule ou, dans certains cas, quand vous collez des cellules par-dessus celle à laquelle se réfère la formule.
#VALEUR!	Se produit lorsque vous utilisez le mauvais type d'argument ou d'opérateur dans une fonction, ou lors de l'appel à une opération mathématique qui se réfère à des cellules contenant du texte.

La première fois que vous installez Excel, la correction automatique est d'ores et déjà configurée pour corriger les deux premières lettres majuscules des textes que vous entrez (il met automatiquement la deuxième lettre en minuscule). Il met une majuscule aux noms des jours, ou remplace fort judicieusement un texte erroné par un autre, corrigé.

Vous pouvez à tout moment ajouter vos propres termes à la liste de mots à corriger. Ces textes de remplacement peuvent être de deux types : ceux qui corrigent des fautes de frappe que vous ne pouvez vous empêcher de faire, et des abréviations ou des acronymes que vous devez tout le temps taper en entier.

Pour déclarer un texte de remplacement :

1. **Cliquez sur Fichier/Options, puis sur l'onglet Vérification, dans la boîte de dialogue Options Excel, puis sur le bouton Options de correction automatique.**

   Excel ouvre la boîte de dialogue Correction automatique que montre la Figure 2.9.

2. **Dans l'onglet Correction automatique de la boîte de dialogue qui apparaît, entrez le texte ou l'abréviation dans le champ Remplacer.**
3. **Entrez la correction ou la forme complète correspondant à l'abréviation dans le champ Par.**
4. **Cliquez sur le bouton Ajouter ou appuyez sur la touche Entrée afin d'insérer la correction dans la liste.**
5. **Cliquez sur OK pour fermer la boîte de dialogue Correction automatique.**

Les règles de modification d'une cellule

En dépit de la correction automatique, des erreurs peuvent néanmoins se produire. Leur correction varie selon que vous les avez repérées au cours de la saisie ou après validation.

- Si vous avez repéré l'erreur avant d'avoir validé l'entrée, vous pouvez la corriger en appuyant sur la touche Ret. Arr. jusqu'à ce que vous ayez supprimé tous les caractères erronés de la cellule. Il ne vous reste plus ensuite qu'à retaper le reste de l'entrée.
- Si vous n'avez découvert l'erreur qu'après coup, vous avez le choix entre le remplacement de toute l'entrée ou la seule correction de l'erreur.

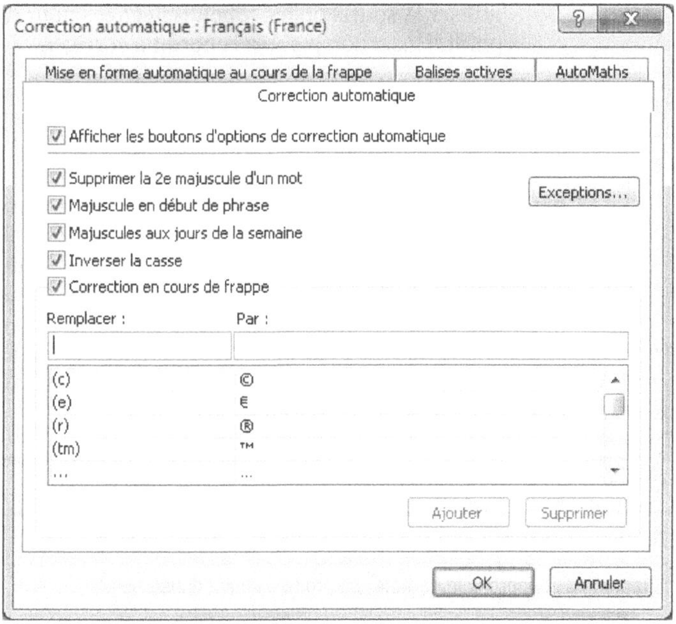

Figure 2.9 : Pour accélérer des saisies compliquées, placez une abréviation du terme ou un diminutif dans le champ Remplacer et le texte complet dans le champ Par.

- Si le contenu de la cellule est facile à retaper, vous choisirez sans doute de le remplacer. Pour ce faire, positionnez le pointeur sur cette cellule, tapez la nouvelle entrée, puis validez-la en cliquant sur le bouton Entrer ou en appuyant sur la touche Entrée ou sur une flèche de direction.
- Si l'erreur est facile à corriger mais que l'entrée est longue, vous aurez sans doute intérêt à modifier le contenu de la cellule plutôt que tout retaper. Pour éditer l'entrée, double-cliquez dedans ou appuyez sur la touche de fonction F2.
- L'une et l'autre de ces actions activent la barre de formule qui affiche de nouveau les boutons Entrer et Annuler tandis que le point d'insertion réapparaît dans la cellule. Notez que, quand vous double-cliquez, le point d'insertion apparaît là où vous avez cliqué ; si vous appuyez sur F2, il apparaît après le dernier caractère de l'entrée.
- Remarquez aussi que, dans la barre d'état, l'indicateur de mode se met sur Modifier. Dans ce mode, vous pouvez

utiliser la souris ou les touches fléchées pour déplacer le point d'insertion jusqu'à l'endroit à corriger.

Le Tableau 2.2 contient les touches du clavier que vous pouvez utiliser pour positionner le point d'insertion dans une entrée de cellule et supprimer les caractères indésirables. Pour insérer de nouveaux caractères au point d'insertion, il suffit de les taper. Pour supprimer des caractères au fur et à mesure que vous tapez les nouveaux, appuyez une seule fois sur la touche Insert pour passer du mode d'insertion normal au mode de remplacement, dans lequel les caractères tapés écrasent ceux qu'ils rencontrent. Pour revenir au mode d'insertion normal, appuyez de nouveau sur Insert. Lorsque les corrections auront été faites, vous devrez appuyer sur Entrée afin qu'Excel valide les modifications et les prenne en compte.

Tableau 2.2 : Les touches de modification du contenu d'une cellule.

Touche	Action
Suppr	Supprime le caractère à droite du point d'insertion.
Ret.Arr.	Supprime le caractère à gauche du point d'insertion.
→	Décale le point d'insertion d'un caractère vers la droite.
←	Décale le point d'insertion d'un caractère vers la gauche.
↑	Si le point d'insertion est la fin de l'entrée, il est déplacé à la position qu'il occupait précédemment.
Fin ou ↓	Place le point d'insertion après le dernier caractère de l'entrée.
Origine	Place le point d'insertion avant le premier caractère de l'entrée.
Ctrl + →	Place le point d'insertion devant le prochain mot de l'entrée.
Ctrl + ←	Place le point d'insertion devant le mot précédent de l'entrée.
Inser	Fait passer du mode Insertion au mode Écrasement et inversement.

Se débarrasser des corvées de saisie

Avant de conclure la question de la saisie des données, je me sens le devoir de vous présenter quelques moyens qui pourront vraiment vous aider à alléger la corvée que représente bien souvent la saisie des données. Il s'agit de la saisie semi-automatique et de la recopie automatique, mais aussi de la manière d'entrer des données dans un groupe de cellules préalablement sélectionné et de répéter la même entrée un certain nombre de fois dans un ensemble de cellules.

La saisie semi-automatique

La fonction de saisie semi-automatique d'Excel 2010 ne fera pas tout à votre place, mais elle vous aidera néanmoins à saisir vos données. Dans le but louable de vous décharger des tâches les plus ingrates, les programmeurs de Microsoft ont mis au point une intéressante fonction qui facilite vos saisies.

La *saisie semi-automatique* est une sorte de mémoire qui anticipe la frappe selon ce que vous avez commencé à taper. Elle n'entre en jeu que quand vous tapez du texte, mais pas avec les chiffres ou les formules. Lorsque vous entrez du texte, la saisie semi-automatique recherche si, ailleurs dans la colonne, du texte commençant par les mêmes lettres existe déjà. Si c'est le cas, elle complète aussitôt votre saisie, vous évitant ainsi d'avoir à taper le reste.

Supposons par exemple que j'ai tapé **Centre culinaire Pigeon vole** dans la cellule A3, puis que le pointeur a été déplacé vers la cellule A4. Dès l'appui sur la touche C – en majuscule ou en minuscule, cela n'a pas d'importance –, la saisie semi-automatique ajoute aussitôt le restant, soit *_entre culinaire Pigeon vole* juste après le C, comme le montre la Figure 2.10.

La saisie semi-automatique est parfaite si les cellules A3 et A4 doivent contenir les mêmes entrées. Mais supposons que les entrées commencent par les mêmes lettres, mais qu'elles diffèrent ensuite. La saisie semi-automatique fonctionnera aussi longtemps que les lettres seront identiques – le mot *Centre* en l'occurrence – ; il suffit de continuer à taper. Dès que le texte diffère, comme dans *Centre Jack & Jill*, la saisie semi-automatique cesse dès la frappe du J, car elle n'a plus rien à vous proposer.

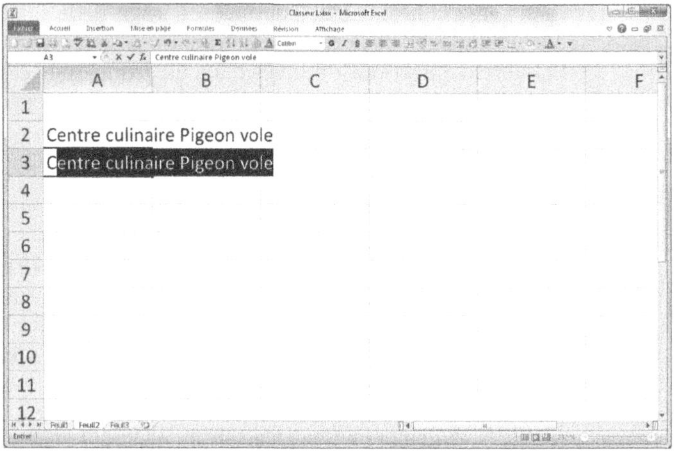

Figure 2.10 : La saisie semi-automatique complète une entrée selon une autre entrée déjà existante qui, dans la même colonne, commence par la ou les mêmes lettres.

La recopie automatique

La fonction de recopie d'Excel, également appelée *recopie incrémentée*, facilite considérablement ces tâches répétitives. Tout ce que vous avez à faire est de taper la première valeur d'une série. Le plus souvent, la recopie automatique se fera un plaisir de remplir les cellules voisines en tirant une poignée de recopie vers la droite pour incrémenter sur une ligne, ou vers le bas pour incrémenter dans une colonne.

Quand vous créez une série avec la poignée de recopie, vous ne pouvez tirer que dans une seule direction à la fois. Il vous est par exemple possible de remplir les cellules situées à droite ou à gauche sur la même ligne que la cellule initiale contenant les données à recopier, ou vers le haut ou le bas de la même colonne. Mais il est exclu d'opérer dans deux directions, par exemple vers la droite puis vers le bas, en tirant la poignée en diagonale.

Les Figures 2.11 et 2.12 montrent comment utiliser la fonction de recopie automatique pour entrer des mois de l'année sur une ligne, en commençant par janvier dans la cellule B2 et en finissant par juin en G2. Pour ce faire, tapez simplement **Janvier** dans la cellule B2, amenez le pointeur de la souris sur la poignée de recopie située sur le coin inférieur droit de la cel-

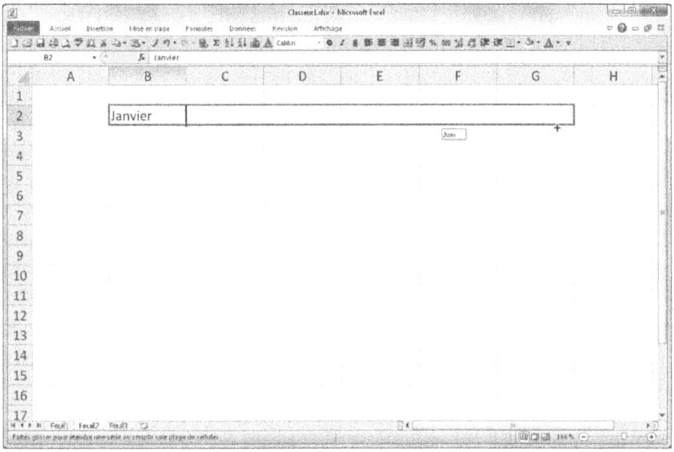

Figure 2.11 : Pour obtenir une série de mois, tapez *Janvier* dans une cellule, puis tirez la poignée de recopie pour créer automatiquement les autres mois.

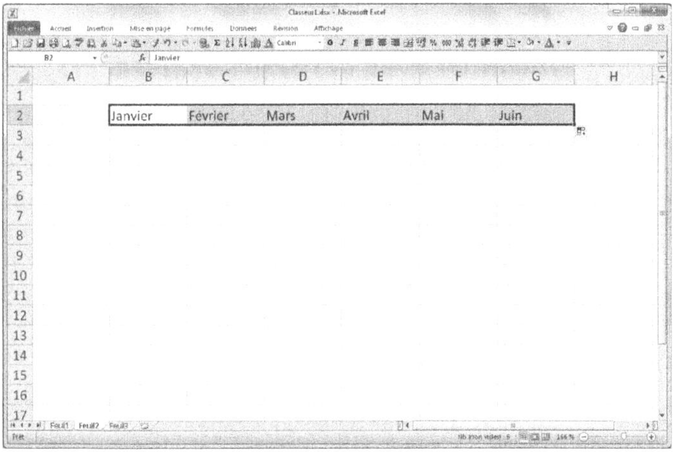

Figure 2.12 : Au moment où vous relâchez le bouton de la souris, Excel remplit les cellules avec les différents mois. Un bouton contextuel affiche un menu permettant de sélectionner un type de recopie.

lule, puis tirez-la jusque sur la cellule G2, comme le montre la Figure 2.11. Lorsque vous relâchez le bouton de la souris, Excel remplit les cellules avec les différents mois, de février à juin, comme l'illustre la Figure 2.12. Remarquez que les mois ainsi créés restent sélectionnés, ce qui vous laisse une possibilité de modifier la série ; si vous étiez allé trop loin, tirer la poignée de recopie vers la gauche aurait limité la recopie à celle voulue.

Ou encore, si vous n'étiez pas allé assez loin, tirer la poignée aurait ajouté des mois.

Vous pouvez aussi utiliser les options du menu contextuel de la recopie automatique, ouvert en cliquant sur le bouton qui apparaît à proximité de la poignée de recopie, et choisir un autre type de recopie que celui proposé par défaut. Pour qu'Excel recopie le mot *janvier* dans chaque cellule, choisissez l'option Copier les cellules. Pour ne recopier que le format de la cellule d'origine (le gras ou l'italique par exemple, ainsi que les couleurs, les bordures, *etc.*), sélectionnez l'option Ne recopier que la mise en forme. Pour recopier les mois sans recopier la mise en forme de la cellule B2, choisissez l'option Recopier les valeurs sans la mise en forme.

Le Tableau 2.3, dans la section suivante, indique les valeurs initiales susceptibles d'être utilisées pour une recopie automatique et les résultats qu'elle produit.

Travailler avec des séries échelonnées

La recopie automatique utilise la valeur initiale sélectionnée (date, heure, jour, année...) pour produire une série. Toutes les séries énumérées dans le Tableau 2.3 varient de 1 (un jour, un mois, une unité...). Il est toutefois possible de faire en sorte que la recopie automatique s'effectue selon une autre valeur en entrant deux valeurs de départ dans des cellules voisines, qui quantifient la modification d'une valeur à une autre. Ces deux valeurs constitueront la sélection initiale que vous étendrez avec la poignée de recopie.

Par exemple, pour démarrer une série le lundi et entrer un jour sur deux dans une ligne, vous taperez **Samedi** dans une cellule et **Lundi** dans la cellule suivante. Après avoir sélectionné ces deux cellules, tirez la poignée de recopie vers la droite aussi loin que nécessaire. Lorsque vous relâchez le bouton de la souris, Excel remplit les cellules avec la série Mercredi, Vendredi, Dimanche, Mardi, et ainsi de suite.

Tableau 2.3 : Séries susceptibles d'être créées avec la recopie automatique.

Entrée initiale	Série produite par la recopie automatique
Juillet	Août, Septembre, Octobre...
Juil	Août, Sept, Oct, Nov...
Mardi	Mercredi, Jeudi, Vendredi...
Mar	Mer, Jeu, Ven, Sam...
01/04/2002	02/04/2002, 03/04/2002, 04/04/2002...
Janv-00	Févr-00, Mars-00, Avr-00...
15-Févr	16-Févr, 17-Févr, 18-Févr...
10:00 PM	11:00 PM, 12:00 PM, 1:00 AM
8:01	9:01, 10:01, 11:01, 12:01...
1er trim	2e trim, 3e trim, 4e trim...
Tr1	Tr2, Tr3, Tr4, Tr5, Tr6...
T3	T4, T1, T2, T3, T4, T1...
Produit 1	Produit 2, Produit 3, Produit 4...
1er produit	2e produit, 3e produit...

Copier avec la recopie automatique

Vous pouvez utiliser la recopie automatique pour copier un texte sur une plage de cellules, mais sans incrémentation. Pour ce faire, maintenez la touche Ctrl enfoncée tout en cliquant et en tirant la poignée de recopie. Un petit signe + apparaît près de la poignée, indiquant qu'une *copie* est en cours, et non une copie incrémentée. Vous pouvez vérifier que l'entrée dupliquée ne change pas en observant l'info-bulle dont le contenu reste identique à celui de la cellule d'origine. Si vous voulez néanmoins incrémenter la recopie, il suffit de cliquer sur le bouton contextuel et de choisir, dans le menu, l'option Incrémenter une série ; les éléments copiés sont aussitôt transformés en série d'éléments numérotés ou successifs.

Alors que maintenir la touche Ctrl enfoncée pendant la recopie automatique empêche l'incrémentation du texte, il en va tout autrement avec les valeurs numériques ! Supposons que vous avez entré le nombre **17** dans une cellule et tirez la poignée de recopie pour remplir les cellules voisines. Dans ce cas, Excel recopie le nombre 17 dans chacune des cellules. Mais si la touche Ctrl est enfoncée, la recopie est incrémentée et donne 18, 19, 20, et ainsi de suite. Si vous avez oublié ce détail et créé une série de nombres incrémentés, alors que vous vouliez simplement recopier le nombre à l'identique dans les cellules, corrigez la manipulation en cliquant sur le bouton contextuel et choisissez l'option Copier les cellules.

Les entrées de la plage

Si vous devez saisir un tableau de données dans un nouveau classeur, vous vous simplifierez le travail – et votre existence – en sélectionnant d'abord toutes les cellules vides qui devront contenir ces données avant même de procéder à leur entrée. Pour cela, placez le pointeur dans la première cellule de ce qui sera le tableau, puis sélectionnez toutes les cellules dans les colonnes et les lignes voisines (reportez-vous au Chapitre 3 pour apprendre à sélectionner des plages de cellules). Enfin, commencez à entrer la première donnée.

Quand vous sélectionnez une *plage* de cellules avant de commencer à entrer des informations, Excel restreint la saisie des données à cette plage de la façon suivante :

- Le logiciel avance automatiquement le pointeur de cellule à la prochaine cellule de la plage lorsque vous cliquez sur le bouton Entrer ou appuyez sur la touche Entrée pour valider une saisie.
- Dans une plage contenant plusieurs lignes et colonnes, Excel fait descendre le pointeur de cellule dans la colonne afin que vous puissiez procéder aux entrées ; lorsqu'il atteint la dernière cellule dans la partie sélectionnée de la colonne, Excel place le pointeur tout en haut de la prochaine colonne à droite. Si le tableau n'occupe qu'une ligne, le pointeur est décalé de gauche à droite.
- Lorsque vous finissez d'entrer des informations dans la dernière cellule de la plage sélectionnée, Excel positionne le pointeur de cellule sur la première cellule du tableau

de données qui vient d'être terminé. Pour désélectionner la plage de cellules, cliquez sur l'une des cellules de la feuille de calcul, hors du tableau ou à l'intérieur, ou appuyez sur une touche fléchée.

Veillez à ne pas appuyer sur une touche fléchée pour valider la saisie dans l'une des cellules de la plage sélectionnée, au lieu de cliquer sur le bouton Entrer ou d'appuyer sur la touche Entrée. L'appui sur une touche fléchée désélectionne en effet la plage au moment où Excel déplace le pointeur de cellule. Utilisez l'une de ces méthodes pour déplacer le pointeur de cellule sans désélectionner la plage :

- Appuyez sur Entrée pour passer à la cellule inférieure puis, le moment venu, passer à la prochaine colonne. Appuyez sur Maj + Entrée pour reculer à la cellule précédente.
- Appuyez sur la touche Tab pour passer à la prochaine cellule de la colonne de droite et descendre ensuite dans la colonne. Appuyez sur Maj + Tab pour revenir à la cellule précédente.
- Appuyez sur Ctrl + . (point du pavé numérique) pour aller d'un coin de la plage à un autre.

Améliorer les formules

Précédemment dans ce chapitre, vous avez appris dans la section "Concocter ces fabuleuses formules !" à créer des formules qui exécutent un certain nombre d'opérations mathématiques simples telles que l'addition, la soustraction, la multiplication et la division. Au lieu de créer des formules complexes à partir de zéro et/ou d'une combinaison plus ou moins compliquée de ces opérations, vous pouvez demander à une fonction d'Excel de se charger de cette tâche.

Une *fonction* est une formule prédéfinie qui exécute un certain type de calcul. Tout ce que vous avez à faire est de fournir les valeurs que cette fonction utilisera pour déterminer le résultat. En jargon de tableur, ces valeurs sont appelées *arguments de la fonction*. À l'instar des fonctions simples, vous pouvez entrer les arguments de la plupart des fonctions soit sous une forme numérique, comme **22** ou **-4,56**, soit, comme c'est souvent le cas, sous la forme d'une référence de cellule (**B10**) ou d'une plage de cellules (**C3:F3**).

Comme pour les formules que vous créez vous-même, chaque fonction doit commencer par le signe = (égal), afin qu'Excel sache que vous allez taper une fonction ou une formule et non du texte. Juste après le signe égal, vous entrez le nom de la fonction (en majuscules ou en minuscules) suivi des arguments indispensables pour que les calculs puissent être effectués. Tous les arguments d'une fonction sont toujours entre parenthèses.

Après avoir tapé le signe égal et commencé à taper les premières lettres du nom de la fonction que vous voulez utiliser, une liste déroulante vous proposant toutes les fonctions dont le nom commence par les lettres que vous venez de taper apparaît juste au-dessous de la cellule. Identifiez le nom de la fonction que vous voulez dans cette liste, double-cliquez dessus, et Excel achève de l'entrer pour vous dans la cellule et dans la Barre de formule, suivi de la parenthèse ouvrante (() qui précède les arguments de la fonction.

Excel affiche alors juste au-dessous de la cellule une info-bulle vous indiquant les arguments attendus par la fonction, et vous pouvez spécifier la cellule ou la plage de cellules que vous voulez utiliser comme premiers arguments, soit en la pointant avec la souris, soit en tapant ses références. Dans le cas d'une fonction à plusieurs arguments, vous pouvez cliquer sur les cellules successives ou parcourir la plage de cellules avec la souris (en maintenant enfoncé son bouton gauche), ou bien vous pouvez taper manuellement les arguments successifs, sans oublier de les séparer par un point-virgule (;).

Après avoir entré le dernier argument, tapez la parenthèse fermante ()) pour indiquer la fin de la liste des arguments. L'info-bulle contenant le nom de la fonction et la liste de ses arguments nécessaires disparaît. Cliquez ensuite sur le bouton Entrer ou appuyez sur Entrée ou sur une touche fléchée pour valider la fonction et obtenir d'Excel qu'il calcule le résultat.

Placer une fonction dans une formule avec l'Assistant Fonction

Bien qu'il soit possible d'entrer une fonction en la tapant directement dans une cellule, Excel met à votre disposition dans la Barre de formule un bouton Assistant Fonction, fort utile pour choisir n'importe laquelle des fonctions intégrées d'Excel. Quand vous cliquez sur ce bouton (après avoir sélectionné la cellule dans laquelle vous voulez insérer la fonction), Excel ouvre la boîte de dialogue Insérer une fonction (voir Figure 2.13) dans laquelle vous pouvez choisir l'une des fonctions prédéfinies. Après en avoir sélectionné une, Excel ouvre la boîte de dialogue Arguments de la fonction dans laquelle vous spécifiez les différents paramètres à utiliser. Le gros intérêt de cette boîte de dialogue se révèle lorsque vous rencontrez une fonction qui ne vous est pas familière ou est vraiment très complexe (certaines sont plutôt trapues). Vous obtiendrez une aide extrêmement détaillée sur les arguments requis en cliquant sur le lien hypertexte `Aide sur cette fonction`, dans le coin inférieur gauche de la boîte de dialogue.

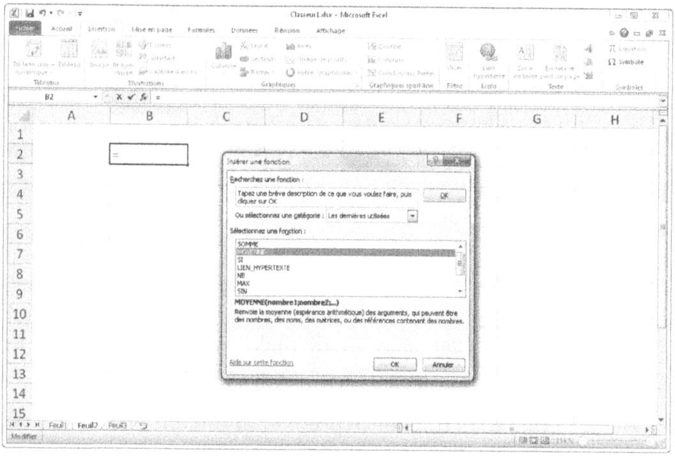

Figure 2.13 : Sélectionnez dans cette boîte de dialogue la fonction à utiliser dans une cellule.

La boîte de dialogue Insérer une fonction contient trois sections : Recherchez une fonction, Ou sélectionnez une catégorie et Sélectionnez une fonction. Lorsque vous ouvrez la boîte de dialogue, Excel sélectionne automatiquement, dans la liste déroulante des catégories de fonctions, la catégorie Les dernières utilisées. Ces fonctions communément utilisées sont listées dans la fenêtre Sélectionner une fonction.

Si la fonction que vous recherchez ne figure pas parmi les plus récemment utilisées, vous devrez la rechercher dans la catégorie appropriée en déroulant la liste Ou sélectionnez une catégorie. Si vous n'avez aucune idée de la catégorie où la chercher, tapez une description de ce que vous voulez en faire dans la fenêtre Recherchez une fonction, puis cliquez sur le bouton OK qui se trouve juste à droite (*NdT* : pas celui d'en bas qui ferme la boîte de dialogue) ou appuyez sur la touche Entrée. Par exemple, pour localiser la fonction qui totalise des valeurs, il suffit d'entrer le mot **total** dans la fenêtre Recherchez une fonction et de cliquer sur OK. Excel affiche ensuite une liste de fonctions effectuant des totaux. Vous pouvez les examiner chacune en cliquant tour à tour dessus. Quand vous sélectionnez une fonction dans cette liste, la boîte de dialogue Insérer une fonction en présente, en bas, tous les arguments suivis d'une description de ce qu'elle fait.

Après avoir localisé et sélectionné la fonction à utiliser, cliquez sur le bouton OK (tout en bas, à gauche d'Annuler) pour insérer la fonction dans la cellule courante et ouvrir la boîte de dialogue Arguments de la fonction. Elle affiche tous les arguments requis ainsi que ceux qui sont facultatifs. Supposons que vous choisissiez, dans la fenêtre Sélectionnez une fonction, la fonction SOMME (qui est sans aucun doute la plus utilisée), puis que vous cliquiez sur OK. Excel insère aussitôt dans la cellule courante :

```
=SOMME()
```

Cette fonction apparaît aussi dans la barre de formule, après le signe égal. La boîte de dialogue Arguments de la fonction s'ouvre, affichant les arguments de SOMME.

Pour sélectionner le premier argument de la boîte de dialogue, cliquez dans une cellule (ou sélectionnez une plage de cellules) en laissant le point d'insertion dans la zone de texte Nombre1 de la boîte de dialogue Arguments de la fonction. Excel affiche l'adresse de cellule (ou l'adresse de la plage) dans le champ Nombre1, tout en indiquant, en bas à droite de la zone SOMME, le total calculé. Cette même somme apparaît aussi en bas de la boîte de dialogue, en regard de la mention Résultat =.

Rappelez-vous qu'en sélectionnant des cellules, vous pouvez réduire la taille de cette boîte de dialogue afin qu'elle n'affiche que la ligne Nombre1 ; pour ce faire, cliquez sur le bouton Minimiser, à droite de la zone de texte Nombre1. Après avoir sélectionné les cellules à utiliser comme premier argument, vous pouvez de nouveau déployer la boîte de dialogue en cliquant sur le même bouton à droite du champ Nombre1. Au lieu de minimiser la boîte de dialogue, vous pouvez aussi la mettre momentanément de côté en cliquant dedans et en la faisant glisser ailleurs.

La somme automatique : l'essayer, c'est l'adopter

Je ne peux en finir avec cette intéressante discussion sur la saisie des fonctions sans mentionner le bouton Somme présent dans le groupe Édition de l'onglet Accueil du Ruban. C'est le bouton qui porte la lettre grecque sigma (□). Ce petit outil vaut son pesant d'or. Outre qu'il est capable de déterminer la somme, la moyenne, le compte, les valeurs maximale et minimale d'une liste, il sait également sélectionner une plage de cellules dans la colonne courante ou dans la ligne, l'utiliser comme argument et entrer automatiquement le résultat du calcul en tant qu'argument dans une fonction. Neuf fois sur dix, Excel sélectionne correctement la plage de cellules à utiliser ; dans le dixième cas, vous pouvez facilement corriger la sélection en tirant le pointeur de cellule par-dessus la plage à calculer.

Cliquez simplement sur le bouton Somme dans l'onglet Accueil du Ruban chaque fois que vous voulez insérer la fonction Somme dans la cellule sélectionnée. Si vous comptez utiliser ce bouton pour insérer une autre fonction comme MOYENNE, NOMBRE, MAX ou MIN, cliquez sur le triangle pointant vers le bas qui lui est associé et sélectionnez la fonction désirée dans le menu qui apparaît. Remarquez qu'en sélectionnant l'option Autres fonctions, Excel ouvre la boîte de dialogue Insérer une fonction, comme si vous aviez cliqué sur le bouton *fx*, dans la barre de formule.

Stocker les données en lieu sûr

La boîte de dialogue Enregistrer sous de Windows Vista et Windows 7

Pour enregistrer un fichier pour la première fois sous Windows 7, cliquez sur le bouton en forme de disquette de la barre d'outils accès rapide, la boîte de dialogue Enregistrer sous s'affiche.

Pour sélectionner un nouveau dossier pour y enregistrer le classeur, suivez ces étapes :

1. **Dans le volet de navigation, cliquez sur le nom d'un dossier dans la section Favoris, Bibliothèques, Ordinateur ou Réseau, selon l'emplacement où vous désirez stocker le fichier de classeur Excel.**
2. **Déployez des sous-dossiers en cliquant sur le bouton triangulaire à gauche du dossier en cours.**
3. **Si vous voulez que le classeur soit enregistré dans un nouveau sous-dossier du dossier ouvert dans la boîte de dialogue Enregistrer sous, cliquez sur le bouton Nouveau dossier, dans la barre d'outils de la boîte de dialogue, puis remplacez le nom par défaut par celui que vous voulez lui donner, et appuyez sur Entrée.**
4. **Cliquez sur le bouton Enregistrer pour enregistrer le fichier dans le dossier sélectionné.**

La boîte de dialogue Enregistrer sous de Windows XP

La version Windows XP de la boîte de dialogue Enregistrer sous contient une série de gros boutons, qui apparaissent dans un volet qui occupe toute sa partie gauche : Mes documents récents, Bureau, Mes documents, Poste de travail et Favoris réseau. Utilisez ce bouton pour vous rapprocher rapidement du dossier dans lequel vous voulez enregistrer le fichier de votre classeur :

- Cliquez sur le bouton Mes documents récents pour enregistrer un classeur dans le dossier Récents. Ce dossier se trouve, dans Windows XP, dans le chemin C:\Documents and Settings*Utilisateur*\Mes documents récents (*Utilisateur* étant naturellement remplacé par le nom de l'utilisateur concerné).
- Cliquez sur le bouton Bureau pour enregistrer le dossier directement sur le Bureau de Windows.
- Cliquez sur le bouton Mes documents pour enregistrer vos classeurs dans ce dossier.
- Cliquez sur le bouton Poste de travail pour enregistrer le classeur sur un des disques de votre ordinateur, ou dans votre propre dossier ou dans un dossier partagé de votre disque dur.
- Cliquez sur le bouton Favoris réseau pour enregistrer le classeur dans un des dossiers du réseau de votre entreprise.

Deuxième partie

L'art et la manière de modifier un classeur

"Ah ! La barbe ! Ton graphique en aubergine est tout aussi incompréhensible que ton graphique en pomme de terre ou ton graphique en noix de coco. Tu ne pourrais pas faire un camembert, comme tout le monde ?"

Dans cette partie...

La vie en entreprise serait moins stressante si, au moment même où vous finissez un travail, il n'y avait pas quelqu'un pour tout remettre en question. Changer d'avis tout le temps risque de froisser des gens. Or, la triste vérité avec Excel 2010 est que vous n'avez jamais fini de modifier les données que vous avez eues tant de mal à entrer.

Dans cette partie, nous éditerons et modifierons une feuille de calcul de trois manières : en mettant les données brutes en forme, en réorganisant les données mises en forme et/ou en les supprimant dans certains cas, enfin en imprimant les données mises en forme. Croyez-moi, quand vous saurez comment modifier vos données et les mettre en forme, vous aurez bien avancé dans la connaissance d'Excel 2010.

Chapitre 3

On enjolive tout

Dans ce chapitre :

- Sélectionner les cellules à mettre en forme.
- Mettre en forme un tableau de données avec le bouton Mettre sous forme de tableau.
- Appliquer des formats de nombres à des cellules contenant des valeurs.
- Régler la largeur des colonnes et la hauteur des lignes d'une feuille de calcul.
- Masquer des colonnes et des lignes.
- Mettre en forme une plage de cellules en utilisant l'onglet Accueil du Ruban.

Sachez dès à présent qu'entrer des données dans une cellule et mettre ces données en forme sont deux choses très différentes. C'est pourquoi, quand vous entrez de nouvelles données dans une cellule, elles adoptent la mise en forme qui a été définie pour cette cellule. Ce qui vous permet de mettre en forme des cellules vides dans lesquelles vous entrerez ultérieurement des données qui seront à ce moment automatiquement mises en forme.

Choisir un groupe de cellules sélectionnées

Une *sélection de cellules* (ou *plage de cellules*) est un ensemble de cellules contiguës susceptibles d'être mises en forme ou modifiées. La petite sélection de cellule, dans une feuille de calcul, se limite à une seule cellule : la cellule dite *active*. Une seule cellule entourée par le curseur de cellule est une sélection d'une cellule. La sélection de cellules la plus vaste comprend toutes les cellules de la feuille de calcul. La plupart des sélections que vous aurez à effectuer se situent dans un moyen terme ; elles concerneront quelques cellules adjacentes disposées en colonne(s) et/ou en rangée(s).

Excel met en évidence une sélection de cellules dans la feuille de calcul en mettant en surbrillance les cellules sélectionnées, à l'exception de la cellule active qui conserve sa couleur normale. La Figure 3.1 montre diverses sélections de cellules de différentes tailles et formes.

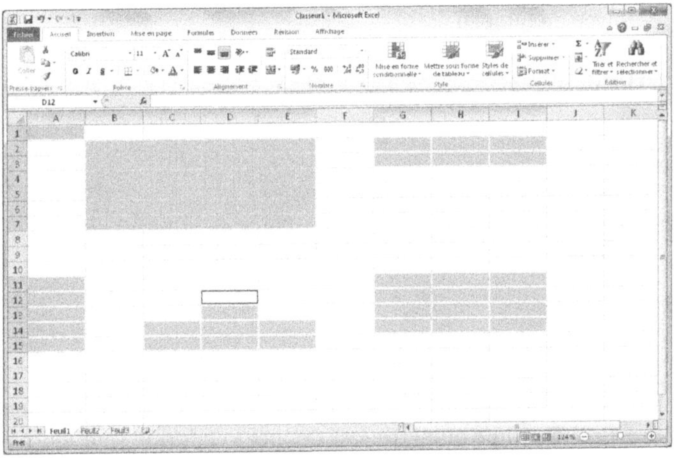

Figure 3.1 : Différentes sélections de diverses tailles et formes.

Les sélections par pointer-cliquer

La souris est l'outil naturel pour sélectionner des plages de cellules : amenez le pointeur de souris (l'épaisse croix blanche) au-dessus de la première cellule, cliquez, puis, bouton de la souris enfoncé, tirez dans la direction où vous désirez étendre la sélection.

- Pour étendre la sélection de cellules vers les colonnes à droite, tirez la souris vers la droite, ce qui met les cellules concernées en surbrillance.
- Pour étendre la sélection vers le bas, tirez vers le bas.

- Pour étendre la sélection à la fois vers le bas et vers la droite, tirez la souris en diagonale vers la cellule située dans le coin inférieur droit de la plage que vous définissez.

Les sélections avec Maj

Pour accélérer la sélection des cellules, vous pouvez utiliser la bonne vieille méthode Maj + clic, qui s'effectue de la façon suivante :

1. **Cliquez sur la première cellule de la sélection.**

   La cellule est sélectionnée.

2. **Déplacez le pointeur de la souris vers la dernière cellule de la sélection.**

   Elle est au coin opposé de la première cellule. Ne cliquez pas encore.

3. **La touche Maj enfoncée, cliquez dans la dernière cellule.**

   Lors de ce second clic, Excel sélectionne dans les lignes et dans les colonnes toutes les cellules situées entre la première et la dernière cellule.

Avec la souris, la touche Maj agit comme *touche d'extension* entre le premier objet sélectionné et le second (reportez-vous à la section "Étendre une sélection", plus loin dans ce chapitre). L'utilisation de la touche Maj permet de sélectionner la première et la dernière cellule, ainsi que toutes les cellules qui se trouvent entre elles, ou de sélectionner tous les noms de documents dans la liste d'une boîte de dialogue.

Les sélections de cellules non adjacentes

Pour sélectionner des cellules ou des plages non adjacentes, sélectionnez une cellule ou une plage de cellules. Ensuite, touche Ctrl enfoncée, sélectionnez la deuxième cellule ou plage de cellules. Aussi longtemps que la touche Ctrl est enfoncée, Excel ne désélectionne aucune cellule pendant que vous en sélectionnez d'autres.

La touche Ctrl fonctionne avec la souris en tant que *touche d'addition* d'objets (reportez-vous à la section "Les sélections de cellules non adjacentes au clavier", plus loin dans ce chapitre). La touche Ctrl permet d'ajouter des cellules à une sélection ou de sélectionner des noms épars dans la liste d'une boîte de dialogue, sans risque de désélection intempestive.

Les sélections de grande envergure

Vous pouvez sélectionner toutes les cellules d'une ligne ou d'une colonne, voire toutes les cellules d'une feuille de calcul, en appliquant les techniques suivantes :

- Pour sélectionner toutes les cellules d'une colonne, cliquez dans la lettre qui l'identifie, en haut de la feuille de calcul.
- Pour sélectionner toutes les lignes d'une colonne, cliquez dans son numéro, à gauche de la feuille de calcul.
- Pour sélectionner plusieurs lignes ou colonnes à la fois, tirez dans les en-têtes de lignes ou de colonnes.
- Pour sélectionner des lignes et/ou des colonnes qui ne sont pas contiguës, maintenez la touche Ctrl enfoncée tout en cliquant et/ou en tirant dans les en-têtes des lignes et des colonnes à placer dans la sélection.

Sélectionner des données d'un tableau avec la sélection automatique

Excel propose une méthode de sélection extrêmement rapide, appelée "sélection automatique", pour sélectionner toutes les cellules d'un tableau d'un seul tenant. Procédez comme suit pour utiliser la sélection automatique :

1. **Cliquez dans la première cellule du tableau afin de la sélectionner.**

   Cette cellule se trouve en haut à gauche du tableau.

2. **Maintenez la touche Maj enfoncée tout en double-cliquant, avec le pointeur en forme de flèche, sur le bord droit ou inférieur de la cellule (voir Figure 3.2).**

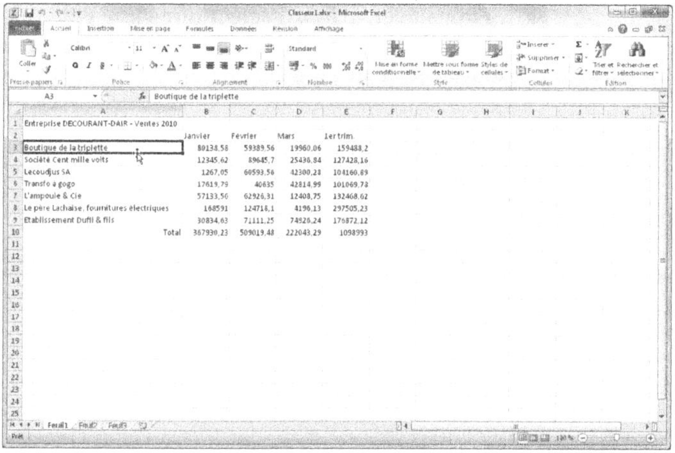

Figure 3.2 : Placez le pointeur de la souris sur le bord droit ou inférieur de la première cellule du tableau.

Double-cliquer sur le *bas* de la cellule, touche Maj enfoncée, étend automatiquement la sélection jusqu'à la dernière cellule en bas de la première colonne, comme le montre la Figure 3.3. Si vous double-cliquez ensuite sur le bord *droit* de la cellule, la sélection est étendue jusqu'à la dernière colonne à droite de la ligne courante.

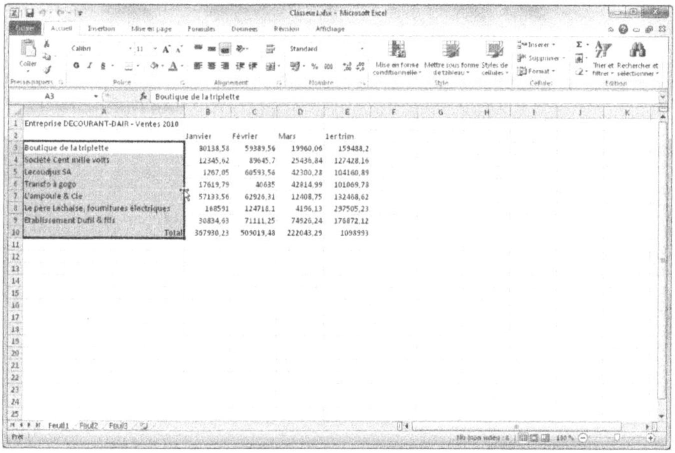

Figure 3.3 : En double-cliquant sur le bord inférieur de la première cellule, touche Maj enfoncée, vous avez étendu la sélection vers le bas.

3a. Si vous avez d'abord sélectionné une colonne, double-cliquez sur le bord droit de la sélection, touche Maj enfoncée (voir Figure 3.3).

Vous sélectionnez ainsi les autres colonnes du tableau, comme l'illustre la Figure 3.4.

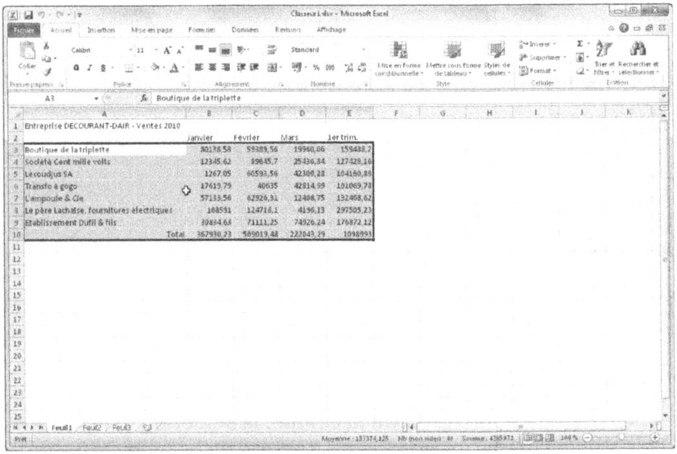

Figure 3.4 : En double-cliquant sur le bord droit de la sélection, touche Maj enfoncée, la sélection s'étend vers les colonnes de droite du tableau.

3b. Si vous avez d'abord sélectionné une ligne, double-cliquez sur le bord inférieur de la sélection, touche Maj enfoncée.

Vous sélectionnez ainsi toutes les lignes restantes du tableau.

Les sélections au clavier

Si vous n'aimez pas travailler à la souris, vous pouvez sélectionner des cellules au clavier. À l'instar de la méthode Maj + clic, les techniques de sélection au clavier utilisent les touches fléchées conjointement avec la touche Maj. Les touches de déplacement du curseur de cellule ont été mentionnées dans le Chapitre 1.

Commencez par placer le curseur dans la première cellule de la sélection puis, touche Maj enfoncée, appuyez sur les touches fléchées appropriées (←, →, ↑, ↓ ou PagePréc et PageSuiv).

Ce faisant, Excel ancre la sélection à la cellule courante puis l'étend dans la direction choisie, mettant les cellules sélectionnées en surbrillance au fur et à mesure que vous appuyez sur les touches fléchées.

Étendre une sélection

Si maintenir la touche Maj enfoncée tout en déplaçant le curseur vous semble peu commode, vous pouvez mettre Excel en mode Extension en appuyant brièvement sur la touche de fonction F8 avant d'appuyer sur une touche fléchée. Excel affiche alors l'indicateur `Étendre la sélection` dans la Barre d'état. Quand vous appuyez sur les touches fléchées alors que ce mode est actif, Excel sélectionne les cellules comme si la touche Maj était enfoncée.

Après avoir mis les cellules désirées en surbrillance, appuyez de nouveau sur F8 pour désactiver le mode Extension. L'indicateur `Étendre la sélection` disparaît de la Barre d'état, et vous pouvez de nouveau utiliser les touches fléchées pour déplacer le curseur sans sélectionner des cellules.

La sélection automatique au clavier

L'équivalent au clavier de la sélection automatique avec la souris que nous venons de voir (section "Sélectionner des données d'un tableau avec la sélection automatique", plus haut dans ce chapitre) combine l'utilisation de la touche F8 ou de la touche Maj avec Ctrl + touche fléchée ou Fin + touche fléchée pour faire passer le curseur de cellule d'un bloc à un autre tout en sélectionnant toutes les cellules qui se trouvent sur son chemin.

Procédez comme suit pour sélectionner la totalité d'un tableau de données avec la sélection automatique au clavier :

1. **Placez le curseur de cellule dans la première cellule.**

   Elle se trouve en haut à gauche du tableau.

2. **Appuyez une seule fois sur F8 (ou maintenez la touche Maj enfoncée) puis sur les touches Ctrl + Flèche droite**

(ou Fin + Flèche droite) pour étendre la sélection aux colonnes de droite.

3. **Ensuite, appuyez sur Ctrl + Flèche bas (ou Fin + Flèche bas) pour étendre la sélection aux lignes d'en bas.**

Les sélections de cellules non adjacentes au clavier

La sélection de plusieurs plages est un peu plus compliquée au clavier qu'avec la souris, car vous devez passer de l'ancrage du curseur de cellule au déplacement du curseur pour sélectionner la plage, puis à la libération du curseur afin de pouvoir le positionner au début d'une autre plage. Pour libérer le curseur de cellule afin de le positionner ailleurs, appuyez sur Maj + F8. Vous passez ainsi en mode Ajouter à la sélection, qui permet de passer à une autre plage sans sélectionner d'autres cellules. Quand ce mode est actif, l'indicateur Ajouter à la sélection est affiché dans la Barre d'état, montrant ainsi que le curseur de cellule est libre.

Appliquez ces étapes générales pour sélectionner plusieurs plages de cellules au clavier :

1. **Placez le curseur dans la première cellule de la première plage à sélectionner.**
2. **Appuyez sur F8 pour enclencher le mode Étendre la sélection.**

   Utilisez les touches fléchées pour sélectionner la première plage de cellules (au lieu d'appuyer sur F8, vous pouvez aussi maintenir enfoncée la touche Maj).
3. **Appuyez sur Maj + F8 pour passer en mode Ajouter à la sélection.**

   L'indicateur Ajouter à la sélection apparaît dans la Barre d'état.
4. **Amenez le curseur de cellule à la première plage non adjacente que vous désirez sélectionner.**

5. **Appuyez de nouveau sur F8 pour revenir au mode Étendre la sélection, puis déplacez le curseur de cellule afin de sélectionner une nouvelle plage.**
6. **Si d'autres plages non adjacentes doivent être définies, répétez les Étapes 3, 4 et 5 jusqu'à ce que vous ayez sélectionné toutes les plages à utiliser.**

La sélection de cellules avec Atteindre

Si vous devez sélectionner une très vaste plage de cellules, qu'il serait long et fastidieux de sélectionner au clavier, utilisez la fonction Atteindre :

1. **Placez le curseur de cellule dans la première cellule de la plage, puis appuyez sur F8 pour ancrer le curseur de cellule et enclencher le mode Étendre la sélection.**
2. **Appuyez sur la touche F5 ou sur Ctrl + T pour ouvrir la boîte de dialogue Atteindre. Dans le champ Référence de cette boîte de dialogue, entrez l'adresse de la dernière cellule de la plage à sélectionner (celle du coin opposé à la première cellule) et cliquez sur OK ou appuyez sur Entrée.**

TRUC

Comme Excel est en mode Étendre la sélection lorsque vous utilisez Atteindre pour aller à une autre cellule, il ne se contente pas d'envoyer le curseur de cellule à l'adresse spécifiée, mais sélectionne aussi toutes les cellules intermédiaires. Après avoir sélectionné une plage de cellules avec Atteindre, n'oubliez pas d'appuyer de nouveau sur F8 pour sortir du mode Étendre la sélection, et empêcher Excel de continuer à sélectionner d'autres cellules dès que vous allez déplacer le curseur de cellule.

La galerie Mettre sous forme de tableau

Voici maintenant une technique de mise en forme qui ne nécessite aucune sélection préalable de cellules. En fait, l'outil Mettre sous forme de tableau est si automatique qu'il suffit pour l'utiliser que le curseur de cellule se trouve n'importe où dans le tableau à mettre en forme avant de cliquer sur le bouton Mettre sous forme de tableau dans le groupe Style de l'onglet Accueil du Ruban. Lorsque vous cliquez sur ce bouton, la galerie des styles de tableau apparaît, chaque style s'affichant sous forme de miniature, celles-ci étant réparties en trois sections : Clair, Moyen et Foncé.

Aussitôt que vous cliquez sur la miniature correspondant au style de votre choix, Excel fait apparaître la boîte de dialogue Mettre sous forme de tableau (Figure 3.5), vous proposant la plage de cellules à laquelle il doit appliquer le style concerné (en marquant le périmètre correspondant dans la feuille de calcul).

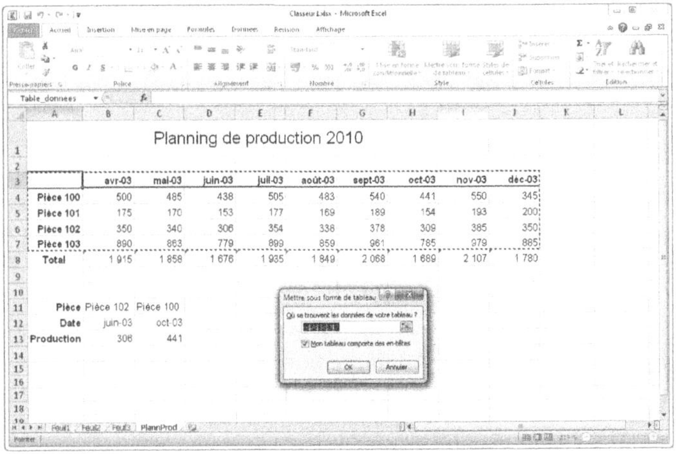

Figure 3.5 : Excel indique l'étendue de cellules à laquelle appliquer le style que vous venez de sélectionner dans la galerie des styles de tableau.

Cette boîte de dialogue contient un champ intitulé "Où se trouvent les données de votre tableau ?" dans laquelle apparaît la plage que vous propose Excel, automatiquement identifiée par lui (et marquée par un contour clignotant dans la feuille de calcul) à partir de la cellule que vous aviez initialement sélectionnée. Elle contient également une case Mon tableau comporte des en-têtes, que vous pouvez cocher pour indiquer à Excel que la première ligne de la plage spécifiée est une ligne d'en-têtes, qui sera donc mise en forme comme telle selon le style sélectionné.

Si Excel n'a pas identifié correctement la plage de cellules à mettre en forme, il suffit de la sélectionner directement dans la feuille de calcul en faisant glisser dessus le pointeur de la souris. La plage correspondante est automatiquement mise à jour dans la boîte de dialogue Mettre sous forme de tableau (qui est par la même occasion devenue Créer un tableau). N'oubliez pas de cocher (ou de décocher) la case Mon tableau comporte des en-têtes si la première ligne de la plage sélectionnée est une ligne d'en-têtes que vous voulez mettre en forme comme telle (ce qui comporte un bouton de tri et de filtrage pour chaque en-tête de colonne).

TRUC

La galerie des styles de tableau est inactive si vous avez sélectionné une plage de cellules non adjacentes (elle apparaît lorsque vous cliquez sur le bouton Mettre sous forme de tableau, mais il ne se passe rien lorsque vous cliquez sur une miniature).

Lorsque vous cliquez sur OK dans la boîte de dialogue Mettre sous forme de tableau, Excel applique à la plage de cellules spécifiée la mise en forme que vous avez sélectionnée dans la galerie, et les Outils de table – rien à voir avec les cuillères et les fourchettes – apparaissent dans un onglet Création, à l'extrémité du Ruban (Figure 3.6).

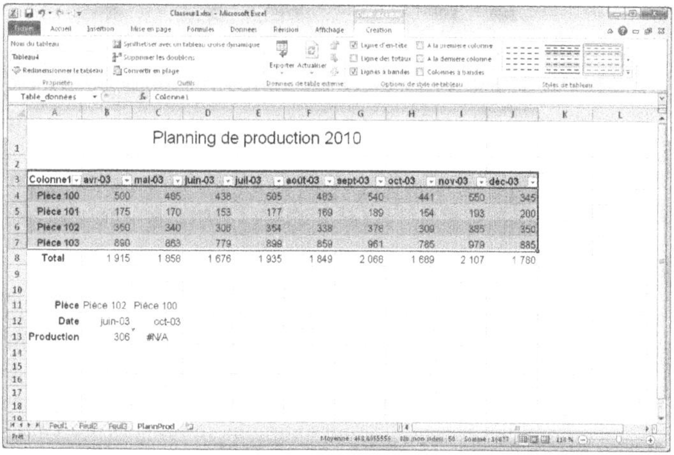

Figure 3.6 : Après avoir appliqué le style de tableau à la galerie, l'onglet Création apparaît sous Outils de table.

En plus de vous permettre de sélectionner facilement une nouvelle mise en forme pour votre tableau, l'onglet Création contient un groupe Options de styles de table, vous proposant un certain nombre de cases à cocher pour personnaliser encore plus la mise en forme que vous avez choisie :

- **Ligne d'en-têtes :** Pour activer et désactiver la mise en forme de la ligne d'en-têtes du tableau, comportant notamment pour chaque en-tête un bouton donnant accès à un menu de tri et de filtrage.
- **Ligne des totaux :** Quand cette option est activée, Excel ajoute au bas du tableau une ligne supplémentaire faisant le total de chaque colonne. Lorsque vous cliquez sur une cellule de cette ligne des totaux, un bouton apparaît à droite de celle-ci, vous donnant accès à un menu dans lequel vous pouvez choisir une autre fonction que la somme (Moyenne, Max, Min, Écart type...) à appliquer aux valeurs de la colonne correspondante.
- **À la première colonne :** Quand cette option est activée, Excel affiche une mise en forme spéciale pour la première colonne du tableau.
- **À la dernière colonne :** Quand cette option est activée, Excel affiche une mise en forme spéciale pour la dernière colonne du tableau.
- **Bandes de lignes :** Excel affiche une mise en forme différente pour les lignes paires et impaires du tableau.
- **Bandes de colonnes :** Excel affiche une mise en forme différente pour les colonnes paires et impaires du tableau.

Mettre des cellules en forme avec l'onglet Accueil

Certains tableaux nécessitent une mise en forme plus légère que celles proposées par la galerie des styles de tableau. Vous pouvez par exemple vouloir simplement mettre en gras les en-têtes de colonnes et souligner la ligne des totaux en bas du tableau (en appliquant simplement une bordure inférieure à cette ligne).

Les boutons de mise en forme qui apparaissent dans les groupes Police, Alignement et Nombre de l'onglet Accueil vous permettent de réaliser de telles mises en forme. Les Figures 3.7,

3.8 et 3.9 montrent les différents groupes de mise en forme. Le Tableau 3.1 décrit l'utilisation de chacun d'eux.

Figure 3.7 : Le groupe Police, sous l'onglet Accueil, contient les outils permettant de modifier l'apparence du texte dans une plage de cellules.

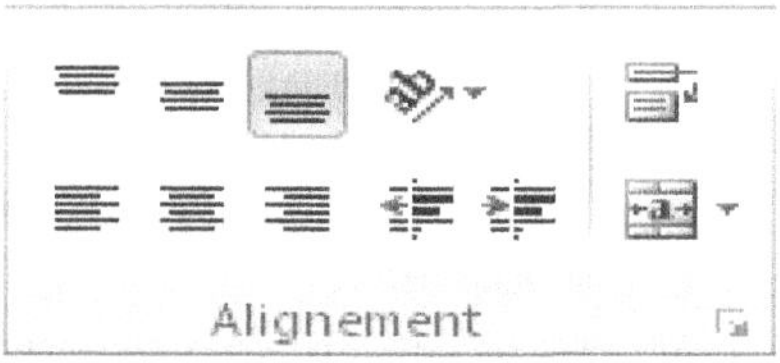

Figure 3.8 : Le groupe Alignement, sous l'onglet Accueil, contient les outils permettant de modifier l'emplacement du texte dans une plage de cellules.

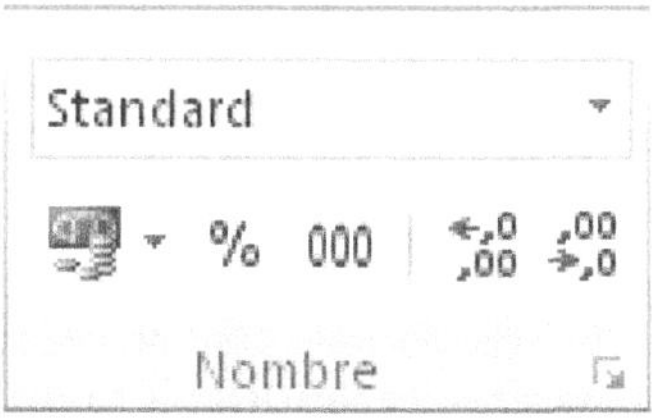

Figure 3.9 : Le groupe Nombre, sous l'onglet Accueil, contient les outils permettant de modifier la présentation des chiffres dans une plage de cellules.

Tableau 3.1 : Les boutons de commande de mise en forme dans les groupes Police, Alignement et Nombre de l'onglet Accueil.

Groupe	Bouton	Fonction
Police		
	Police	Affiche un menu déroulant permettant de sélectionner une nouvelle police pour la cellule sélectionnée.
	Taille de police	Affiche une liste déroulante de tailles de police parmi lesquelles vous pouvez choisir celle que vous voulez appliquer aux cellules sélectionnées. Vous pouvez aussi entrer manuellement la taille voulue dans ce champ.
	Augmenter la taille de police	Applique à toute la sélection (de caractères ou de cellules) la plus petite taille de la police de la sélection augmentée d'un point.
	Réduire la taille de police	Applique à toute la sélection (de caractères ou de cellules) la plus petite taille de la police de la sélection diminuée d'un point.
	Gras	Met en gras les caractères ou les cellules sélectionnées.
	Italique	Met en italique les caractères ou les cellules sélectionnées.
	Souligner	Souligne les caractères ou les cellules sélectionnées.
	Bordures	Affiche le menu Bordures, qui vous donne le choix entre toutes les possibilités de bordures.
	Couleur de remplissage	Affiche une palette dans laquelle vous pouvez sélectionner une couleur de remplissage pour les cellules sélectionnées.
	Couleur de police	Affiche une palette dans laquelle vous pouvez sélectionner une couleur de police pour la sélection (de caractères ou de cellules).

Groupe	Bouton	Fonction
Alignement		
	Aligner à gauche	Aligne sur le bord gauche de la cellule le contenu de toutes les cellules sélectionnées.
	Centrer	Centre horizontalement dans la cellule le contenu de toutes les cellules sélectionnées.
	Aligner à droite	Aligne sur le bord droit de la cellule le contenu de toutes les cellules sélectionnées.
	Augmenter le retrait	Augmente d'une tabulation pour toutes les cellules sélectionnées l'espace entre le bord gauche de la cellule et son contenu.
	Diminuer le retrait	Réduit d'une tabulation pour toutes les cellules sélectionnées l'espace entre le bord gauche de la cellule et son contenu.
	Aligner en haut	Aligne sur le bord supérieur de la cellule le contenu de toutes les cellules sélectionnées.
	Aligner au centre	Centre verticalement dans la cellule le contenu de toutes les cellules sélectionnées.
	Aligner en bas	Aligne sur le bord inférieur de la cellule le contenu de toutes les cellules sélectionnées.
	Orientation	Affiche un menu permettant de sélectionner différentes orientations angulaires du contenu des cellules sélectionnées.
	Renvoyer à la ligne automatiquement	Renvoie automatiquement à la ligne dans les cellules sélectionnées le texte qui est trop long pour tenir dans la largeur de la colonne, sur autant de lignes que nécessaire.
	Fusionner et centrer	Fusionne les cellules sélectionnées pour en faire une seule cellule, en ne retenant que le contenu de la première cellule de la sélection qui est centrée horizontalement. Ce bouton permet également d'afficher un menu (en cliquant sur le triangle pointant vers le bas qui l'accompagne) vous permettant de choisir entre plusieurs manières de fusionner des cellules, ou d'annuler la fusion pour revenir à la disposition initiale.

Groupe	Bouton	Fonction
Nombre		
	Format de nombre	Affiche le format de nombre appliqué à la cellule active de la sélection. Cliquez sur le triangle pointant vers le bas pour afficher un menu pour sélectionner parmi tous les formats de nombre d'Excel celui que vous voulez appliquer aux cellules sélectionnées (vous pouvez aussi afficher la boîte de dialogue Format de cellule en sélectionnant Autres dans ce menu).
	Monétaire	Applique aux cellules sélectionnées le format Monétaire, qui comporte le séparateur de milliers, l'affichage de deux chiffres après la virgule et le symbole de l'euro (€). La boîte de dialogue Format de cellule vous permet de personnaliser ces paramètres.
	Pourcentage	Applique aux cellules sélectionnées le format Pourcentage, qui multiplie par 100 la valeur entrée dans la cellule et y ajouter le symbole %, sans afficher de décimales.
	Séparateur de milliers	Affiche le contenu des cellules sélectionnées en utilisant le séparateur de milliers.
	Ajouter une décimale	Affiche le contenu des cellules sélectionnées avec un chiffre de plus après la virgule.
	Réduire les décimales	Affiche le contenu des cellules sélectionnées avec un chiffre de moins après la virgule.

TRUC

À propos des raccourcis clavier, n'oubliez pas : Ctrl + G active et désactive l'attribut Gras pour la sélection (caractères ou cellules), Ctrl + I fait la même chose pour l'attribut Italique, et Ctrl + U pour l'attribut Souligné.

Mettre en forme des cellules à la source avec la mini-barre d'outils

L'application d'une mise en forme à une sélection de cellule est même encore plus facile dans Excel 2010 grâce à une petite barre d'outils que l'on appelle plus familièrement, mais très sérieusement, la *mini-barre*.

Pour afficher la mini-barre, sélectionnez les cellules à mettre en forme (si vous sélectionnez des caractères dans une cellule, vous aurez une mini-barre plus petite, ne contenant que les outils de mise en forme de caractères), et cliquez du bouton droit dans la sélection. Le menu contextuel apparaît, et juste au-dessus ou au-dessous de celui-ci, la mini-barre, comme le montre la Figure 3.10.

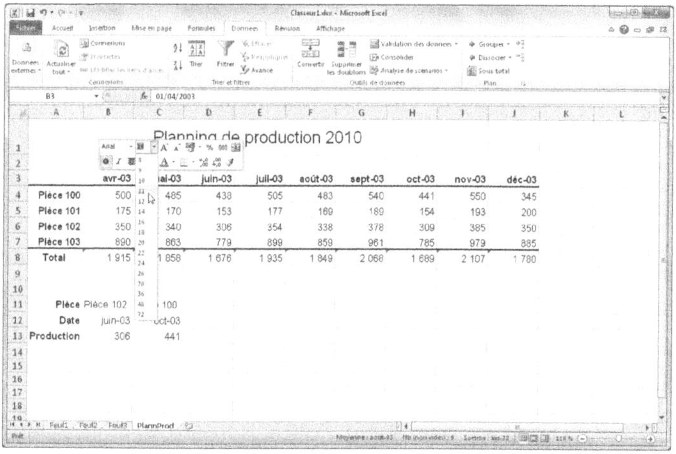

Figure 3.10 : Utilisez les boutons de la mini-barre pour modifier la mise en forme des cellules sélectionnées.

Comme vous le voyez dans cette figure, la mini-barre contient la plupart des boutons du groupe Police de l'onglet Accueil (à l'exception du bouton Souligné). Vous y trouvez aussi le bouton Fusionner et centrer du groupe Alignement (voyez la section "Modifier l'alignement", plus loin dans ce chapitre), et les boutons Monétaire, Pourcentage, Séparateur de milliers, Ajouter une décimale et Réduire les décimales du groupe Nombre (voyez la section "Connaître les formats de nombre", plus loin dans ce chapitre). Cliquez simplement sur ces boutons pour appliquer les mises en forme correspondantes aux cellules sélectionnées.

La mini-barre contient également le bouton Reproduire la mise en forme du groupe Presse-papiers de l'onglet Accueil, ce qui vous permet de copier facilement la mise en forme de la cellule active pour l'appliquer à d'autres cellules.

La boîte de dialogue Format de cellule

Bien que les boutons des groupes Police, Alignement et Nombre de l'onglet Accueil vous donnent un accès immédiat aux commandes de mise en forme les plus utilisées, ils sont loin de représenter toutes les commandes de mise en forme d'Excel.

Pour accéder à toutes les commandes de mise en forme dont dispose Excel, vous devez ouvrir la boîte de dialogue Format de cellule, de l'une des trois manières suivantes :

- En cliquant sur l'option Autres, tout en bas du menu déroulant associé au bouton Format de nombre du groupe Nombre de l'onglet Accueil.
- En cliquant sur le bouton de lancement de boîte de dialogue dans le coin inférieur droit du même groupe Nombre.
- En appuyant sur Ctrl + Maj + 1 (le 1 du clavier principal, pas celui du pavé numérique).

La boîte de dialogue Format de cellule contient six onglets : Nombre, Alignement, Police, Bordure, Remplissage et Protection. Je vais vous montrer comment les utiliser.

Connaître les formats de nombre

Ainsi que nous l'avons expliqué dans le Chapitre 2, la saisie des valeurs dans la feuille de calcul définit le type de la mise en forme. Voici quelques exemples :

- Lorsque vous saisissez au clavier un chiffre suivi d'un symbole monétaire reconnu par Windows (par défaut : l'euro et le dollar), Excel applique le format Monétaire.
- Si vous entrez une valeur représentant un pourcentage sous la forme d'un entier suivi du signe %, Excel applique automatiquement le format Pourcentage.

- Si vous entrez une date (les dates sont aussi des valeurs) en respectant l'un des formats intégrés, comme 11/06/02 ou 11-juin-02, le logiciel affecte un format de nombre Date et lui attribue une valeur interne spéciale qui est la représentation de cette date.

Bien qu'il soit possible de mettre les valeurs en forme de cette manière au cours de la saisie, ce qui est nécessaire pour les dates, vous n'êtes pas obligé de procéder de la sorte. Vous pouvez à tout moment affecter un format de nombre à un groupe de valeurs avant ou après les avoir entrées. À vrai dire, formater les nombres après les avoir saisis est souvent le moyen le plus efficace, car la procédure s'effectue en deux étapes seulement :

1. **Sélection des valeurs nécessitant une mise en forme.**
2. **Sélection du format de nombre à appliquer, soit en utilisant les boutons de mise en forme de l'onglet Accueil, soit en utilisant l'onglet Nombre de la boîte de dialogue Format de cellule.**

Ce triste comportement est visible Figure 3.11, qui représente un tableau de résultats commerciaux sans qu'aucune valeur n'ait été mise en forme. Remarquez comme les chiffres se calent maladroitement contre le bord droit selon le nombre de décimales, sans aucun alignement sur la virgule décimale. Cette mauvaise présentation est causée par le format de nombre Standard d'Excel. Le seul moyen d'y remédier est de choisir un format de nombre plus rationnel.

Appliquer un style Monétaire

Du fait de la nature financière de la plupart des feuilles de calcul, vous serez sans doute amené à utiliser le format Monétaire plus souvent qu'un autre. C'est une mise en forme très facile à appliquer, puisqu'il vous suffit pour cela de cliquer sur le bouton Monétaire dans l'onglet Accueil du Ruban.

TRUC

N'oubliez pas que le format Monétaire ajoute le symbole de l'euro (€), affiche la valeur avec deux décimales et utilise le séparateur de milliers. De plus, si vous saisissez une valeur entre

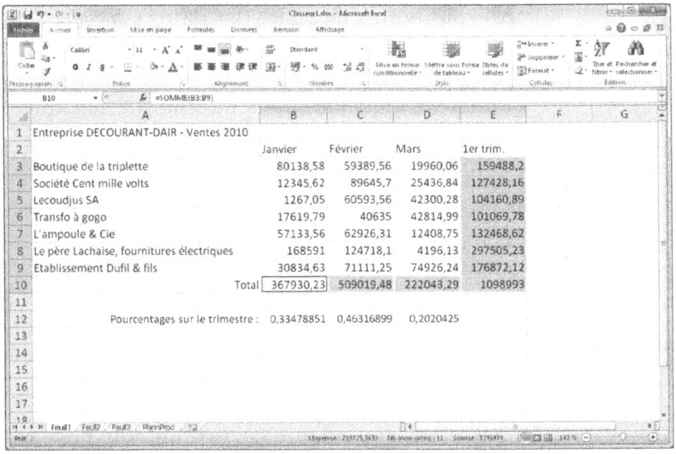

Figure 3.11 : Les nombres comportant des décimales ne s'alignent pas correctement lorsque le format de nombre Standard est utilisé.

parenthèses, elle sera considérée comme négative et affichée avec un signe moins (–).

Comme le montre la Figure 3.12, seules les cellules qui ont été sélectionnées (plages E3:E10 et B10:D10) ont reçu le format Monétaire. Il a été appliqué en cliquant sur le bouton Monétaire du groupe Nombre de l'onglet Accueil (son icône montre un billet de banque et des pièces).

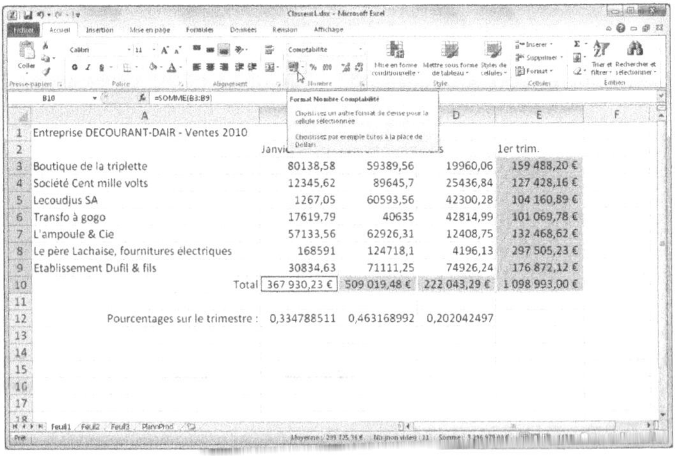

Figure 3.12 : Les totaux ont été présentés en euro en cliquant sur le bouton Monétaire de l'onglet Accueil.

Présenter les cellules avec le style Séparateur de milliers

Le format Séparateur de milliers est une excellente alternative au format Monétaire, car, comme ce dernier, il permet de séparer les milliers, les millions, les milliards, *etc.*

Ce format règle aussi le nombre de décimales et la représentation des nombres négatifs. Mais il n'affiche aucun symbole monétaire. Observez Figure 3.13 comment le bouton d'activation du format Séparateur de milliers, présent dans l'onglet Accueil du Ruban, a affiché les nombres sélectionnés.

Le format Séparateur de milliers convient très bien pour des résultats commerciaux comme ceux de la Figure 3.13. C'est ce format que j'ai appliqué aux cellules contenant les ventes mensuelles. Pour cela, j'ai sélectionné les cellules de la plage B3:D9, et j'ai cliqué sur le bouton Séparateur de milliers (000) dans le groupe Nombre de l'onglet Accueil.

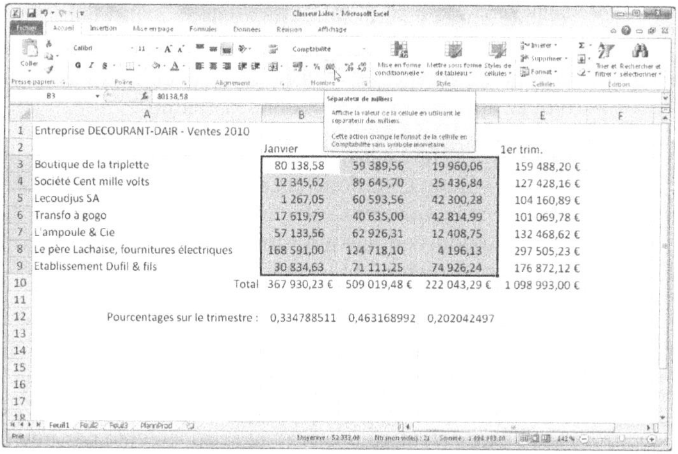

Figure 3.13 : Les chiffres des ventes viennent d'être mis en forme avec le bouton Séparateur de milliers.

Remarquez Figure 3.13 comment le format Séparateur de milliers gère les décimales ; les chiffres sont désormais parfaitement alignés sur la virgule décimale, et surtout par rapport à la virgule qui se trouve dans les totaux mis en forme avec le format Monétaire. Ils ont même été légèrement décalés vers la gauche pour parfaire l'alignement.

Le format Pourcentage

De nombreuses feuilles de calcul contiennent des pourcentages (taux d'intérêt, de croissance, d'inflation, *etc.*). Pour entrer un pourcentage dans une cellule, commencez par cliquer dessus pour la sélectionner, cliquez sur le bouton Style de pourcentage dans le groupe Nombre de l'onglet Accueil, entrez directement le pourcentage voulu s'il est supérieur à 1 (par exemple, entrez **12** pour 12 %), et appuyez sur Entrée. Si vous avez entré par exemple **12** ou **54**, vous voyez apparaître 12 % ou 54 % dans la cellule. Pour entrer un pourcentage inférieur à 1 %, vous devez entrer la valeur numérique correspondante (par exemple, .005 pour 0,5 %). Dans ce cas, vous verrez apparaître 1 % dans la cellule, car le format Pourcentage n'affiche que les valeurs entières. Ce qui n'empêche pas, naturellement, de voir apparaître dans la Barre de formule la valeur exacte que vous avez entrée, sous forme de pourcentage (dans l'exemple précédent, 0,5 %).

En revanche, si vous appliquez le format Pourcentage à une cellule après y avoir entré une valeur, celle-ci est multipliée par 100 pour être convertie en pourcentage (si vous appliquez le format Pourcentage à une cellule qui contient la valeur 12, vous voyez apparaître 1 200 % dans la cellule).

Pour entrer une série de pourcentages dans une feuille de calcul, le plus commode est donc d'utiliser la première méthode : sélectionner la plage de cellules, cliquer sur le bouton Style de pourcentage pour lui appliquer le format Pourcentage, et entrer directement les pourcentages.

La Figure 3.14 montre la situation inverse ou des valeurs calculées par une formule ont été converties en pourcentages par l'application aux cellules correspondantes du format pourcentage. C'est ce que vous pouvez voir dans la ligne 12 de cette feuille de calcul, qui montre le ratio, calculé par une formule, du total des ventes par mois par rapport au total des ventes du trimestre (cellule E10). Dans la Figure 3.14, ces valeurs ont été converties en pourcentage par application aux cellules correspondantes du format Pourcentage, après y avoir entré les formules.

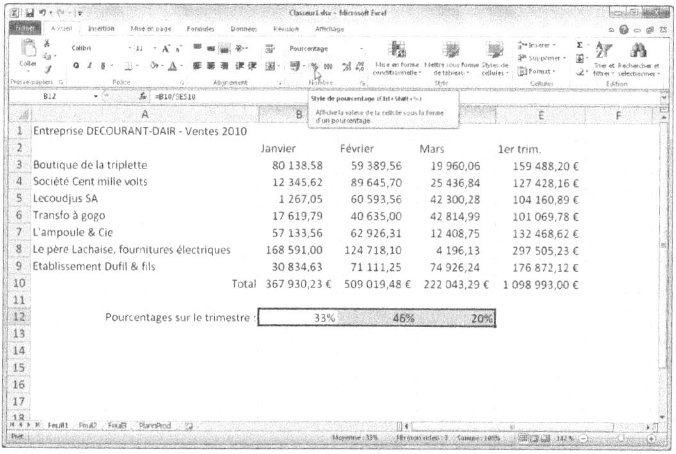

Figure 3.14 : Les pourcentages ont été mis en forme avec le format Pourcentage.

Définir les décimales

Il est possible d'augmenter et de réduire le nombre des décimales d'un nombre ayant reçu un format Monétaire, Séparateur de milliers ou Pourcentage en cliquant tout simplement sur les boutons Ajouter une décimale et Réduire les décimales. Ces deux commandes se trouvent dans le groupe Nombre de l'onglet Accueil.

Chaque fois que vous cliquez sur le bouton Ajouter une décimale (celui avec une flèche pointée vers la gauche), Excel place une autre décimale après la virgule. Dans la Figure 3.15, deux décimales ont été ainsi ajoutées aux pourcentages de la plage B12:D12. Remarquez que le bouton Pourcentage ne définit jamais de décimales ; vous les obtenez avec le bouton Ajouter une décimale.

Les valeurs qui se cachent sous une mise en forme

Ne vous laissez pas induire en erreur par les formats qui enjolivent la présentation des cellules d'une feuille de calcul. Comme le ferait tout bon illusionniste, un format peut changer l'apparence d'une valeur comme par magie, mais en réalité le chiffre

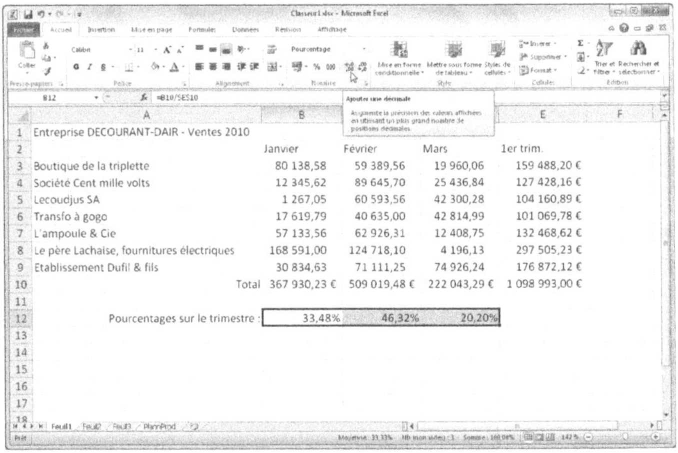

Figure 3.15 : Deux décimales ont été ajoutées aux pourcentages des ventes.

brut que vous avez entré reste immuable. Supposons qu'une formule retourne la valeur suivante :

```
25,6456
```

Supposons maintenant que vous mettiez en forme la cellule qui contient ce chiffre avec l'outil Monétaire. La valeur est affichée sous la forme :

```
25,65 €
```

Ce changement peut vous inciter à penser qu'Excel a arrondi la deuxième décimale à la valeur supérieure. En réalité, le logiciel n'a arrondi que l'*affichage* de la valeur ; la cellule contient toujours la valeur 25,6456. Si vous utilisez le contenu de cette cellule dans une formule, rappelez-vous qu'Excel utilise toujours la valeur véritable pour ses calculs, celle qui est stockée dans la mémoire et non celle qui apparaît à l'écran sous une forme ou sous une autre.

Comment ferez-vous pour que la valeur mise en forme soit la même que la valeur utilisée pour le calcul ? Excel peut satisfaire à votre demande en une seule étape. Sachez qu'il s'agit d'une opération irréversible. Il est en effet possible d'utiliser pour le calcul les valeurs affichées, mais avec une mise en forme particulière, en cochant une seule case. Mais vous ne pourrez pas revenir aux valeurs précédentes en la désactivant.

Puisque vous insistez pour connaître ce truc, voici comment il faut procéder :

1. **Assurez-vous que toutes les cellules de la feuille de calcul ont été mises en forme avec le nombre de décimales que vous désirez.**

   Cette étape doit être accomplie avant de convertir l'affichage de la précision des valeurs dans la feuille de calcul.

2. **Cliquez sur Fichier/Options/Options avancées.**

3. **Dans la section Lors du calcul de ce classeur, cochez la case Définir le calcul avec la précision au format affiché.**

   Excel affiche une boîte d'alerte vous disant La précision pour ces données sera définitivement perdue.

4. **Cliquez sur OK ou appuyez sur Entrée pour confirmer.**

Dates et heures dans les calculs

Dans le Chapitre 2, j'ai indiqué qu'il était très simple de créer des formules qui calculent le temps écoulé entre deux dates ou deux heures. Le hic est qu'Excel affiche automatiquement le résultat du calcul au format date ou heure. Par exemple, si vous entrez 15-8-04 dans la cellule B4, 15/4/04 dans la cellule C4 et, dans la cellule E4, la formule suivante permettant de trouver le nombre de jours écoulés entre les deux dates :

```
=B4-C4
```

Excel renvoie le résultat de 122 déguisé en 01/05/1900 dans la cellule E4. Pour remettre en forme ce résultat, vous devez affecter le format Nombre à la cellule E4 (ouvrez le menu du bouton Format de nombre dans le groupe Nombre de l'onglet Accueil, et sélectionnez Nombre). La valeur 122 remplace alors 01/05/1900, indiquant que 122 jours se sont écoulés entre les deux dates.

Il en va de même avec les formules calculant le temps écoulé entre deux heures. Vous devez modifier le format de la cellule abritant le résultat. Prenons un exemple : vous saisissez 8:00 AM dans la cellule C8, 4:00 PM dans la cellule D8 et, dans la cellule E8, la formule suivante permettant de calculer le nombre d'heures écoulées entre ces deux instants :

```
=D8-C8
```

Il vous faut là aussi transformer au format Standard le résultat de la cellule E8, qui apparaît automatiquement sous la forme 8:00 AM. Une fois converti, le résultat est de 0,333333333 à la place de 8:00 AM, soit sa fraction sur une période de 24 heures. Pour obtenir le nombre d'heures correspondant, il suffit de multiplier 0,333333333 par 24, ce qui donne 8.

Un coup d'œil sur les différents formats de nombre

Excel prend en charge d'autres formats que Monétaire, Séparateur de milliers et Pourcentage. Pour les utiliser, sélectionnez la cellule ou la plage à mettre en forme, puis cliquez dedans avec le bouton droit de la souris. Dans le menu contextuel qui apparaît, sélectionnez l'option Format de cellule (ou appuyez sur Ctrl + Maj + 1 [le 1 du clavier principal]). Dans les deux cas, la boîte de dialogue Format de cellule apparaît.

Dans la boîte de dialogue Format de cellule, cliquez sur l'onglet Nombre puis sélectionnez le format désiré dans la liste Catégorie. Certains, comme Date, Heure, Fraction et Spécial, proposent un choix encore plus étendu de formats. D'autres, comme Nombre et Monétaire, possèdent leur propre boîte permettant de paramétrer la mise en forme. Chaque fois que vous sélectionnez un format, Excel affiche dans la zone Exemple la présentation de la première cellule de la plage sélectionnée. Si cet aperçu vous convient, cliquez sur OK ou appuyez sur Entrée pour appliquer la mise en forme choisie aux cellules sélectionnées.

La catégorie Spécial de la boîte de dialogue Format de cellule, onglet Nombre, contient des mises en forme très particulières. Les formats que voici vous intéresseront certainement :

- **Sécurité sociale.** Divise automatiquement les treize chiffres du numéro INSEE mentionnant le sexe, l'année de naissance, le mois, le lieu ainsi que les deux codes à trois chiffres. Exemple : 1 68 05 75 123 456.

- **Code postal.** Conserve les zéros qui précèdent un nombre (important pour entrer des codes postaux comme 04120 ou 07000).
- **Numéro de téléphone.** Sépare les dix chiffres des numéros de téléphone français deux par deux, en plaçant une espace entre chaque groupe (exemple : 01 40 21 46 20). D'autres options mettent en forme les numéros de téléphone belges, canadiens, luxembourgeois, marocains et suisses.

Régler les colonnes

Si Excel 2010 ne se charge pas lui-même de régler la largeur des colonnes, vous n'aurez aucune difficulté à le faire par vous-même. Le moyen le plus simple de les ajuster consiste à appliquer la largeur la plus appropriée grâce à la commande Ajustement automatique. Elle demande à Excel de réduire ou d'augmenter la largeur des colonnes selon le contenu le plus long qui s'y trouve.

Procédez comme suit pour appliquer un ajustement automatique aux colonnes :

1. **Placez le pointeur de la souris sur la bordure grise de droite de l'en-tête de la colonne, tout en haut de la feuille de calcul.**

   Le pointeur de la souris se transforme en double flèche pointant vers la gauche et vers la droite.

2. **Double-cliquez.**

   Excel ajuste automatiquement la largeur de la colonne selon la donnée la plus longue qui s'y trouve.

L'ajustement automatique peut être appliqué à plusieurs colonnes à la fois. Il suffit de sélectionner toutes les colonnes à régler (si elles sont adjacentes, cliquez et tirez dans leur en-tête ; sinon, touche Ctrl enfoncée, cliquez dans les différents en-têtes). Après avoir sélectionné les colonnes, double-cliquez sur n'importe quelle bordure de droite d'un en-tête.

L'ajustement automatique ne produit pas toujours le résultat escompté : un titre très long qui déborde sur les autres cellules, à droite, est exagérément élargi.

Vous pouvez aussi fixer la largeur des colonnes à partir du menu affiché par le bouton Format du groupe Cellules de l'onglet Accueil. La section de ce menu concernant la largeur de colonne contient les trois options suivantes :

- **Largeur :** Fait apparaître la boîte de dialogue Largeur de colonne, dans laquelle vous pouvez spécifier le nombre de caractères à afficher dans la colonne. Cliquez sur OK après avoir entré la valeur voulue.
- **Ajustement automatique :** Ajuste automatiquement la largeur de la colonne ou des colonnes de la sélection pour que le contenu le plus long y tienne en entier.
- **Largeur standard :** Fait apparaître la boîte de dialogue Largeur standard, dans laquelle vous pouvez spécifier la largeur standard des colonnes, en nombre de caractères. Cliquez sur OK après avoir entré la valeur voulue.

Ajuster les lignes

Le réglage de la hauteur des lignes est comparable à celui de la largeur des colonnes, à ce détail près que vous serez moins souvent amené à ajuster des lignes que des colonnes. Excel modifie en effet automatiquement la hauteur de ligne selon les entrées, notamment lors d'un changement de taille de police ou d'un retour à la ligne à l'intérieur d'une cellule. Ces cas seront évoqués dans la section "Modifier l'alignement", plus loin dans ce chapitre. La plupart des modifications de hauteur de ligne sont effectuées pour augmenter l'espace réservé au titre d'un tableau sans ajouter des lignes vides (nous y reviendrons dans la section "De haut en bas", plus loin dans ce chapitre).

Pour augmenter la hauteur d'une ligne, tirez le bas de l'en-tête de ligne jusqu'à ce que vous ayez obtenu la hauteur désirée, puis relâchez le bouton de la souris. Pour réduire la hauteur d'une ligne, inversez la manipulation en faisant remonter le bas de l'en-tête. Pour appliquer un ajustement automatique, double-cliquez sur la bordure inférieure de l'en-tête.

Comme pour les colonnes, vous pouvez aussi ajuster la hauteur des lignes sélectionnées en utilisant ce même menu du bouton Format du groupe Cellules de l'onglet Accueil :

- **Hauteur :** Fait apparaître la boîte de dialogue Hauteur de ligne, dans laquelle vous pouvez spécifier la hauteur de ligne (en points). Cliquez sur OK après avoir entré la valeur voulue.
- **Ajustement automatique :** Ajuste automatiquement la hauteur de la ligne ou des lignes de la sélection pour que le contenu le plus long y soit entièrement affiché.

On la voit, on ne la voit plus !

Un détail amusant concernant les lignes et les colonnes : il est possible de les réduire à tel point qu'elles semblent avoir disparu de la feuille de calcul ! Ce comportement est très pratique pour masquer des données. Supposons qu'une feuille de calcul contienne la liste des employés et leur salaire ; vous avez besoin de ces chiffres pour calculer un budget, mais vous ne tenez pas à ce que ces données sensibles apparaissent dans le rapport imprimé. Au lieu de perdre du temps à déplacer la colonne des salaires hors de la zone à imprimer, il suffit de masquer la colonne au moment de l'impression.

Masquer et afficher des colonnes

Bien qu'il soit possible de masquer des lignes et des colonnes manuellement, Excel propose une méthode autrement plus rapide et efficace, par l'option Masquer & afficher du menu du bouton Format du groupe Cellules de l'onglet Accueil. Supposons que vous deviez masquer la colonne B d'une feuille de calcul parce qu'elle contient des informations sensibles ou sans rapport avec le sujet. Pour masquer cette colonne, suivez ces étapes :

1. **Cliquez sur une cellule quelconque de la colonne B pour la sélectionner.**
2. **Cliquez sur le bouton Format du groupe Cellules de l'onglet Accueil pour faire apparaître son menu.**
3. **Dans ce menu, sélectionnez Masquer & afficher/Masquer les colonnes.**

La colonne *s'évanouit !* Toutes les informations de la colonne B disparaissent de la feuille de calcul. Remarquez notamment la succession des lettres des en-têtes de colonnes : A, C, D, E... Il manque la lettre B.

Supposons maintenant que vous ayez imprimé la feuille de calcul et qu'il vous faut modifier une des entrées de la colonne B. Procédez comme suit pour réafficher la colonne :

1. **Placez le pointeur de la souris sur l'en-tête de la colonne A, puis tirez-le vers la droite pour sélectionner les colonnes A et C.**

   En tirant de A à C, vous incluez la colonne B dans la sélection. Ne cliquez surtout pas sur A *et* C, touche Ctrl enfoncée, car vous omettriez la colonne B.

2. **Cliquez sur le bouton Format du groupe Cellules de l'onglet Accueil pour faire apparaître son menu.**
3. **Dans ce menu, sélectionnez Masquer & afficher/Afficher les colonnes.**

Excel fait réapparaître la colonne B ; les trois colonnes A, B et C sont sélectionnées. Pour les désélectionner, cliquez sur n'importe quelle cellule de la feuille de calcul.

Masquer et afficher des lignes

La procédure est exactement la même pour masquer et afficher des lignes que pour masquer et afficher des colonnes, à la seule différence qu'après avoir sélectionné les lignes voulues, il suffit de sélectionner Masquer & afficher/Masquer les lignes (au lieu de Masquer les colonnes) et Masquer & afficher/Afficher les lignes (au lieu de Afficher des colonnes) dans le menu affiché par le bouton Format de l'onglet Accueil.

N'oubliez pas que vous pouvez aussi cliquer du bouton droit sur la ligne ou les lignes sélectionnées pour sélectionner Masquer ou Afficher dans le menu contextuel qui apparaît.

Du côté de la police

Quand vous ouvrez une nouvelle feuille de calcul, Excel assigne une même police à la même taille à toutes les entrées auxquelles vous procédez. Excel 2010 utilise la police Calibri de 11 points (en typographie, le corps d'une police, c'est-à-dire sa taille, est exprimée en points). Bien que cette police convienne parfaitement pour la saisie, vous serez tenté d'en choisir d'autres pour agrémenter les titres et les en-têtes d'un tableau.

La plupart des choix concernant la police peuvent être effectués directement depuis le groupe Police de l'onglet Accueil, ce qui évite d'avoir à afficher la boîte de dialogue Format de cellule.

- Pour appliquer une nouvelle police à une cellule ou à une plage, cliquez sur le bouton fléché du champ Police, dans le groupe Police de l'onglet Accueil. Sélectionnez ensuite le nom de la police à utiliser. Remarquez qu'Excel affiche le nom de chaque police avec sa typographie réelle, ce qui facilite le choix.
- Pour modifier la taille de la police, cliquez sur le bouton fléché du champ Taille de police, dans le groupe Police de l'onglet Accueil, et sélectionnez une nouvelle taille dans la liste.

Vous pouvez aussi appliquer du **gras**, de l'*italique*, un soulignement ou ~~barrer~~ des données. Le groupe Police de l'onglet Accueil contient les boutons permettant d'appliquer ou de supprimer les trois premiers styles ; remarquez que ces boutons reçoivent un fond orange (au lieu du bleu habituel) chaque fois que vous sélectionnez une cellule dont le contenu a reçu l'attribut correspondant. Lorsque vous cliquez sur l'un de ces boutons afin de supprimer le style dans la cellule sélectionnée, il reçoit à nouveau le fond bleu qui indique que la cellule sélectionnée n'a plus l'attribut correspondant.

Vous procéderez probablement à la plupart des modifications de police à partir de l'onglet Accueil du Ruban, mais il vous sera parfois plus commode de les faire sous l'onglet Police de la boîte de dialogue Format de cellule.

Comme le montre la Figure 3.16, l'onglet Police de la boîte de dialogue Format de cellule réunit tous les paramètres de police, y compris les styles (gras, italique...), les effets (barré, exposant et indice) et les couleurs. Si vous devez effectuer plusieurs modifications de police dans une sélection, travailler avec cet onglet Police sera beaucoup plus rapide et rationnel. La boîte de dialogue contient d'ailleurs une fenêtre d'aperçu qui montre l'effet – à l'écran du moins – des différents paramètres.

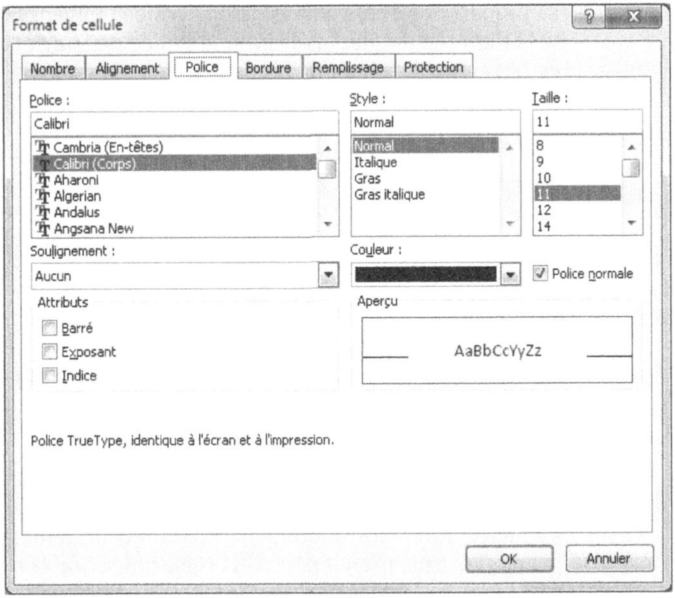

Figure 3.16 : L'onglet Police de la boîte de dialogue Format de cellule permet d'appliquer plusieurs modifications à la fois.

Pour changer la couleur de police dans des cellules sélectionnées, cliquez sur le triangle pointant vers le bas du bouton Couleur de police dans le groupe Police de l'onglet Accueil, et sélectionnez la couleur que vous voulez appliquer au texte des cellules dans la palette qui apparaît. N'oubliez pas que, selon le principe des Styles rapides, il vous suffit de placer le pointeur sur une couleur dans la palette pour voir le texte des cellules sélectionnées prendre la couleur correspondante. Pour appliquer effectivement la couleur choisie, cliquez dessus.

Modifier l'alignement

Lorsque vous commencez à saisir des entrées, leur alignement dans les cellules dépend de leur type. Tous les textes sont alignés à gauche et toutes les valeurs à droite. Vous pouvez cependant modifier cette disposition à votre guise.

Le groupe Alignement de l'onglet Accueil contient trois outils d'alignement : Aligné à gauche, Au centre et Aligné à droite. Ils disposent le contenu de la cellule ou d'une plage exactement comme vous le désirez. À droite de ces boutons d'alignement, se trouve le bouton Fusionner et centrer.

Ce bouton mérite d'être connu, car il sert à centrer instantanément un titre sur toute la largeur d'un tableau. Les Figures 3.17 et 3.18 montrent comment l'utiliser. Dans la Figure 3.17, remarquez que le titre "Entreprise DECOURANT-DAIR - Ventes 2010" se trouve dans la cellule A1. Comme ce texte est assez long, il déborde sur les cellules à droite (B1 et C1). Pour centrer ce titre dans le tableau, qui s'étend des colonnes A à E, sélectionnez la plage de cellules A1:E1 puis, dans le groupe Alignement de l'onglet Accueil, cliquez sur le bouton Fusionner et centrer.

Observez le résultat dans la Figure 3.18 : dans la ligne 1, les cellules des colonnes A à E ont été fusionnées en une seule cellule, et le titre a été parfaitement centré dans cette "supercellule" qui s'étend d'un côté à l'autre du tableau.

Les retraits

Excel permet de mettre des entrées en retrait dans les cellules. Pour ce faire, cliquez sur le bouton Augmenter le retrait, dans le groupe Alignement de l'onglet Accueil. Ce bouton est reconnaissable à l'icône montrant une flèche repoussant quelques lignes vers la droite. Chaque fois que vous cliquez dessus, Excel met les entrées de la sélection courante en retrait d'un caractère (en police standard). Si vous voulez savoir ce que c'est qu'une

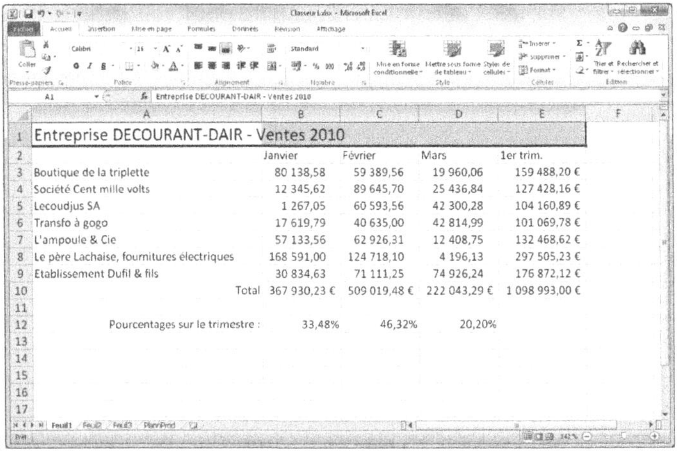

Figure 3.17 : Un titre dans la feuille de calcul, avant Fusionner et centrer.

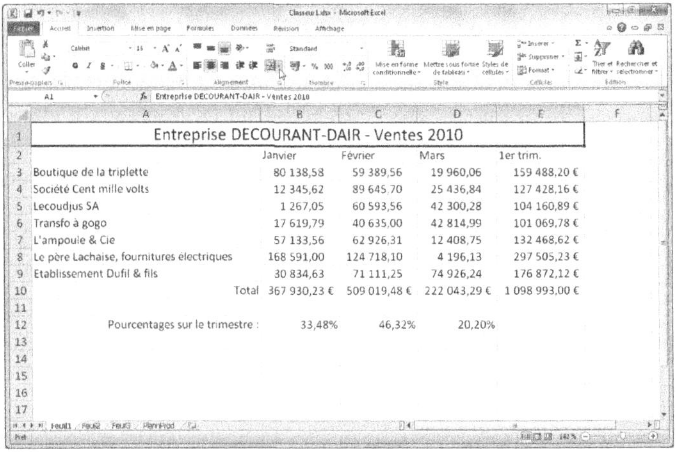

Figure 3.18 : La feuille de calcul après le centrage du titre sur les colonnes A à E.

police standard et comment la modifier, reportez-vous à la section "Du côté de la police", plus haut dans ce chapitre.

Un retrait peut être supprimé en cliquant sur le bouton Réduire le retrait ; il se trouve immédiatement à gauche du bouton Augmenter le retrait. Vous pouvez aussi modifier le nombre de caractères du décalage effectué avec le bouton Augmenter le retrait ; pour ce faire, ouvrez la boîte de dialogue Format de cellule (Ctrl + Maj + 1 [le 1 du clavier principal, pas celui du pavé numérique]), sélectionnez l'onglet Alignement, puis entrez une valeur dans le champ Retrait, soit en la tapant, soit en actionnant le bouton rotatif.

De haut en bas

L'alignement à gauche, centré ou à droite concerne le positionnement de l'entrée par rapport aux bords gauche et droit de la cellule, c'est-à-dire horizontalement. Vous pouvez aussi aligner le texte par rapport aux bords haut et bas de la cellule, soit verticalement. Par défaut, toutes les entrées sont placées en bas de la cellule, mais il est possible de les centrer verticalement ou de les placer contre le bord supérieur des cellules.

Pour modifier l'alignement vertical dans une plage de cellules sélectionnées, ouvrez la boîte de dialogue Format de cellule (Ctrl + Maj + 1 [le 1 du clavier principal, pas celui du pavé numérique]), puis cliquez sur l'onglet Alignement ; enfin, sélectionnez Haut, Centré, Bas, Justifié ou Distribué dans la liste déroulante Vertical.

La Figure 3.19 montre, dans la feuille des ventes de la société Decourant-Dair, le titre du tableau après qu'il a été centré verticalement (ce texte avait été centré horizontalement sur plusieurs colonnes avec la commande Fusionner et centrer ; la hauteur de la ligne 1, qui est par défaut de 15 points, a été augmentée à 36 points).

Gérer le renvoi à la ligne

Dans les tableaux, le placement des titres dans les colonnes a toujours posé un problème ; il fallait souvent les abréger pour éviter d'avoir à élargir les colonnes pour les faire tenir dedans. Dans Excel, ce problème peut être évité grâce à la fonction de renvoi à la ligne. La Figure 3.20 montre une nouvelle feuille de calcul dans laquelle les noms des partenaires de la société Decourant-Dair ont été mis en forme avec l'option Renvoyer à la ligne automatiquement, afin qu'ils tiennent chacun dans sa cellule.

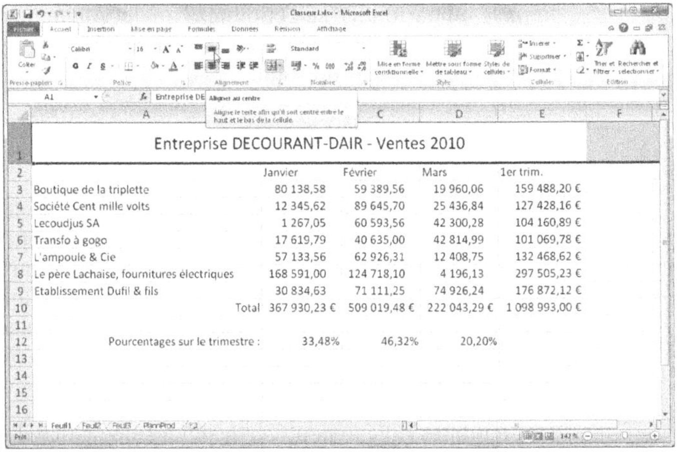

Figure 3.19 : La feuille de calcul après le centrage vertical du titre du tableau.

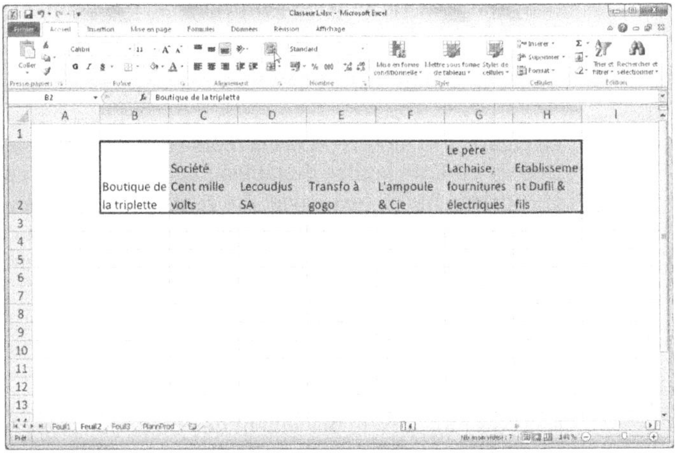

Figure 3.20 : Une nouvelle feuille de calcul dans laquelle les titres ont été mis en forme avec l'option Renvoyer à la ligne automatiquement.

Pour obtenir la présentation de la Figure 3.18, sélectionnez les cellules contenant les titres (de B2 à H2), puis cliquez sur le bouton Renvoyer à la ligne automatiquement dans le groupe Alignement de l'onglet Accueil.

Le renvoi à la ligne empêche les textes longs de déborder sur les cellules voisines. Pour recevoir les lignes supplémentaires, le logiciel augmente automatiquement la hauteur de ligne.

Quand vous sélectionnez l'option Renvoyer à la ligne automatiquement, Excel continue à utiliser les alignements vertical et horizontal que vous avez spécifiés pour la cellule. Notez que vous pouvez utiliser n'importe quelle option d'alignement de l'onglet Alignement de la boîte de dialogue Format de cellule : Gauche (avec ou sans retrait), Centré, Droit (avec ou sans retrait), Justifié ou Centré sur plusieurs colonnes. Vous ne pouvez toutefois pas utiliser l'option Recopié. Présente dans la liste déroulante Horizontal, l'option Recopié sert à répéter une entrée sur toute la largeur de la cellule.

Pour obtenir un renvoi à la ligne justifié sur les bords gauche et droit de la cellule, sélectionnez l'option Justifié dans la liste déroulante Horizontal de l'onglet Alignement de la boîte de dialogue Format de cellule.

Incliner les données

Au lieu de définir un renvoi à la ligne pour les textes saisis dans les cellules, vous préférerez peut-être modifier leur orientation en les inclinant dans un sens ou dans un autre. Dans la Figure 3.21, le changement de direction des titres a donné un effet plus intéressant qu'un simple renvoi à la ligne.

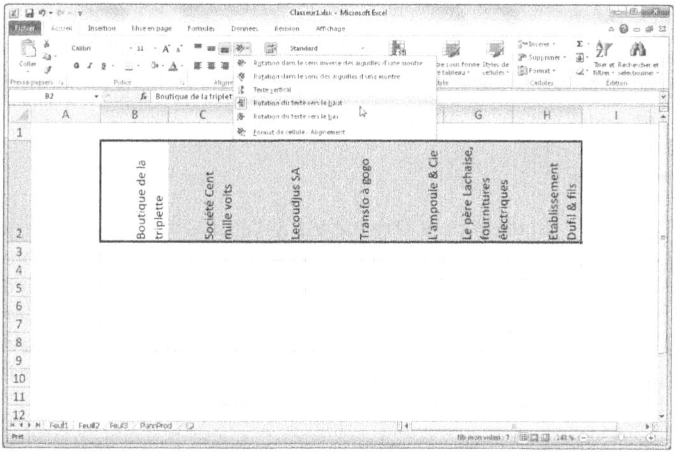

Figure 3.21 : Les titres ont été inclinés à 90° dans le sens inverse des aiguilles d'une montre.

Cet exemple montre une rotation à 90° vers le haut (dans le sens inverse des aiguilles d'une montre). Remarquez que cette opération a entraîné un ajustement de la largeur des colonnes.

Pour pivoter le contenu des cellules, sélectionnez d'abord la plage B2:H2, puis cliquez sur le triangle pointant vers le bas du bouton Orientation (dans le groupe Alignement de l'onglet Accueil). Dans le menu qui apparaît, sélectionnez Rotation du texte vers le haut.

La Figure 3.22 montre maintenant les mêmes titres orientés à 45°. Pour obtenir ce résultat, sélectionnez cette fois Rotation dans le sens inverse des aiguilles d'une montre dans ce même menu du bouton Orientation (après avoir sélectionné la même plage B2:H2, naturellement).

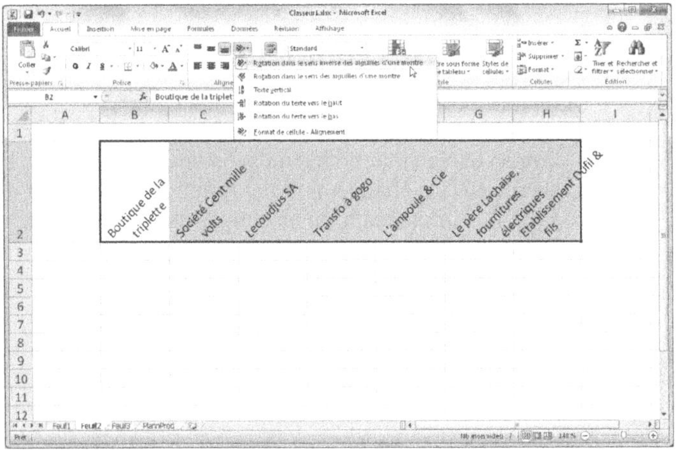

Figure 3.22 : Les titres ont été inclinés à 45° vers le haut.

Un texte peut être incliné à d'autres valeurs que 45 ou 90 degrés. Après avoir sélectionné le texte à faire pivoter, sélectionnez Format de cellule – Alignement dans le menu du bouton Orientation du groupe Alignement de l'onglet Accueil pour ouvrir la boîte de dialogue Format de cellule avec l'onglet Alignement au premier plan, et utilisez la section Orientation de cet onglet pour spécifier l'angle voulu.

Pour cela, cliquez à l'endroit voulu dans le demi-cercle ou entrez directement l'angle voulu en degrés (avec un signe moins pour une rotation dans le sens des aiguilles d'une montre) dans le champ qui se trouve au-dessous.

Vous pouvez définir n'importe quelle inclinaison, de 90° vers le haut à 90° vers le bas, soit en tapant la valeur exacte dans le champ Degrés, soit en actionnant l'aiguille du cadran.

Ajuster

Pour éviter qu'Excel élargisse les colonnes pour y faire tenir les entrées (pour afficher l'intégralité d'un tableau de données à l'écran ou l'imprimer sur une seule feuille), utilisez la commande Ajuster.

Cliquez sur l'onglet Alignement de la boîte de dialogue Format de cellule (Ctrl + Maj + 1 [le 1 du clavier principal, pas celui du pavé numérique]), et cochez la case Ajuster. Excel réduit la taille de la police dans les cellules sélectionnées, ce qui lui évite d'avoir à modifier la largeur des colonnes. Sachez cependant que vous risquez de vous retrouver avec des textes illisibles. Notez aussi qu'il est impossible d'appliquer simultanément les options Renvoyer à la ligne automatiquement et Ajuster ; la sélection de l'une désélectionne aussitôt l'autre.

Boîtes à bordures

Le quadrillage que vous apercevez dans une feuille de calcul sert simplement à mieux visualiser les lignes et les colonnes dans lesquelles vous travaillez. Vous pouvez choisir de l'imprimer avec vos données ou non (en cochant la case Imprimer du groupe Options de la feuille de calcul dans l'onglet Mise en page du Ruban).

Vous pouvez mettre en évidence certaines parties de la feuille de calcul ou d'un tableau à l'aide de bordures ou en appliquant un effet d'ombrage aux cellules. Ne confondez pas les *bordures* que vous définissez vous-même avec le *quadrillage* correspondant aux lignes et aux colonnes de la feuille de calcul. Les bordures sont toujours imprimées, indépendamment du fait que vous décidiez ou non d'imprimer le quadrillage.

Pour ajouter des bordures à une sélection de cellules, cliquez sur le triangle pointant vers le bas du bouton Toutes les bordures du groupe Police de l'onglet Accueil, et sélectionnez dans le menu qui apparaît (Figure 3.23) le type de bordures que vous voulez appliquer à votre sélection.

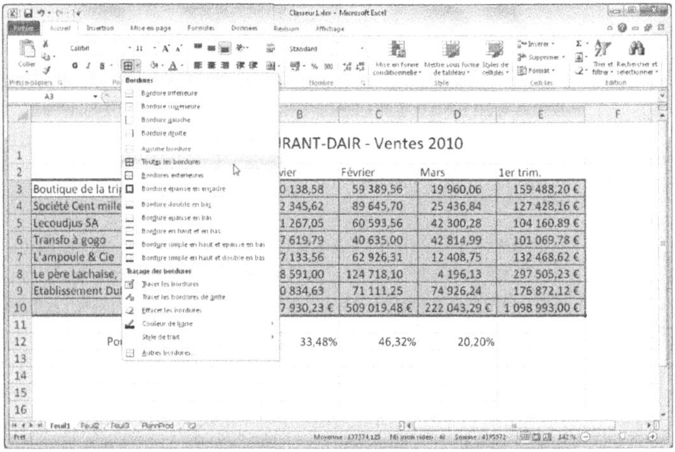

Figure 3.23 : Dans le menu du bouton Toutes les bordures, sélectionnez le type de bordures à appliquer à la sélection.

Rappelez-vous ces préceptes lorsque vous définissez des bordures :

- Pour que les bordures ne soient tracées qu'autour de la sélection, sélectionnez Bordures extérieures ou Bordure épaisse en encadré dans le menu du bouton Toutes les bordures.
- Pour que les bordures apparaissent autour de chacune des cellules de la plage sélectionnée, choisissez Toutes les bordures dans ce menu.

Pour changer le type de trait, l'épaisseur ou la couleur de la bordure que vous appliquez à une sélection de cellules, vous devez ouvrir la boîte de dialogue Format de cellule et cliquer sur son onglet Bordure (sélectionnez Autres bordures dans le menu du bouton Toutes les bordures ou appuyez sur Ctrl + Maj + 1 [le 1 du clavier principal, pas celui du pavé numérique]) et cliquez sur l'onglet Bordure dans la boîte de dialogue Format de cellule qui apparaît).

Pour changer le type de trait, sélectionnez celui qui vous convient dans la section Ligne de cet onglet. Pour changer la couleur, cliquez sur le bouton Couleur dans cette section Ligne, et sélectionnez la couleur qui vous convient dans la palette qui apparaît. Pour définir les contours de la bordure, utilisez les boutons de la section Présélection et de la section Bordure (qui vous montre aussi le résultat de ce que vous sélectionnez). Pour appliquer à la sélection ce que vous venez de choisir, cliquez sur OK.

Pour vous débarrasser d'une bordure, vous devez sélectionner les cellules correspondantes, et sélectionner Aucune bordure dans le menu du bouton Toutes les bordures du groupe Police de l'onglet Accueil.

Des couleurs de remplissage, des motifs et des dégradés

Vous pouvez aussi mettre en évidence des zones de votre feuille de calcul en appliquant une couleur de remplissage, un motif ou un dégradé aux cellules correspondantes.

Pour appliquer une nouvelle couleur de remplissage à une sélection de cellules, vous pouvez cliquer sur le triangle pointant vers le bas du bouton Couleur de remplissage du groupe Police de l'onglet Accueil, et sélectionner la couleur voulue dans la palette qui apparaît. Selon le principe des Styles rapides, cette palette vous permet de voir l'effet sur les cellules sélectionnées lorsque vous placez simplement le pointeur de la souris sur une couleur avant de la sélectionner.

Pour appliquer un nouveau motif à une sélection de cellules, vous devez ouvrir la boîte de dialogue Format de cellule (Ctrl + Maj + 1 [le 1 du clavier principal, pas celui du pavé numérique]) et cliquer sur l'onglet Remplissage (Figure 3.24). Dans cet onglet, cliquez sur le bouton Motif pour faire apparaître la palette des motifs et faites votre sélection dans celle-ci. Pour appliquer une couleur au motif sélectionné, cliquez sur le bouton Couleur (juste au-dessus du bouton Motif) et sélectionnez la couleur voulue dans la palette qui apparaît. Pour appliquer aux cellules sélectionnées le motif ainsi défini, cliquez sur OK.

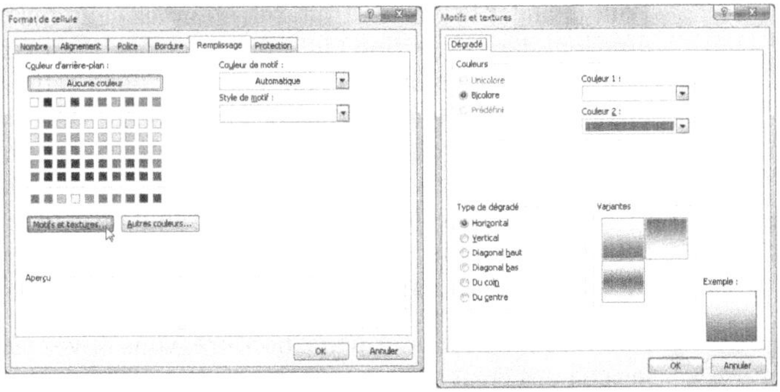

Figure 3.24 : Sélectionnez une couleur de remplissage et un motif dans la boîte de dialogue Format de cellule.

Si vous voulez ajouter un dégradé de couleurs dans une direction ou une autre aux cellules sélectionnées, cliquez sur le bouton Motifs et textures dans l'onglet Remplissage de la boîte de dialogue Format de cellule. La nouvelle boîte de dialogue qui apparaît (à droite dans la Figure 3.24) contient un seul onglet Dégradé, contenant plusieurs options pour définir ce dégradé.

Après avoir spécifié la première et la deuxième couleur et l'orientation du dégradé, vérifiez que le résultat vous convient dans l'exemple affiché dans le coin inférieur droit de cette boîte de dialogue, et cliquez sur OK pour revenir à la boîte de dialogue Format de cellule. Le dégradé que vous venez de définir y apparaît maintenant dans la section Aperçu. Pour voir le résultat sur votre sélection, il vous faut maintenant l'appliquer en cliquant sur le bouton OK.

Chapitre 4

Procéder à des modifications

Dans ce chapitre :

- Ouvrir un classeur en vue de le modifier.
- Annuler vos bourdes.
- Déplacer et copier par glisser-déposer.
- Copier des formules.
- Déplacer et copier par Couper, Copier et Coller.
- Supprimer des entrées dans des cellules.
- Supprimer et insérer des lignes et des colonnes.

Dans ce chapitre, vous découvrirez comment appliquer ces modifications en toute sérénité dans un classeur. La copie et le déplacement des données ainsi que l'insertion et la suppression des lignes et des colonnes sont des tâches faciles à maîtriser. Ce qui est un peu plus ardu à comprendre, c'est l'effet de ces actions sur la feuille de calcul. Mais ne vous en faites pas ! Si un changement compromet votre travail, vous pourrez toujours recourir à la fonction d'annulation pour revenir en arrière et vous retrouver en terrain plus familier.

S'ouvrir aux changements

Avant de commettre l'irréparable – je veux dire d'effectuer des modifications... –, vous devez bien sûr ouvrir Excel. Pour ouvrir un classeur, vous avez le choix entre cliquer sur Fichier/Ouvrir, appuyer sur Alt + FV ou utiliser les raccourcis clavier des versions précédentes d'Excel Ctrl + O ou Ctrl + F12.

La boîte de dialogue Ouvrir

Si vous utilisez Excel 2010 sous Windows 7, une boîte de dialogue Ouvrir, très semblable à celle que montre la Figure 4.1, apparaît. Elle est divisée en deux volets : le volet de navigation à gauche, dans lequel vous pouvez sélectionner un nouveau dossier, et le volet principal à droite, affichant tous les sous-dossiers du dossier sélectionné dans le volet de gauche, ainsi que tous les fichiers qu'il contient susceptibles d'être ouverts par Excel.

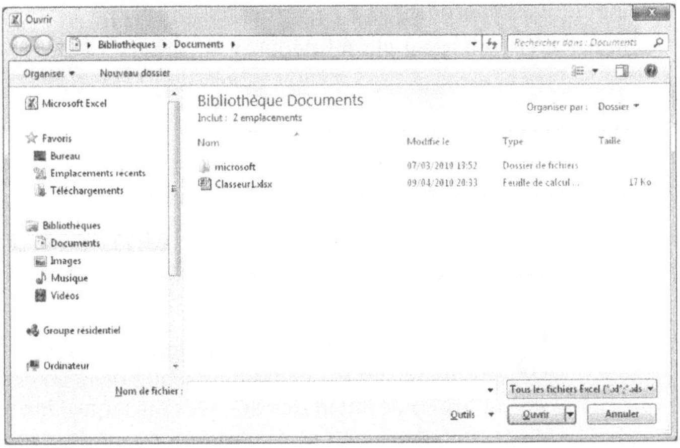

Figure 4.1 : Utiliser la boîte de dialogue Ouvrir pour naviguer jusqu'à un classeur pour l'ouvrir.

Le dossier qui est affiché lorsque la boîte de dialogue Ouvrir apparaît est soit celui qui est spécifié comme Emplacement d'enregistrement par défaut dans l'onglet Enregistrement de la boîte de dialogue Options Excel, soit le dernier que vous avez ouvert dans Excel en utilisant cette boîte de dialogue.

Pour ouvrir un classeur qui se trouve dans un autre dossier, cliquez sur le lien correspondant dans la section Liens favoris du volet de navigation, ou cliquez sur le triangle pointant vers le bas à droite de Dossiers, et cliquez sur le dossier voulu dans la liste qui apparaît.

Si vous ouvrez un nouveau dossier pour lequel aucun fichier n'apparaît dans le volet de droite (alors que vous savez qu'il n'est pas vide), cela signifie simplement qu'il ne contient aucun fichier d'un type qu'Excel est capable d'ouvrir directement (classeurs, modèles et macros). Pour afficher tous les fichiers du dossier, qu'Excel puisse ou non les ouvrir directement (c'est-à-dire sans aucune conversion), cliquez sur le bouton indiquant les types de fichiers affichés, et sélectionnez Tous les fichiers dans la liste déroulante qui apparaît.

Lorsque l'icône du classeur que vous voulez ouvrir apparaît dans la boîte de dialogue Ouvrir, vous pouvez ouvrir ce classeur en cliquant sur son icône puis en cliquant sur le bouton Ouvrir, ou tout simplement en double-cliquant sur son icône.

La boîte de dialogue Ouvrir d'Excel 2010 sous Windows XP

La boîte de dialogue Ouvrir d'Excel 2010 sous Windows XP est un peu différente de celle de Windows 7 et Vista. Elle est divisée en deux sections : un volet contenant des icônes d'emplacement à gauche, et à droite un volet affichant une liste de dossiers et de fichiers. Si le dossier ouvert n'est pas celui qui contient le classeur que vous voulez ouvrir, vous devez commencer par naviguer jusqu'au bon dossier. À partir de l'emplacement Poste de travail, vous pouvez accéder à tous les dossiers de vos disques durs en double-cliquant simplement successivement sur chacun des dossiers qui constituent le chemin d'accès à celui que vous voulez ouvrir (pour ouvrir un dossier, vous pouvez aussi cliquer dessus et cliquer sur le bouton Ouvrir). Vous pouvez aussi remonter dans l'arborescence des dossiers en cliquant sur le bouton Dossier parent dans la barre d'outils de la boîte de dialogue Ouvrir.

Si le classeur que vous voulez ouvrir se trouve sur un autre disque dur local de votre ordinateur, cliquez sur le bouton Dossier parent jusqu'à voir apparaître l'icône du lecteur C: dans le volet de droite. Double-cliquer sur l'icône du disque dur approprié dans cette liste et continuer à naviguer ainsi jusqu'au dossier dans lequel se trouve votre classeur.

Ouvrir les classeurs récemment modifiés

Si le classeur que vous désirez ouvrir a été récemment créé ou modifié, vous pouvez vous dispenser d'accéder à la boîte de dialogue Ouvrir. Cliquez sur le Fichier et choisissez Récent (ou appuyez sur Alt + FR) puis cliquez sur le nom du classeur à ouvrir.

Excel garde en mémoire la liste des 20 derniers fichiers de classeur que vous avez ouverts et les affiche à droite. Vous pouvez ouvrir un classeur en cliquant dessus, ou en appuyant sur la touche numérotée ou sur le raccourci clavier qui lui est attribué.

TRUC

Si vous ne voulez voir apparaître aucun document récent dans le menu Fichier, entrez simplement 0 dans ce champ.

Si vous avez oublié où se trouve un fichier

Le seul problème que vous puissiez rencontrer quand vous tentez de charger un fichier avec la boîte de dialogue Ouvrir est de savoir où se trouve ce fichier. Tout est parfait aussi longtemps que le nom du fichier apparaît parmi ceux listés dans la fenêtre de la boîte de dialogue ; mais que faire si le fichier est invisible et semble se cacher dans les mystérieuses profondeurs de l'arborescence des dossiers ?

Lorsque vous utilisez Excel 2010 sous Windows 7 ou Vista, ce nouveau système d'exploitation ajoute un champ de recherche dans la boîte de dialogue Ouvrir (Figure 4.2), permettant ainsi de rechercher des classeurs depuis cette boîte de dialogue.

Pour rechercher un classeur de cette façon, cliquez dans le champ de recherche dans le coin supérieur droit de la boîte de dialogue Ouvrir, et entrez des caractères qui se trouvent dans le nom du classeur ou dans le classeur lui-même.

Au fur et à mesure que Vista trouve des fichiers correspondant à vos critères de recherche, les noms de ceux-ci (classeurs Excel, mais aussi modèles et macros) apparaissent dans la boîte de dialogue Ouvrir. Aussitôt que le classeur que vous recherchez apparaît, vous pouvez l'ouvrir en double-cliquant sur son icône, ou en cliquant dessus puis sur le bouton Ouvrir.

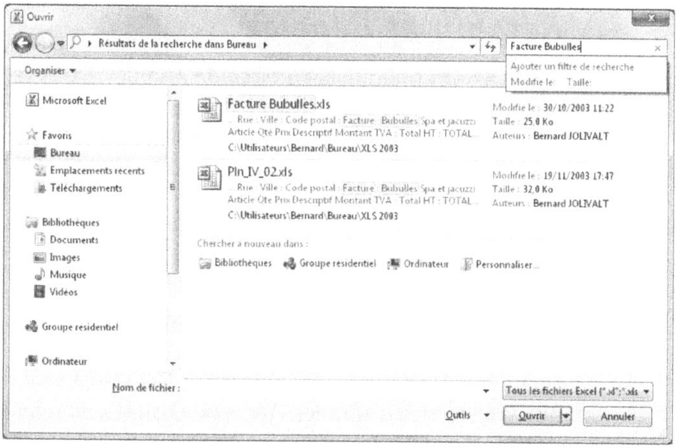

Figure 4.2 : Utilisez le champ de recherche dans la boîte de dialogue Ouvrir pour rechercher rapidement des classeurs Excel dans votre ordinateur.

TRUC

Sous Windows XP, la boîte de dialogue d'Excel 2010 ne contient pas de champ de recherche. Vous devrez utiliser la fonction de recherche du système d'exploitation, accessible depuis le menu Démarrer, pour trouver un fichier égaré.

Encore plus sur les annulations

Avant de vous lancer dans la réalisation d'une feuille de calcul, vous devez connaître la fonction d'annulation et savoir comment elle peut rétablir la situation si jamais vous vous êtes fourvoyé. Le bouton Annuler de la barre d'outils Accès rapide est une commande à facettes multiples. Quand vous supprimez par exemple le contenu d'une cellule ou d'une plage avec la commande Effacer du même menu, l'info-bulle du bouton Annuler devient Annuler Effacer (Ctrl + Z). Si vous déplacez une entrée avec les commandes Couper et Coller, l'info-bulle du bouton Annuler devient Annuler Coller.

En dehors du bouton Annuler dans la barre d'outils Accès rapide, vous pouvez utiliser le raccourci clavier Ctrl + Z qui fait exactement la même chose.

Rétablir et Répéter

Après avoir appliqué la commande Annuler, Excel rend la commande Rétablir (ou Répéter selon la commande que vous avez appliquée juste avant) accessible. Si vous supprimez une entrée en appuyant sur la touche Suppr, et cliquez ensuite sur le bouton Annuler dans la barre d'outils Accès rapide (ou appuyez sur Ctrl + Z, ce qui revient au même), l'info-bulle suivante apparaît au-dessous du bouton Répéter lorsque vous placez dessus le pointeur de la souris :

```
Répéter Effacer    Ctrl + Y
```

Quand vous appliquez la commande Répéter, Excel refait ce que vous venez d'annuler. Autrement dit, Excel revient en arrière d'une action, comme si elle n'avait pas été exécutée.

Que faire s'il est impossible d'annuler ?

C'est souvent quand vous estimez qu'il serait prudent de rétablir le classeur le plus important que vous vous apercevez avec horreur que la commande Annuler ne fonctionne pas tout le temps. Bien qu'il soit néanmoins possible d'annuler la dernière suppression de cellule erronée, un déplacement ou une recopie inconséquente, vous ne pourrez pas revenir sur un enregistrement de fichier. D'où l'intérêt de la commande Enregistrer sous, qui permet de conserver un exemplaire du classeur tel qu'il était au moment de l'ouverture ou du dernier enregistrement.

Excel ne signale malheureusement jamais qu'il est sur le point d'entreprendre une action sur laquelle il ne pourra pas revenir, ou alors trop tard. Après avoir commis l'irréparable, vous placez le pointeur de la souris sur le bouton Annuler en croyant pouvoir annuler ce que vous venez de faire, et vous lisez : `Impossible d'annuler` (d'ailleurs, le bouton Annuler apparaît en grisé dans la barre d'outils Accès rapide pour indiquer que cette commande n'est pas accessible).

La seule exception à cette règle est quand le logiciel vous prévient (et vous avez intérêt à en tenir compte). Lorsque vous choisissez une commande qui peut normalement être annulée, sauf dans les circonstances présentes, à cause d'un manque de mémoire vive, par exemple, ou parce que l'annulation affecterait trop profondément la feuille de calcul, Excel le sait et affiche une boîte d'alerte qui signale le manque de mémoire et demande s'il faut quand même exécuter la commande. Si vous cliquez sur le bouton Oui, sachez que la commande sera appliquée sans aucune chance de revenir en arrière ; si vous découvrez par la suite que la ligne supprimée contient une formule essentielle, dont vous ne connaissez plus la teneur, vous ne pourrez pas recourir à la commande Annuler pour rattraper votre bourde. Dans ce cas, la seule chance de vous en tirer est de fermer le fichier (Fichier/Fermer) *mais SANS enregistrer vos modifications.*

Le bon vieux glisser-déposer

L'une des premières techniques de modification que vous vous devez de connaître est le *glisser-déposer.* Comme le suggère son nom, il s'agit d'une manipulation effectuée à la souris qui consiste à choisir une cellule ou une plage sélectionnée et à faire glisser cette sélection ailleurs dans la feuille de calcul. Bien que le glisser-déposer serve essentiellement à déplacer des entrées simples, vous pouvez l'utiliser pour déplacer des plages entières.

Procédez comme suit pour déplacer une cellule ou une plage de cellules :

1. **Sélectionnez une cellule ou une plage de cellules.**

2. **Placez le pointeur de souris sur un bord de la ou des cellules sélectionnées.**

   La transformation du pointeur en flèche à quatre pointes indique que vous pouvez commencer à faire glisser la cellule ou la plage.

3. **Faites glisser la cellule ou la plage sélectionnée jusqu'à sa destination.**

   Faites glisser la sélection en déplaçant la souris, bouton gauche enfoncé.

   Pendant le déplacement, vous faites en réalité glisser le contour des cellules, ce qui vous permet d'avoir une idée de l'emplacement qu'elles occuperont. C'est uniquement au moment où vous relâchez le bouton de la souris que le déplacement du contenu des cellules se produit effectivement.

Faites glisser le contour jusqu'à sa destination exacte (l'info-bulle qui accompagne le pointeur indique la plage de cellules de destination).

4. **Relâchez le bouton de la souris.**

   Les données figurant dans la ou les cellules apparaissent aussitôt à leur nouvel emplacement.

Les Figures 4.3 et 4.4 montrent un déplacement de cellules. Dans la première, la plage A10:E10 (elle contient les totaux du trimestre) a été sélectionnée afin d'être déplacée vers la ligne 13, et libérer ainsi de la place pour les chiffres des ventes de deux nouveaux produits qui n'avaient pas été pris en compte lors de la création de ce classeur (par quelqu'un qui n'était pas très au courant). Dans la Figure 4.4, les chiffres des ventes ont été déplacés.

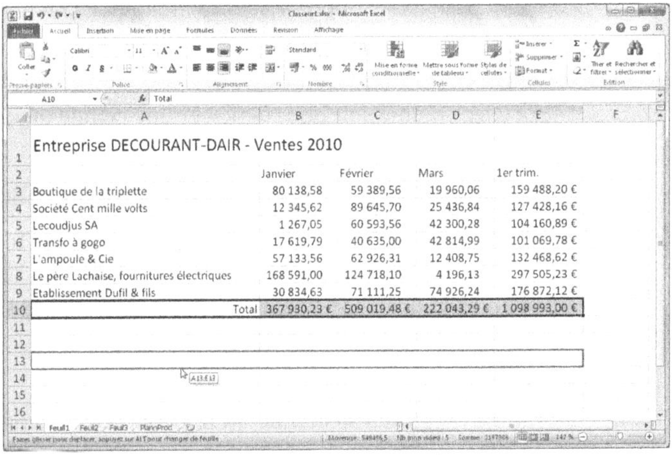

Figure 4.3 : Une plage sélectionnée est en cours de déplacement.

TRUC

Notez que les arguments de la fonction SOMME, dans les cellules B13 à E13, ne tiennent pas compte de la modification lorsque vous vous contentez de déplacer celles-ci : ils couvrent toujours les lignes 3 à 9. Toutefois, aussitôt que vous com-

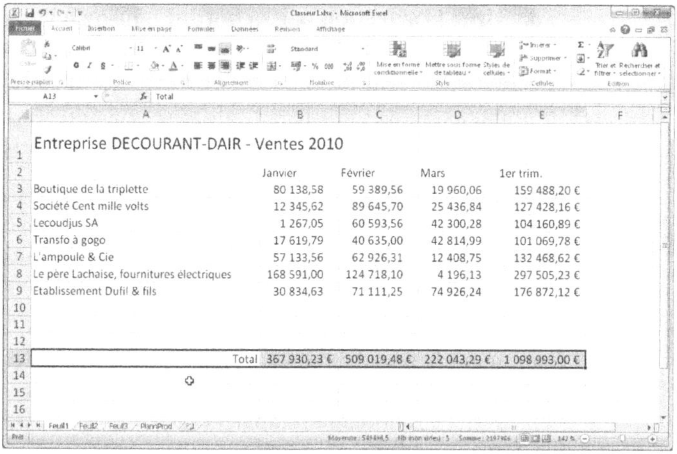

Figure 4.4 : La plage sélectionnée vient d'être déposée à son nouvel emplacement.

mencez à entrer des valeurs dans les cellules B9 à D9 et B10 à D10, Excel 2010 met à jour automatiquement les arguments de la fonction SOMME dans les cellules B13 à E13. Ainsi, par exemple, la formule SOMME(B3:B9) de la cellule B12 devient comme par magie SOMME(B3:B12).

La copie par glisser-déposer

Comment copier une ligne de cellules au lieu de simplement les déplacer ? Supposons que vous deviez commencer, dans la feuille de calcul, un nouveau tableau dans les lignes situées plus bas. Il vous faudra copier la ligne de cellules contenant les titres mis en forme en procédant ainsi :

1. **Sélectionnez la ligne de cellules.**

   Dans les Figures 4.3 et 4.4, c'est la plage de cellules A1:E2.

2. **La touche Ctrl enfoncée, amenez le pointeur de la souris au bord de la sélection.**

   Le pointeur se transforme en flèche blanche accompagnée, en haut à droite, d'un petit signe plus (+). Il indique que le glisser-déposer effectuera une *copie* et non un déplacement.

3. **Tirez la sélection par sa bordure, jusqu'à l'emplacement où elle doit être copiée, puis relâchez le bouton de la souris.**

   Pendant que vous faites glisser la sélection, une info-bulle indique les références de la plage que survole le pointeur.

Si, lors d'un glisser-déposer pour déplacer ou copier des cellules, vous positionnez le contour de la sélection de telle manière qu'il chevauche des cellules contenant des données, Excel affiche une boîte d'alerte avec la question suivante : "Voulez-vous remplacer le contenu des cellules de destination ?"

Pour éviter le remplacement des données existantes et renoncer au glisser-déposer, cliquez sur le bouton Annuler. Mais si vous avez l'intention de remplacer les données existantes par les nouvelles, cliquez sur OK.

Insérer par glisser-déposer

À l'instar des redoutables Klingons de *Star Trek*, les feuilles de calcul d'Excel ne font jamais de prisonniers. Dès que vous amenez une entrée sur une cellule occupée, cette entrée supplante sans vergogne celle qui s'y trouvait.

Pour insérer la ligne en cours de déplacement parmi d'autres lignes qui contiennent des données sans supprimer les données existantes, maintenez la touche Maj enfoncée pendant le glisser-déposer. Si vous copiez, vous devrez faire preuve de dextérité en maintenant à la fois les touches Ctrl et Maj enfoncées.

Lorsque la touche Maj est enfoncée, le contour de la sélection que vous aviez manipulé jusqu'à présent est remplacé par une barre d'insertion qui se déplace entre les lignes et/ou les colonnes. Elle matérialise l'emplacement où se fera l'insertion si, à ce moment, vous relâchez le bouton de la souris. Dans ce cas, Excel insère une ligne ou une colonne et déplace les cellules existantes vers des cellules vides.

La recopie automatique des formules

La copie par glisser-déposer, en maintenant la touche Ctrl enfoncée, est utile lorsqu'il faut recopier une série de cellules adjacentes ailleurs dans la feuille de calcul. Mais très souvent vous aurez à ne recopier qu'une seule formule dans plusieurs cellules voisines qui doivent exécuter le même type de calcul, comme totaliser des chiffres dans des colonnes. Ce type de copie de formule, très courant, ne peut pas être fait par un glisser-déposer. Il faut recourir à la recopie automatique, décrite dans le Chapitre 2, ou aux commandes Copier et Coller (reportez-vous à la section "Le couper-coller numérique", plus loin dans ce chapitre).

Nous verrons ici comment utiliser la recopie automatique pour copier une formule dans une plage de cellules. La Figure 4.5 montre la feuille de calcul de l'entreprise Decourant-Dair, avec tous les produits, mais cette fois sans les totaux mensuels à la ligne 10.

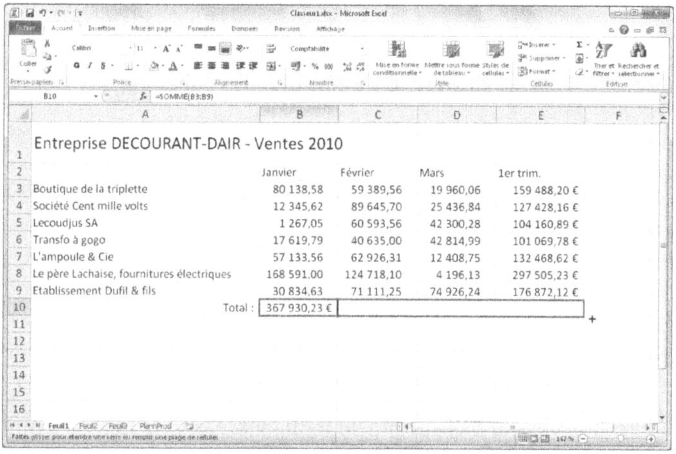

Figure 4.5 : Copie d'une formule dans une même ligne grâce à la recopie automatique.

La Figure 4.6 montre la feuille de calcul après avoir fait glisser la poignée de recopie sur la plage de cellules C10:E10 à partir de la cellule B10 (qui contient la formule à copier).

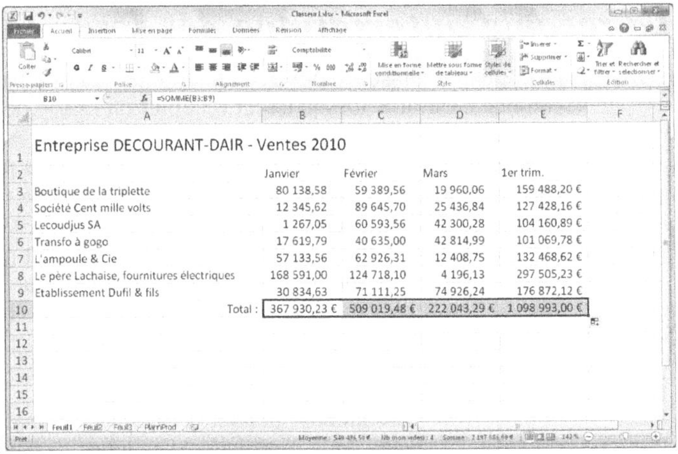

Figure 4.6 : La feuille de calcul après la recopie de la formule totalisant les mois.

Absolument relatif et inversement

Référez-vous à la Figure 4.6 pour voir la feuille de calcul après la recopie de la formule d'une cellule dans la plage C10:E10. La cellule B10 est active. Remarquez comment Excel gère la recopie des formules. La formule d'origine, dans la cellule B10, est :

```
=SOMME(B3:B9)
```

Lorsque cette formule est recopiée dans la cellule voisine, C12, Excel la modifie légèrement à cet emplacement :

```
=SOMME(C3:C9)
```

Excel a en effet rectifié la référence de colonne, qui est passée de B à C, car la recopie s'est faite de la gauche vers la droite.

Quand vous copiez une formule dans une plage qui s'étend vers le bas sur plusieurs lignes, Excel modifie les numéros de lignes en conséquence, au lieu des lettres de colonnes, selon l'emplacement de chaque recopie. La cellule E3 de la feuille de calcul des ventes de l'entreprise Decourant-Dair contient la formule suivante :

```
=SOMME(B3:D3)
```

Quand vous recopiez cette formule vers le bas, dans la cellule E4, Excel la modifie de la manière suivante :

```
=SOMME(B4:D4)
```

Excel ajuste la référence de ligne afin qu'elle corresponde à la nouvelle position dans la ligne 4. Comme cette modification de la formule a été effectuée selon la direction de la recopie, les références de cellules sont appelées *références de cellules relatives*.

Certaines choses sont absolues

Toutes les formules que vous créez contiennent naturellement des références de cellule absolues, à moins que vous en décidiez autrement. Du fait que la plupart des recopies de cellule nécessitent une correction de leurs références, vous aurez rarement à revenir sur cet arrangement. Cependant, de temps en temps, vous serez confronté à une exception.

L'une des exceptions les plus communes se produit lorsque vous désirez comparer une plage de valeurs différentes avec une seule valeur. Ce cas de figure se présente classiquement lorsque vous voulez calculer le pourcentage de plusieurs parties par rapport au total. Par exemple, dans la feuille de calcul de l'entreprise Decourant-Dair, vous rencontrez cette situation en créant et recopiant une formule qui détermine chaque pourcentage mensuel, dans la plage B14:D14, par rapport au total trimestriel de la cellule E10.

Supposons que vous vouliez entrer ces formules dans la rangée 14 de la feuille de calcul, en commençant par la cellule B14. La formule qui, dans cette cellule, calcule le pourcentage des ventes de janvier par rapport au trimestre est sans détour :

```
=B10/E10
```

Cette formule divise le total des ventes de janvier, dans la cellule B10, par le total trimestriel de la cellule E10 (on ne saurait faire plus simple...). Mais regardez ce qui se passerait si vous tiriez la poignée de recopie d'une cellule vers la droite pour recopier la formule dans la cellule C14 :

```
=C10/F10
```

L'ajustement de la première référence de cellule, qui passe de B10 à C10, est bien celui que nous attendions. Mais l'ajustement de la deuxième partie des références de cellule, qui passe de E10 à F10, est désastreux. Non seulement vous n'obtenez pas, dans la cellule C10, le calcul du pourcentage des ventes de février, mais vous vous retrouvez en prime avec l'horrible erreur `#DIV/0!` dans la cellule C14.

Pour éviter qu'Excel n'ajuste inconsidérément une référence de cellule lors d'une recopie, vous devez convertir la référence. De relative, elle doit devenir absolue. Pour cela, appuyez sur la touche de fonction F4 juste après avoir entré la référence de la cellule. Excel signale qu'une référence de cellule est absolue en plaçant, devant la lettre de la colonne et le numéro de la ligne, le signe dollar ($). Regardez par exemple la Figure 4.7 : la cellule B14 contient la formule correcte pour effectuer la recopie dans la plage C14:D14, soit :

```
=B10/$E$10
```

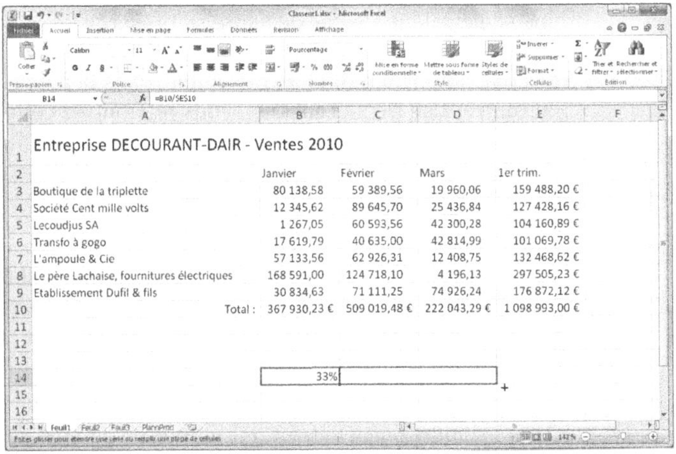

Figure 4.7 : Recopie d'une formule avec une référence de cellule absolue.

Examinez la feuille de calcul après que cette formule a été répétée dans la plage C14:D14 avec la poignée de recopie et la cellule C14 sélectionnée (Figure 4.8). Remarquez la formule suivante dans la barre de formule :

```
=C10/$E$10
```

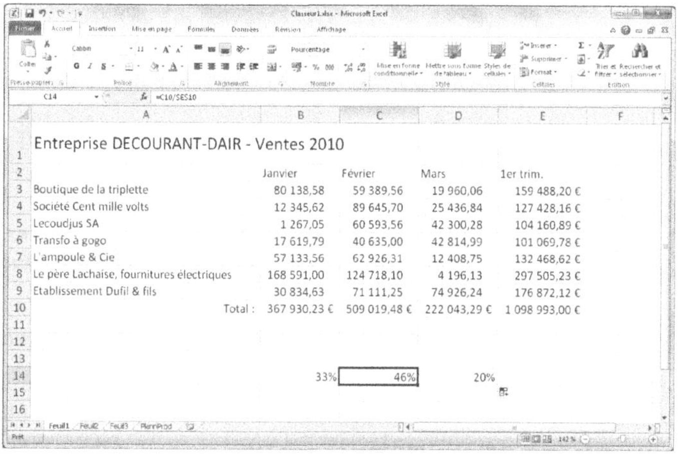

Figure 4.8 : La feuille de calcul après la recopie d'une formule conte- nant une référence de cellule absolue.

Parce que E10 a été modifiée en $E$10 dans la formule originale, toutes les recopies conservent cette même référence de cellule, qui est immuable.

Le couper-coller numérique

Au lieu d'utiliser le glisser-déposer ou la recopie automatique, vous pouvez recourir aux bonnes vieilles commandes Couper, Copier et Coller pour déplacer ou recopier des informations dans une feuille de calcul. Ces commandes utilisent le Presse-papiers comme relais pour les informations que vous avez coupées ou collées ; elles y restent en attendant d'être collées quelque part. Ce procédé permet non seulement de déplacer ou copier des données dans n'importe quelle feuille de calcul ouverte dans Excel, mais aussi dans d'autres logiciels tournant sous Windows, comme Word par exemple.

Procédez comme suit pour déplacer une cellule ou une plage avec les commandes Couper et Coller :

1. **Sélectionnez les cellules à déplacer.**
2. **Cliquez sur le bouton Couper (les ciseaux) dans le groupe Presse-papiers de l'onglet Accueil.**

Vous pouvez aussi utiliser le raccourci clavier Ctrl + X.

Quel que soit votre choix, Excel entoure la ou les cellules avec un *rectangle de sélection* qui se présente sous la forme d'une ligne dont le pointillé est animé. Le message suivant apparaît dans la Barre d'état :

```
Sélectionnez une destination et appuyez sur ENTRÉE ou cliquez
sur Coller.
```

3. **Déplacez le curseur de cellule ou sélectionnez la cellule en haut à gauche de la nouvelle plage dans laquelle vous désirez déplacer les données.**

4. **Appuyez sur Entrée pour terminer le déplacement.**

   Vous pouvez aussi cliquer sur le bouton Coller dans le groupe Presse-papiers de l'onglet Accueil, ou utiliser le raccourci clavier Ctrl + V.

Remarquez qu'en indiquant la plage de destination vous n'avez pas à sélectionner un agencement de cellules vides correspondant, dans sa forme, à la sélection que vous déplacez. Du moment que vous indiquez à Excel où se trouve la cellule située en haut à gauche de la plage de destination, il saura se débrouiller pour le reste.

La copie d'une sélection de cellule(s) avec les commandes Copier et Coller s'effectue de la même manière qu'avec les commandes Couper et Coller. Après avoir sélectionné la plage à copier, vous bénéficiez même d'un plus grand choix pour le stockage des données dans le Presse-papiers. Au lieu de cliquer sur le bouton Copier dans le groupe Presse-papiers de l'onglet Accueil, ou de sélectionner Copier dans le menu contextuel de la cellule, vous pouvez utiliser le raccourci clavier Ctrl + C.

Ça colle pour vous

L'avantage de la copie des données dans le Presse-papiers avec les commandes Copier et Coller est que les informations ainsi mises de côté peuvent être collées à plusieurs reprises. Assurez-vous simplement, après avoir appuyé sur Entrée pour terminer la première opération de copie, de cliquer sur le bouton Coller dans le groupe Presse-papiers de l'onglet Accueil ou de choisir la commande Coller (dans le menu contextuel), ou d'appuyer sur Ctrl + V.

Quand vous utilisez la commande Coller, Excel copie la sélection dans la plage que vous lui avez indiquée sans supprimer le rectangle de sélection qui court autour de la sélection originale. Il indique ainsi que vous pouvez continuer à choisir d'autres plages de destination, que ce soit dans le même document ou dans un autre.

Après avoir sélectionné la première cellule de l'autre plage dans laquelle vous désirez coller la sélection, choisissez de nouveau la commande Coller. Vous pouvez continuer de la sorte en collant la sélection à volonté. Après avoir effectué la dernière copie, appuyez sur la touche Entrée au lieu de choisir la commande Coller. Si vous avez oublié d'appuyer sur Entrée et choisi Coller, éliminez le rectangle de sélection en appuyant sur la touche Echap.

Les options de collage

Juste après avoir cliqué sur le bouton Coller, dans le groupe Presse-papiers de l'onglet Accueil (ou avoir appuyé sur Ctrl + V), pour coller des données que vous avez copiées – et non coupées – dans le Presse-papiers, Excel affiche à l'extrémité de la plage collée un bouton Options de collage doté de son propre menu déroulant. Quand vous cliquez sur ce bouton ou si appuyez sur la touche Ctrl, une palette semblable à celle de la figure 4.9 apparaît. Elle contient trois groupes d'options : Coller, Coller des valeurs, Autres options de collage.

Les options de la palette sont les suivantes :

- **Coller (L) :** Colle tout dans les cellules sélectionnées (formules, mise en forme, *etc.*)
- **Formules (U) :** Colle tous les textes, nombres et formules dans les cellules sélectionnées, sans la mise en forme.
- **Formules et format de nombre (O) :** Colle les mises en forme de nombre affectées aux valeurs copiées, ainsi que les formules.

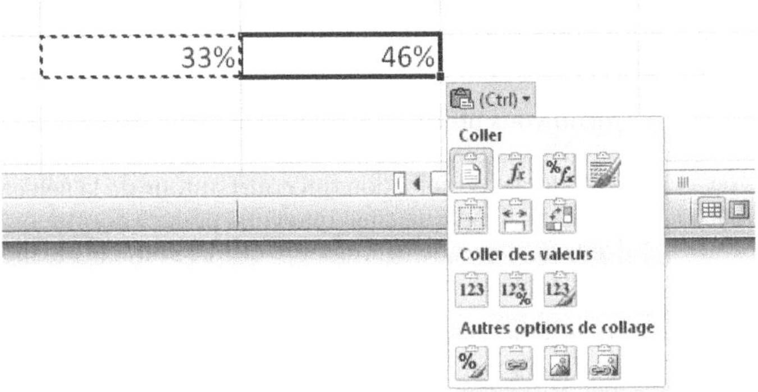

Figure 4.9 : Cliquer sur le bouton des options de collage ou appuyer sur Ctrl déploie une palette donnant accès à de nombreuses options de collage.

- **Conserver la mise en forme source (C) :** Copie la mise en forme des cellules originales et la colle dans les cellules de destination (ainsi que les entrées copiées).
- **Aucune bordure (B) :** Colle tout dans les cellules sélectionnées mais sans copier de bordures.
- **Conserver les largeurs de colonnes sources (O) :** La largeur des colonnes dans la plage de destination est mise à la largeur des colonnes de la plage source lors de la copie.
- **Transposer (T) :** Change l'orientation des entrées collées. Par exemple, si les données se trouvent dans une seule colonne, elles seront copiées dans une seule ligne.
- **Valeurs (V) :** Ne colle que le résultat produit par chacune des formules de la plage source.
- **Valeurs et formats de nombre (A) :** Ne colle que les résultats calculés de toutes formules ainsi que les mises en forme affectées aux étiquettes, valeurs et formules. Cela signifie que toutes les étiquettes et valeurs dans les cellules de destination reçoivent la même mise en forme que celles de la plage source, bien que les formules originales soient perdues et que seules les valeurs calculées (les résultats des formules) sont conservées.
- **Valeurs et formats source (E) :** Colle les résultats calculés de toutes les formules ainsi que les mises en forme des cellules source.

- **Mise en forme (R) :** Excel ne colle que les mises en forme, et non les entrées.
- **Coller avec liaison (N) :** Crée des liens de formule dans la plage de destination afin que toute modification effectuée dans la plage source soit immédiatement répercutée dans les cellules correspondantes, à destination.
- **Image (I) :** Ne colle que les images présentes dans la sélection de cellules copiées.
- **Image liée (I) :** Colle un lien vers les images, dans la sélection de cellules copiées.

Les options de la palette Options de collage sont contextuelles. Elles dépendent directement du type de cellules préalablement copiées dans le Presse-papiers Office. Il est de plus possible d'accéder à cette même palette d'options de collage en cliquant sur le menu déroulant situé juste sous le bouton Coller, dans le ruban, au lieu de cliquer sur le bouton apparaissant en bas à droite de la plage de cellules collées, dans la feuille de calcul, ou d'appuyer sur la touche Ctrl.

Coller à partir du volet Presse-papiers Office

Le Presse-papiers d'Office est capable de stocker de nombreux éléments coupés ou copiés provenant de tout programme fonctionnant sous Windows, pas seulement Excel. Cela signifie que vous pouvez continuer à coller des cellules du Presse-papiers vers un classeur, même si vous en avez fini avec un déplacement ou une copie, et ce si vous avez appuyé sur la touche Entrée au lieu d'utiliser la commande Coller.

Pour ouvrir le volet Presse-papiers Office, cliquez sur le bouton lanceur de boîte de dialogue, dans le coin inférieur droit du groupe Presse-papiers de l'onglet Accueil. Le volet Presse-papiers Office apparaît dans la partie gauche de la fenêtre d'Excel, comme le montre la Figure 4.10.

Pour coller un élément du Presse-papiers dans une autre feuille de calcul que celle d'où provenaient les données, cliquez sur

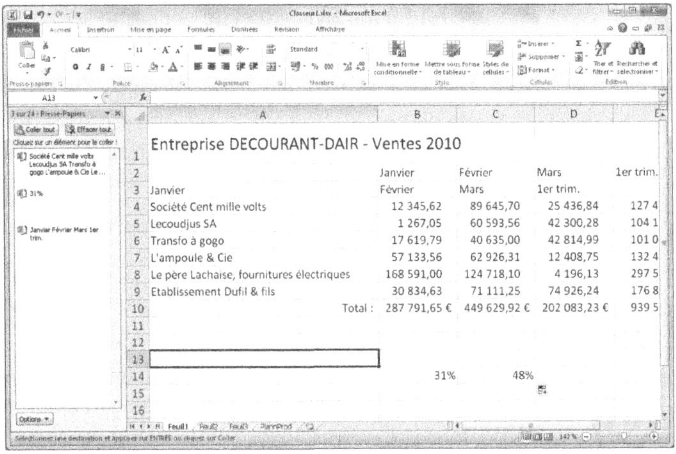

Figure 4.10 : Le volet Presse-papiers Office apparaît dans la partie gauche de la fenêtre d'Excel.

l'élément présent dans le volet afin de le coller à l'emplacement du curseur de cellule.

Remarquez qu'il est possible de coller tous les éléments stockés dans le Presse-papiers dans la feuille de calcul courante en cliquant sur le bouton Coller tout, en haut du volet Presse-papiers Office. Pour vider le volet de tous les éléments qui s'y trouvent, cliquez sur le bouton Effacer tout. Pour ne supprimer qu'un élément en particulier du Presse-papiers, placez le pointeur de la souris sur cet élément dans le volet Presse-papiers Office jusqu'à ce qu'un bouton de menu contextuel apparaisse. Cliquez ensuite sur ce bouton et, dans le menu, choisissez l'option Supprimer.

Qu'est-ce qu'il a de spécial, ce coller ?

Normalement, à moins que vous n'alliez farfouiller dans les options de collage décrites précédemment dans ce chapitre, Excel copie toutes les informations dans la plage de cellules sélectionnée, c'est-à-dire les valeurs, textes, formules et mises en forme. Si vous le désirez, utilisez la commande Collage spécial pour spécifier que seules les entrées doivent être copiées (sans mise en forme) ou que seule la mise en forme doit être copiée (sans les entrées).

Pour coller des éléments particuliers d'une sélection de cellules tout en ne tenant pas compte d'autres éléments, cliquez sur le triangle pointant vers le bas qui apparaît dans la partie inférieure du bouton Coller du groupe Presse-papiers de l'onglet Accueil, puis sélectionnez Collage spécial dans le menu qui s'affiche. La boîte de dialogue Collage spécial apparaît (Figure 4.11), dans laquelle vous pouvez sélectionner ce que vous voulez coller en cliquant sur le bouton radio correspondant :

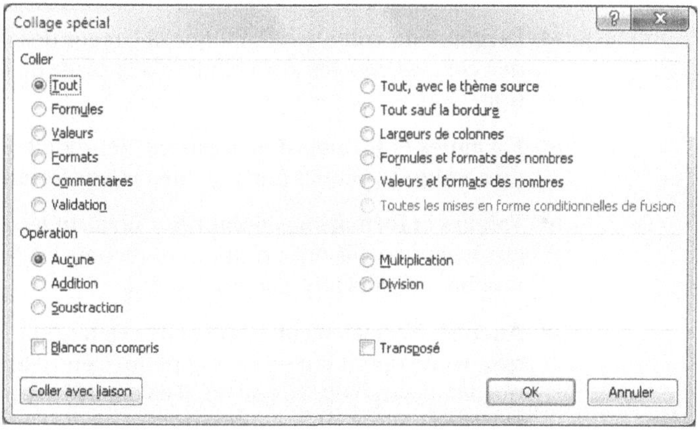

Figure 4.11 : Les options de collage spécial permettent de coller sélectivement tel ou tel élément des cellules sélectionnées.

- **Tout.** Excel choisit cette option pour coller toutes les informations (notamment les formules, mises en forme...) dans la sélection de cellules.
- **Formules.** Tous les textes, nombres et formules de la sélection courante sont collés, mais sans leur mise en forme.
- **Valeurs.** Convertit toutes les formules de la sélection courante aux valeurs qu'elles ont calculées.
- **Formats.** Ne colle que les mises en forme de la sélection de cellules courante, sans se préoccuper des entrées.
- **Commentaires.** Ne colle que les notes que vous avez attachées aux cellules (des sortes de Post-it électroniques).
- **Validation.** Ne colle que les règles de validation de données dans la plage de cellules que vous avez configurée avec la commande Validation de données. Cette

commande permet de définir une valeur ou une plage de valeurs autorisée pour une cellule ou un ensemble de cellules.

- **Tout, avec le thème source.** Colle tout le contenu de la cellule qui a été copiée, y compris le style de cellule avec lequel celle-ci est mise en forme.
- **Tout sauf la bordure.** Colle toutes les informations de la sélection hormis les éventuelles bordures.
- **Largeurs de colonnes.** Applique la largeur des colonnes des cellules copiées aux cellules de la plage de destination.
- **Formules et formats des nombres.** Reproduit les formats de nombre appliqués aux nombres et aux formules.
- **Valeurs et formats des nombres.** Convertit les formats aux valeurs qu'ils ont produites et recopie les formats de nombre affectés aux valeurs copiées.
- **Aucune.** Normalement, Excel active ce bouton, indiquant qu'aucune opération ne sera appliquée entre les données que vous avez coupées ou copiées dans le Presse-papiers et celles qui seront collées dans la plage de cellules.
- **Addition :** Ajoute les données copiées dans le Presse-papiers aux entrées figurant dans les cellules de destination.
- **Soustraction :** Retranche les données copiées dans le Presse-papiers de celles des cellules de destination.
- **Multiplication :** Multiplie les données copiées dans le Presse-papiers avec les entrées des cellules de destination.
- **Division :** Divise les données copiées dans le Presse-papiers par les entrées des cellules de destination.
- **Blancs non compris :** Cochez cette case afin qu'Excel ne copie aucune cellule vide. De cette manière, une cellule vide ne pourra pas se substituer à une cellule contenant des données.
- **Transposé :** Lorsque cette case est cochée, Excel change l'orientation des cellules collées. Cette option est pré-

cieuse lorsque les données d'origine sont par exemple disposées sur une seule ligne, et que vous préférez les disposer sur une colonne.

À propos des suppressions

Une étude d'Excel ne saurait être complète sans apprendre à se débarrasser des données que contiennent les cellules. Il existe deux sortes de suppression dans une feuille de calcul :

- **Vider une cellule :** La cellule est simplement vidée de son contenu, sans être véritablement supprimée, ce qui peut affecter la mise en place des cellules environnantes.
- **Supprimer une cellule :** La suppression élimine tout ce qui constitue une cellule, y compris son contenu et sa mise en forme. Lorsque vous supprimez une cellule, Excel doit déplacer les cellules environnantes afin de combler le vide provoqué par la disparition.

Vider une cellule

Pour se débarrasser uniquement du contenu d'une sélection de cellules sans supprimer les cellules elles-mêmes, sélectionnez une plage et appuyez sur la touche Suppr.

Si vous voulez être plus précis, cliquez sur le bouton Effacer (il représente une gomme) dans le groupe Édition de l'onglet Accueil, et sélectionnez l'une des commandes suivantes dans le menu qui apparaît :

- **Effacer tout :** Toutes les entrées de la sélection sont supprimées, ainsi que toutes les mises en forme et les commentaires.
- **Effacer les formats :** Seules les mises en forme sont supprimées dans la sélection.
- **Effacer le contenu :** Efface uniquement le contenu de la sélection (texte ou valeur), exactement comme la touche Suppr.

- **Effacer les commentaires :** Seuls les commentaires sont supprimés dans la sélection.
- **Effacer les liens hypertextes :** Supprime tous les liens hypertextes actifs dans la plage sélectionnée, mais conserve le texte auquel ils étaient liés.

Virez-moi toutes ces cellules

Pour supprimer une sélection de cellules au lieu de seulement les vider de leur contenu, cliquez sur le triangle pointant vers le bas du bouton Supprimer du groupe Cellules de l'onglet Accueil, et sélectionnez Supprimer les cellules dans le menu qui apparaît. La boîte de dialogue Supprimer s'affiche, vous proposant différentes possibilités pour remplacer les cellules que vous allez supprimer :

- **Décaler les cellules vers la gauche :** C'est l'option par défaut. Les cellules situées à droite de celles qui ont été supprimées sont déplacées vers la gauche pour combler le vide produit.
- **Décaler les cellules vers le haut :** Les cellules situées sous celles qui ont été supprimées sont déplacées vers le haut.
- **Ligne entière :** Toutes les lignes de la sélection courante sont supprimées.
- **Colonne entière :** Toutes les colonnes de la sélection courante sont supprimées.

Si vous savez à l'avance que vous voudrez supprimer des lignes ou des colonnes entières de la feuille de calcul, vous pouvez les sélectionner en cliquant dans les en-têtes, puis en cliquant du bouton droit dans la sélection et en sélectionnant Supprimer dans le menu qui apparaît.

Pour supprimer des lignes ou des colonnes entières, il n'est pas nécessaire de sélectionner les lignes ou les colonnes elles-mêmes. Il suffit que des cellules leur appartenant soient sélectionnées. Après avoir sélectionné des cellules appartenant aux colonnes ou aux lignes à supprimer, cliquez sur le triangle pointant vers le bas du bouton Supprimer du groupe Cellules de l'onglet Accueil, et sélectionnez Supprimer des colonnes du tableau ou Supprimer des lignes du tableau dans le menu qui apparaît.

La suppression de lignes ou de colonnes entières est risquée, à moins que vous soyez certain qu'elles ne contiennent pas de valeurs à conserver. Rappelez-vous qu'en supprimant par exemple toute la ligne A, vous supprimez en réalité *toutes les informations de cette ligne dans les colonnes A à XFD*, alors que vous ne voyez que quelques-unes de ces colonnes. De même, si vous supprimez une colonne entière, vous supprimez *toutes les informations de cette colonne contenues dans les lignes 1 à 1 048 576.*

Faire de la place avec la commande Insérer

Pour ces cas inévitables où vous devrez glisser de nouvelles entrées dans une région déjà bien remplie de la feuille de calcul, vous aurez intérêt à insérer les nouvelles cellules plutôt que de vous lancer dans les délicats déplacements et réorganisations de plusieurs plages de cellules. Pour insérer une nouvelle ligne, sélectionnez les cellules – dont beaucoup sont d'ores et déjà occupées – près desquelles les nouvelles cellules doivent être placées, puis cliquez sur le triangle pointant vers le bas dans le bouton Insérer du groupe Cellules de l'onglet Accueil, et sélectionnez Insérer des cellules dans le menu qui apparaît. La boîte de dialogue Insertion de cellules s'affiche, vous proposant les options suivantes :

- **Décaler les cellules vers la droite :** Quand vous cliquez sur le bouton OK ou appuyez sur la touche Entrée, les cellules existantes sont décalées vers la droite afin de libérer de la place pour les cellules qui seront créées.
- **Décaler les cellules vers le bas :** C'est l'option par défaut. Elle demande à Excel de décaler les cellules vers le bas au moment où vous cliquez sur le bouton OK ou appuyez sur la touche Entrée.
- **Ligne entière** et **Colonne entière :** Insertion de lignes ou de colonnes entières. Il est inséré autant de lignes ou de

colonnes qu'il y a de lignes ou de colonnes sélectionnées au moment de cliquer sur le bouton OK ou d'appuyer sur la touche Entrée.

Chapitre 5

Imprimer le chef-d'œuvre

Dans ce chapitre :

- Prévisualiser les pages avant l'impression.
- Imprimer rapidement à partir de la barre d'outils Accès rapide.
- Imprimer toutes les feuilles de calcul d'un classeur.
- N'imprimer que certaines cellules d'une feuille de calcul.
- Modifier l'orientation des pages.
- Imprimer la totalité d'une feuille de calcul sur une seule page.
- Modifier les marges d'un rapport.

Pour la plupart des gens, l'impression est la finalité d'une feuille de calcul (on est loin de la notion du "bureau sans papier" que promettait la bureautique). Toutes les saisies, mises en forme, vérifications de formules, bref, toutes les opérations que vous effectuez avec un tableur ne sont que des préparations à l'impression des informations.

Dans ce chapitre, vous découvrirez combien il est facile d'imprimer des rapports avec Excel 2010, grâce au nouveau panneau Imprimer, de la fenêtre Backstage, de l'Aperçu d'impression et du fort commode onglet Mise en page du ruban. Quelques règles simples vous permettront d'obtenir une présentation irréprochable des documents, dès la première fois que vous les envoyez à l'imprimante (et pas la deuxième ou la troisième).

Un coup d'œil à la page en mode Mise en page

Le nouveau mode d'affichage Mise en page d'Excel 2010 procure une visibilité immédiate sur la mise en page d'une feuille de calcul. Pour activer ce mode d'affichage, cliquez simplement sur le bouton Mise en page dans la Barre d'état (c'est l'icône du milieu parmi les trois qui se trouvent juste à gauche de la glissière du zoom). Vous pouvez aussi cliquer, dans le Ruban, sur le bouton Mise en page, sous l'onglet Affichage. Lorsque vous passez en mode Mise en page, comme le montre la Figure 5.1, Excel affiche une règle horizontale et une règle verticale, respectivement au-dessus et à gauche des lettres de colonne et des numéros de ligne. Dans la zone d'affichage de la feuille de calcul, vous voyez également apparaître les marges de la page, telles qu'elles seront sur le papier, avec les en-têtes et les pieds de page si vous en avez défini, et naturellement les sauts de page. Vous pouvez utiliser le zoom pour voir apparaître plusieurs pages à la fois sur votre écran.

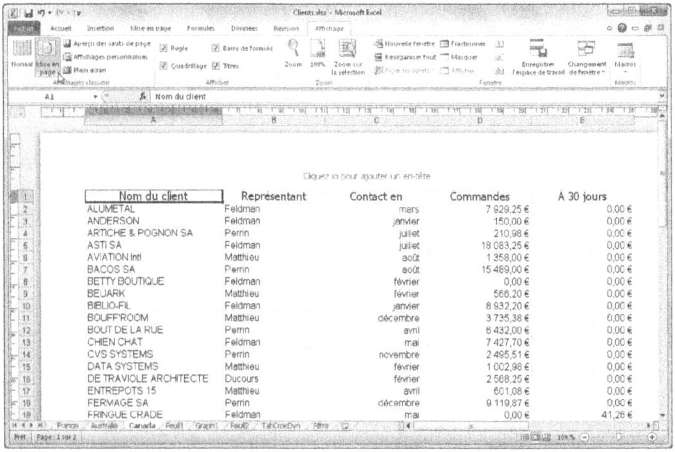

Figure 5.1 : Affichage d'une feuille de calcul en mode Mise en page.

TRUC

Excel affiche les règles en utilisant l'unité par défaut, c'est-à-dire les centimètres. Pour changer l'unité, ouvrez la boîte de dialogue Options Excel sur l'onglet Options avancées (Fichier/Options Excel/Options avancées) et sélectionnez l'unité de votre choix dans la liste déroulante Unités de la règle de la section Afficher.

Vous êtes libre de masquer ou d'afficher les règles dans le mode Mise en page. Pour cela, cliquez sur le bouton Afficher/ Masquer dans l'onglet Affichage du Ruban, et cliquez sur la case Règle pour en ôter ou y mettre la coche.

Vérifier et imprimer à partir du panneau Imprimer

Pour ne pas gâcher inutilement du papier, imprimez la feuille de calcul directement à partir du panneau Imprimer de l'affichage Backstage en cliquant sur Fichier/Imprimer ou en appuyant sur Ctrl + P ou sur Ctrl + F2. Comme le révèle la Figure 5.2, le panneau Imprimer montre d'un seul coup d'œil tous les paramètres d'impression ainsi qu'un aperçu des pages.

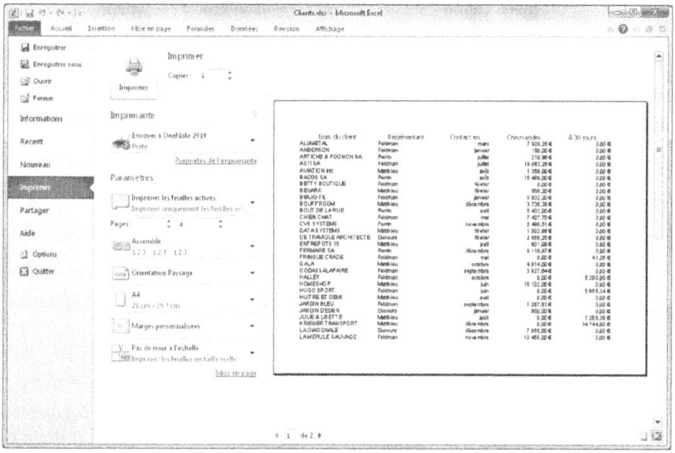

Figure 5.2 : Le panneau Imprimer de l'affichage Backstage montre les paramètres d'affichage ainsi qu'un aperçu de la sortie imprimante.

Vous pouvez utiliser la fonction d'aperçu avant l'impression du panneau Imprimer pour imprimer une feuille de calcul, une partie de feuille de calcul ou le classeur tout entier. Vous devrez gérer les sauts de pages lorsque le document à imprimer ne tient pas sur une seule feuille de papier. L'aperçu montre exactement comment les données seront réparties sur la ou les feuilles au moment de l'impression. Au besoin, vous pouvez retourner dans la feuille de calcul afin d'y effectuer des changements à partir de l'onglet Mise en page du ruban (*NdT* : Ou en réglant directement la largeur des colonnes dans la feuille de calcul), avant d'envoyer le document vers l'imprimante.

Le contenu d'une page est à peine lisible dans le panneau Imprimer. Pour agrandir l'aperçu à la taille réelle afin de vérifier des données, cliquez sur le bouton Zoom sur la page, en bas à droite du panneau Impression. La Figure 5.3 montre la première page d'une feuille de calcul agrandie après avoir cliqué sur le bouton Zoom sur la page.

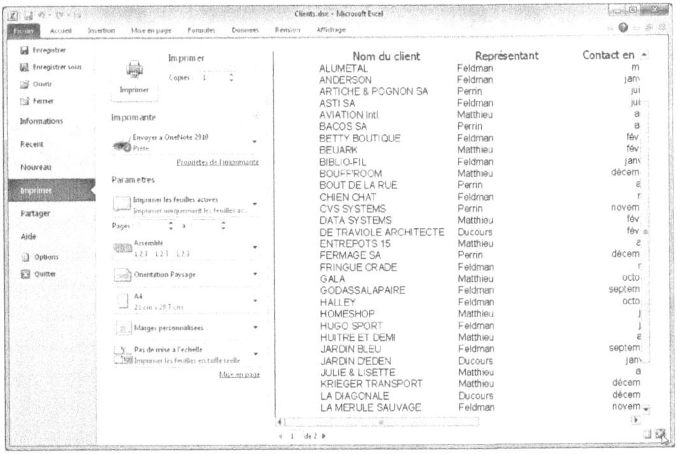

Figure 5.3 : L'agrandissement d'une page de la feuille de calcul.

Après avoir agrandi l'aperçu, actionnez les barres de défilement pour accéder à ses diverses parties. Pour revenir à l'affichage de la feuille de calcul toute entière, cliquez de nouveau sur le bouton Zoom sur la page.

Le nombre de pages à imprimer est indiqué en bas à gauche de l'aperçu. Si le document compte plusieurs pages, cliquez sur les boutons fléchés de part et d'autre du compteur pour les parcourir.

Après avoir vérifié le document, vous configurerez les paramètres suivants :

- Le bouton **Imprimer** et le champ **Copies :** Cliquez dessus pour imprimer la feuille de calcul en autant d'exemplaires qu'indiqué dans le champ Copies.
- Le menu **Imprimante :** Il sert à sélectionner une imprimante ou un fax. Excel affiche toujours, dans ce menu, le nom de l'imprimante par défaut définie dans Windows.

La zone d'impression

Excel comporte une fonctionnalité spéciale appelée Zone d'impression. Pour l'utiliser, commencez par sélectionner une plage de cellules dans la feuille de calcul. Ensuite, dans le Ruban, cliquez sur l'onglet Mise en page puis, dans le groupe Mise en page, cliquez sur le bouton Zone d'impression et choisissez Définir. Cela fait, Excel imprimera cette sélection chaque fois que vous imprimez la feuille de calcul, soit en cliquant sur le bouton Impression rapide, si vous l'avez ajouté à la barre d'outils Accès rapide, soit en cliquant sur Fichier/ Imprimer ou en utilisant le raccourci Ctrl + P.

Après avoir défini la zone d'impression, cette plage de cellules est la seule qui puisse être imprimée, quelle que soit par ailleurs la configuration définie dans les menus Paramètres du panneau Imprimer. Et cela jusqu'à ce que vous choisissiez l'option Annuler dans le menu Mise en page/Zone d'impression.

Vous pouvez aussi définir et annuler une zone d'impression dans l'onglet Feuille de la boîte de dialogue Mise en page (pour ouvrir cette boîte de dialogue, cliquez sur le lanceur de boîte de dialogue du groupe Mise en page de l'onglet Mise en page, dans le coin inférieur droit de ce groupe). Pour cela, cliquez dans le champ Zone d'impression dans l'onglet Feuille de cette boîte de dialogue, et sélectionnez dans la feuille de calcul la plage ou les plages de cellules que vous voulez définir comme zone d'impression. N'oubliez pas que vous pouvez cliquer sur le bouton qui se trouve à l'extrémité droite de ce champ pour minimiser la boîte de dialogue Mise en page et sélectionner plus facilement les cellules voulues (cliquez à nouveau sur ce même bouton pour faire réapparaître la boîte de dialogue en entier). Pour annuler une zone d'impression, ou simplement retirer une ou plusieurs plages de cellules d'une zone impression, dans la boîte de dialogue Mise en page, sélectionnez les plages voulues dans le champ Zone d'impression et appuyez sur la touche Suppr.

- Les menus **Paramètres :** Le premier de ces menus sert à définir ce qu'il faut imprimer. Vous avez le choix entre Imprimer les feuilles actives (préalablement sélectionnées), Imprimer le classeur entier ou Imprimer la sélection. Sous le menu, vous pouvez indiquer les numéros des pages à imprimer, de la première du lot à la dernière.

  Les autres menus permettent d'imprimer recto verso (si l'imprimante est capable de gérer cette fonction), d'imprimer les pages assemblées, lorsque plusieurs exemplaires sont tirés, ou non assemblées (toutes les pages 1, puis toutes les pages 2 et ainsi de suite). Le menu Orientation permet d'imprimer la page dans le sens normal, en hauteur (Portrait) ou en largeur (Paysage).

Imprimer la feuille de calcul

Tant que vous utilisez les paramètres d'impression par défaut d'Excel pour imprimer votre feuille de calcul, l'impression dans Excel 2010 sera pour vous un jeu d'enfant. Pour commencer, ajoutez le bouton Impression rapide dans la barre d'outils Accès rapide : cliquez sur le triangle pointant vers le bas à l'extrémité droite de celle-ci, et sélectionnez Impression rapide dans le menu qui apparaît.

Une fois que le bouton Impression rapide apparaît dans la barre d'outils Accès rapide, vous pouvez cliquer dessus pour imprimer directement la feuille de calcul affichée, y compris les images et les graphiques (mais sans les commentaires que vous avez pu ajouter aux cellules), sans passer par la boîte de dialogue Imprimer.

Quand vous cliquez sur le bouton Impression rapide, Excel envoie directement la tâche d'impression correspondante dans la file d'attente de l'imprimante par défaut, qui est en quelque sorte le messager qui envoie les tâches d'impression à l'imprimante. Excel affiche alors (très fugitivement, à moins que vous ayez vraiment un très gros fichier) une boîte de dialogue Impression pour vous informer de la progression de l'envoi de cette tâche d'impression à la file d'attente de l'imprimante (en affichant un message du genre *Impression de la page 2/3 "Nom du fichier" en cours sur Nom de l'imprimante*). Une fois que cette boîte de dialogue a disparu, c'est-à-dire dans la plupart des cas avant que vous ayez eu le temps de lire ce message, vous pouvez vous remettre au travail dans Excel.

Au cas où vous voudriez annuler l'impression, la boîte de dialogue Impression contient un bouton Annuler. Si vous êtes aussi rapide que Lucky Luke, cliquez sur ce bouton. Dans le cas contraire, vous devez faire comme tout le monde, c'est-à-dire ouvrir la boîte de dialogue de l'imprimante pour y annuler la tâche d'impression :

1. **Cliquez du bouton droit sur l'icône d'imprimante qui apparaît dans la Zone de notification de la Barre des tâches de Windows (juste à gauche de l'affichage de l'heure) lorsqu'une tâche d'impression se trouve dans la file d'attente, et sélectionnez le nom de l'imprimante utilisée pour l'impression de votre document dans le menu qui apparaît.**

   La boîte de dialogue des tâches d'impression en cours pour cette imprimante apparaît.

2. **Cliquez du bouton droit sur l'icône de l'imprimante et, dans le menu déroulant, choisissez Ouvrir toutes les imprimantes actives.**

   Cela ouvre la boîte de dialogue de l'imprimante, avec les tâches d'impression dans la file d'attente (sous l'en-tête Nom du document).

3. **Sélectionnez la tâche d'impression à annuler.**

4. **Choisissez Document/Annuler (ou équivalent) dans le menu qui apparaît, puis cliquez sur Oui pour confirmer.**

5. **Attendez que la tâche d'impression disparaisse de la liste, puis cliquez sur le bouton de fermeture de la boîte de dialogue et revenez à Excel.**

Mettre en page la feuille de calcul

La seule chose un peu compliquée dans l'impression d'une feuille de calcul est la détermination de la disposition des pages. Heureusement, les boutons de commande du groupe

Mise en page de l'onglet Mise en page du Ruban vous offrent un contrôle presque total de la disposition de vos pages.

Les trois groupes de boutons de l'onglet Mise en page vous permettent de définir la disposition de vos pages exactement comme vous le voulez : le groupe Mise en page, le groupe Mise à l'échelle et le groupe Options de la feuille de calcul, que nous allons décrire dans les sections qui suivent.

Utiliser les boutons du groupe Mise en page

Le groupe Mise en page de l'onglet Mise en page contient des boutons importants :

- **Marges :** Ce bouton permet de sélectionner l'une des trois configurations de marges prédéfinies, ainsi que d'ouvrir la boîte de dialogue Mise en page avec l'onglet Marges au premier plan pour définir des marges personnalisées.
- **Orientation :** Ce bouton permet de basculer entre le mode Portrait et le mode Paysage pour définir les pages de documents dans la feuille de calcul.
- **Taille :** Ce bouton permet de sélectionner l'une des tailles de papier prédéfinies, ainsi que de faire apparaître la boîte de dialogue Mise en page avec l'onglet Pages au premier plan pour spécifier une taille de papier personnalisée et d'autres paramètres de page.
- **Zone d'impression :** Ce bouton permet de définir et d'annuler une zone d'impression (voyez à ce sujet l'encadré "La zone d'impression", précédemment dans ce chapitre).
- **Sauts de page :** Ce bouton permet d'insérer ou de supprimer des sauts de page.
- **Arrière-plan :** Ce bouton ouvre la boîte de dialogue Feuille d'arrière-plan, dans laquelle vous pouvez sélectionner le fichier graphique d'une image ou d'une photo qui sera utilisée comme arrière-plan pour toutes les feuilles de calcul du classeur (notez que ce bouton de-

vient Supprimer l'arrière-plan lorsqu'une image d'arrière-plan a déjà été sélectionnée).

- **Imprimer les titres :** Ce bouton ouvre la boîte de dialogue Mise en page avec l'onglet Feuille au premier plan, dans lequel vous pouvez définir des lignes de la feuille de calcul comme devant être imprimées en haut de chaque page, et des colonnes comme devant être imprimées à gauche de chaque page, en tant que titres pour le rapport.

Soigner les marges

Quand vous créez un nouveau classeur, Excel lui applique les paramètres de marge par défaut, c'est-à-dire les marges Normales dans le menu affiché par le bouton Marges de l'onglet Mise en page (Haut et Bas : 1,91 cm ; Gauche et Droite : 1,78 cm ; En-tête et Pied de page : à 0,76 cm du bord de la page).

En dehors des paramètres de marges Normales, Excel vous permet de sélectionner directement deux autres configurations de marges standard à partir du menu du bouton Marges de l'onglet Mise en page :

- **Larges** (Haut et Bas : 2,54 cm ; Gauche et Droite : 2,54 cm ; En-tête et Pied de page : à 1,27 cm du bord de la page).
- **Étroites** (Haut et Bas : 1,91 cm ; Gauche et Droite : 0,64 cm ; En-tête et Pied de page : à 0,76 cm du bord de la page).

Il vous arrivera souvent d'avoir un rapport qui occupe juste un peu plus que la surface d'une page à l'impression, de telle sorte qu'une ou deux colonnes ou un petit nombre de lignes se retrouvent sur une autre page. Avec un peu de chance, il vous suffira de sélectionner les marges standard Étroites pour que l'ensemble tienne sur une seule page.

Si ça ne suffit pas, vous pouvez essayer de définir des marges personnalisées, que ce soit dans l'onglet Marges de la boîte de dialogue Mise en page ou en faisant glisser avec la souris les repères des marges dans l'affichage Aperçu avant impression. Pour faire tenir plus de colonnes sur une page, réduisez les marges droite et gauche. Pour faire tenir plus de lignes, réduisez les marges du haut et du bas.

Pour ouvrir la boîte de dialogue Mise en page avec l'onglet Marges au premier plan (Figure 5.4), cliquez sur la commande Marges personnalisées, tout en bas du menu du bouton Marges de l'onglet Mise en page, et entrez les paramètres voulus dans les champs correspondants (vous pouvez aussi utiliser les boutons qui se trouvent dans ces champs pour augmenter ou réduire la valeur).

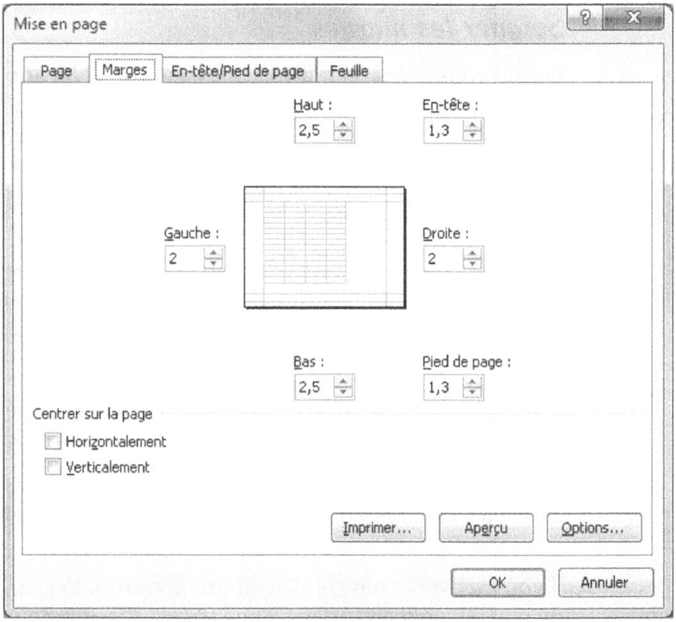

Figure 5.4 : Utilisez l'onglet Marges de la boîte de dialogue Mise en page pour définir des marges personnalisées.

Lorsque vous cochez la case Afficher les marges dans l'onglet Aperçu avant impression de l'affichage Aperçu avant impression pour pouvoir ajuster manuellement les marges, les repères des colonnes apparaissent également, ce qui vous permet d'ajuster également la largeur des colonnes (ce que montre la Figure 5.5). Pour modifier une marge, placez le pointeur de la souris sur le repère correspondant (le pointeur prend la forme d'une flèche à double pointe), et faites-le glisser dans la direction voulue. Lorsque vous relâchez le bouton de la souris,

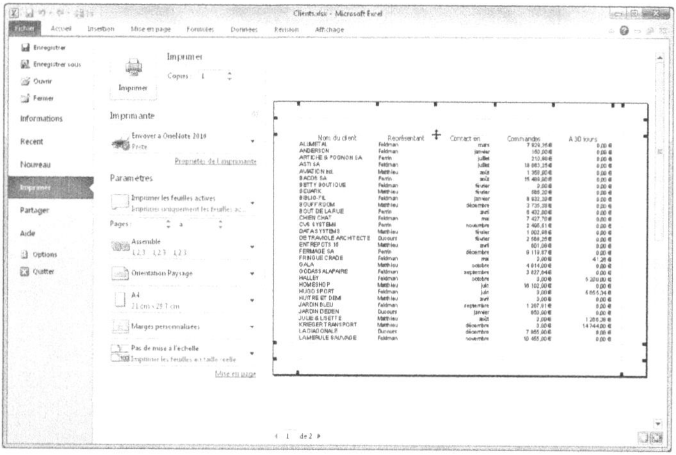

Figure 5.5 : Après avoir coché la case Afficher les marges, faites glisser les repères pour régler les marges.

Excel affiche la page avec la nouvelle marge que vous venez de définir. Selon que vous réduisez ou que vous augmentez une marge, la page peut gagner ou perdre des lignes ou des colonnes. Utilisez la même méthode pour ajuster la largeur des colonnes : faites glisser les repères correspondants.

Portrait ou paysage ?

Le menu du bouton Orientation du groupe Mise en page de l'onglet Mise en page contient les deux options suivantes :

- **Portrait :** C'est l'option par défaut, qui correspond à l'usage habituel d'une feuille de papier. La page est plus haute que large.
- **Paysage :** C'est l'inverse, quand on fait tourner la page de 90 degrés. La page est plus large que haute.

Comme il est courant qu'un tableau soit assez large et comme les tableaux sont l'usage principal des feuilles de calcul, l'orientation Paysage, qui permet de faire tenir un plus grand nombre de colonnes sur la feuille, vous sera souvent plus pratique que l'orientation Portrait pour imprimer vos feuilles de calcul.

Dans la Figure 5.6, vous pouvez voir une liste en mode Paysage affichée en mode Mise en page. Excel peut faire tenir davantage de colonnes sur la page en mode Paysage qu'en mode Portrait.

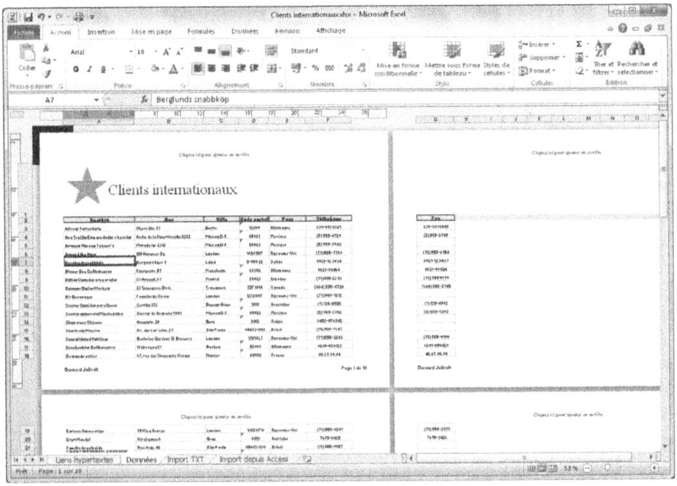

Figure 5.6 : Une liste en mode Paysage affichée en mode Mise en page.

Mais comme il y a corrélativement moins de lignes sur une page, celles-ci s'étendent sur un plus grand nombre de pages qu'en mode Portrait.

Définir les titres à imprimer

La fonction Imprimer les titres d'Excel vous permet de répéter sur chaque page d'un rapport l'impression de certaines lignes et/ou de certaines colonnes, ce qui est particulièrement utile pour les lignes et colonnes d'en-tête d'un tableau qui s'étend sur plusieurs pages.

TRUC

Ne confondez pas les titres à imprimer avec l'en-tête et le pied de page d'un rapport. Bien que les uns comme les autres soient imprimés sur toutes les pages, l'en-tête et le pied de page sont imprimés respectivement dans la marge supérieure et la marge inférieure de la page, alors que les titres à imprimer le sont dans le corps du rapport.

Pour définir des lignes et des colonnes comme titres à imprimer pour un rapport, suivez ces étapes :

1. **Dans l'onglet Mise en page du Ruban, cliquez sur le bouton Imprimer les titres.**

La boîte de dialogue Mise en page apparaît, avec l'onglet Feuille au premier plan (Figure 5.7).

Pour définir des lignes comme titres à imprimer, allez à l'Étape 2a. Pour définir des colonnes comme titres à imprimer, allez à l'Étape 2b.

2a. Cliquez sur le bouton qui se trouve à l'extrémité droite du champ Lignes à répéter en haut pour minimiser la boîte de dialogue Mise en page ; sélectionnez avec la souris dans la feuille de calcul les lignes que vous voulez voir se répéter en haut de chaque page dans le rapport imprimé, puis cliquez à nouveau sur le bouton du champ Lignes à répéter en haut pour rétablir la boîte de dialogue Mise en page.

Dans l'exemple de la Figure 5.7, j'ai cliqué sur le bouton de minimisation à droite du champ Lignes à répéter en haut pour minimiser la boîte de dialogue Mise en page, et j'ai sélectionné les lignes 1 et 2 dans la feuille de calcul. Excel a donc affiché l'indication $1:$2 dans le champ Lignes à répéter en haut.

Remarquez qu'Excel met en évidence les lignes des titres à répéter en haut en plaçant un trait en pointillé animé entre ces titres et les autres informations du rapport.

2b. Cliquez sur le bouton qui se trouve à l'extrémité droite du champ Colonnes à répéter à gauche pour minimiser la boîte de dialogue Mise en page ; sélectionnez avec la souris dans la feuille de calcul les colonnes que vous voulez voir se répéter à gauche de chaque page dans le rapport imprimé (Figure 5.7), puis cliquez à nouveau sur le bouton du champ Colonnes à répéter à gauche pour rétablir la boîte de dialogue Mise en page.

Remarquez qu'Excel met en évidence les colonnes des titres à répéter à gauche en plaçant un trait en pointillé animé entre ces titres et les autres informations du rapport.

3. Cliquez sur OK ou appuyez sur Entrée pour fermer la boîte de dialogue Mise en page.

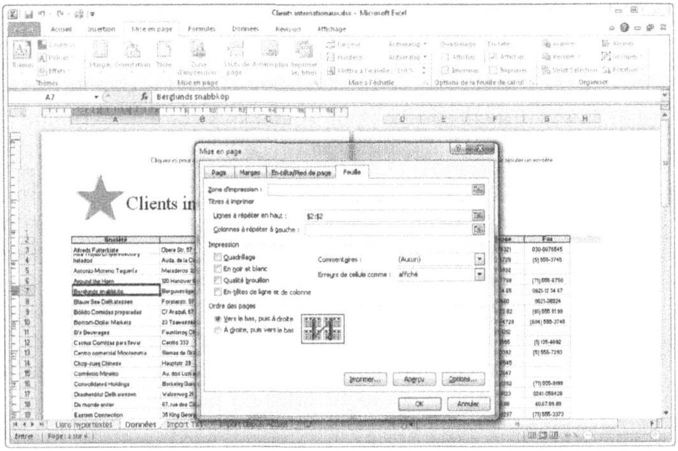

Figure 5.7 : La ligne d'en-tête est à présent répétée en haut de chaque page imprimée.

Les traits en pointillé indiquant les limites des lignes et des colonnes à répéter disparaissent de la feuille de calcul.

TRUC

Pour désactiver les titres à imprimer d'un rapport lorsque vous n'en avez plus besoin, ouvrez la boîte de dialogue Mise en page avec l'onglet Feuille au premier plan, supprimez le contenu des champs Lignes à répéter en haut et Colonnes à répéter à gauche, puis cliquez sur OK ou appuyez sur Entrée.

Utiliser les boutons du groupe Mise à l'échelle

Si votre imprimante offre des options de mise à l'échelle, vous allez en découvrir la commodité. Il est en effet possible de faire tenir une feuille de calcul sur une seule page en sélectionnant 1 page dans les listes déroulantes Largeur et Hauteur du groupe Mise à l'échelle de l'onglet Mise en page. Lorsque ces options sont sélectionnées, Excel ajuste automatiquement l'échelle de la zone à imprimer pour que l'ensemble tienne sur une page à l'impression.

Après avoir sélectionné ces options, si vous vous apercevez en affichant l'Aperçu avant impression que le résultat est trop petit pour être lisible, cliquez sur le bouton Mise en page dans l'onglet Aperçu avant impression pour faire apparaître la boîte de dialogue Mise en page avec l'onglet Page au premier plan, dans lequel l'option Ajuster vous permet de modifier le nombre de pages en largeur et en hauteur auquel Excel doit ajuster la taille de votre document à l'impression. Utilisez pour cela les deux champs de l'option Ajuster.

Les cases Imprimer dans le groupe Options de la feuille de calcul

Le groupe Options de la feuille de calcul contient deux cases très utiles, toutes deux nommées Imprimer (aucune des deux n'étant cochée par défaut) : la première dans la colonne Quadrillage, la seconde dans la colonne Titres.

- Pour imprimer votre rapport avec le quadrillage des lignes et des colonnes, cochez la case Imprimer dans la colonne Quadrillage.
- Pour imprimer votre rapport avec les numéros de lignes et les lettres de colonnes sur toutes ses pages, cochez la case Imprimer dans la colonne Titres.

Troisième partie

S'organiser et rester organisé

"Il aurait du être plus prudent avec l'outil Zoom."

Dans cette partie...

Dans cette partie, vous apprendrez à vous y retrouver dans les données que vous avez entrées dans vos classeurs. Non seulement vous découvrirez dans le Chapitre 6 comment suivre l'évolution des informations contenues dans une feuille de calcul, mais encore, dans le Chapitre 7, vous apprendrez à créer des graphiques.

Chapitre 6

Maintenir l'ordre dans la feuille de calcul

Dans ce chapitre :

- Zoomer en avant et en arrière.
- Fractionner la fenêtre d'un classeur en deux ou quatre volets.
- Figer les lignes ou les colonnes des titres.
- Attacher un commentaire à une cellule.
- Nommer des cellules.
- Rechercher et remplacer des données.

Chaque feuille de calcul d'Excel offre énormément de place pour vos informations, et par défaut chaque classeur ouvre trois feuilles. Mais, comme un écran ne peut en montrer qu'une petite partie, la maintenance de ces informations n'est pas une mince affaire.

Dans ce chapitre, vous découvrirez quelques techniques efficaces pour garantir la maintenance de vos informations. Vous apprendrez comment attirer l'attention sur une partie d'une feuille de calcul en zoomant dedans, ou comment diviser la fenêtre d'un document en plusieurs volets montrant simultanément diverses parties d'une même feuille, et aussi comment afficher en permanence certaines lignes et colonnes.

Coup de zoom sur les cellules

Bon... Qu'allez-vous faire si votre directeur traîne les pieds pour vous offrir l'écran 22 pouces qui vous éviterait d'user vos yeux sur de minuscules caractères à peine lisibles et de faire défiler la feuille à tout bout de champ parce que trop peu de cellules sont visibles ? Vous utiliserez le curseur de zoom, toujours disponible dans la Barre d'état. Il suffit de le tirer vers la gauche pour réduire et voir plus de cellules, et le tirer vers la droite pour agrandir ce que vous voyez.

La Figure 6.1 montre l'agrandissement d'une feuille de calcul à 200 %, soit le double de l'affichage normal. Pour appliquer ce rapport d'agrandissement à une feuille, faites glisser vers la droite le curseur de zoom jusqu'à ce que l'indicateur numérique affiche 200 % (juste à gauche du curseur). Vous pouvez aussi cliquer sur le bouton Zoom dans l'onglet Affichage, et sélectionner 200 % dans la boîte de dialogue Zoom qui apparaît. Une chose est sûre, c'est que vous n'aurez pas à mettre de lunettes pour lire le contenu des cellules ! Le seul problème avec un tel agrandissement est que vous ne voyez plus beaucoup de cellules à l'écran.

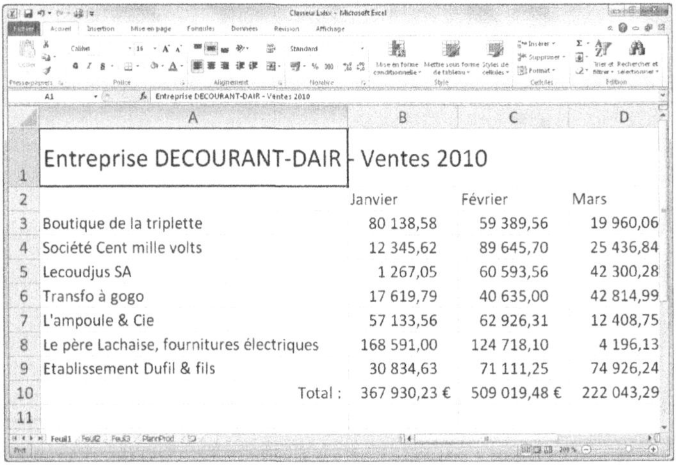

Figure 6.1 : Zoom à 200 % dans une feuille de calcul.

La Figure 6.2 montre la même feuille de calcul mais avec une réduction à 50 %, soit la moitié de la taille normale. Pour obtenir

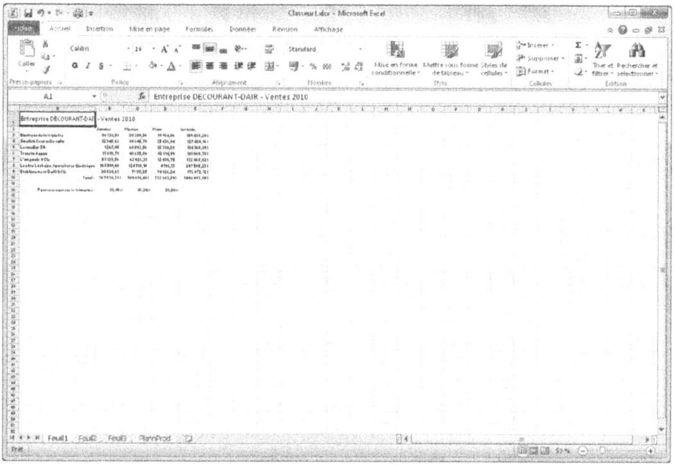

Figure 6.2 : La même feuille de calcul avec le zoom à 50 %.

cette valeur de zoom, faites glisser vers la gauche le curseur de zoom jusqu'à ce que l'indicateur numérique affiche 50 %.

Avec une réduction à 40 %, la seule chose qui est sûre, c'est que plus rien n'est lisible ! Remarquez que cet affichage permet néanmoins de bénéficier d'une vue très élargie sur la feuille de calcul.

La boîte de dialogue Zoom (Affichage/Zoom) offre le choix de cinq facteurs d'agrandissement (200, 100 [l'affichage normal], 75, 50 et 25 %). Si ces valeurs ne vous conviennent pas, vous avez deux autres possibilités :

- Pour utiliser des facteurs d'agrandissement plus élevés ou plus réduits que ceux proposés (par exemple 400 % ou 10 %), ou intermédiaires (par exemple 150 % ou 85 %), sélectionnez le bouton Personnalisé dans la boîte de dialogue Zoom, entrez le pourcentage voulu dans le champ qui accompagne cette option, et cliquez sur OK ou appuyez sur Entrée.
- Si vous ne savez pas quel pourcentage il faut appliquer pour cadrer une plage de cellules donnée, sélectionnez cette plage et cliquez sur le bouton Zoom sur la sélection dans l'onglet Affichage. Excel adapte automatiquement le

facteur d'agrandissement pour afficher les cellules sélectionnées dans tout l'espace disponible de la fenêtre.

Pour revenir rapidement au taux d'agrandissement normal (100 %), cliquez exactement sur le petit trait vertical qui indique le centre de l'espace de déplacement du curseur de zoom dans la Barre d'état.

Fractionner une fenêtre

Bien que le zoom facilite l'accès aux données dispersées dans une feuille de calcul, il ne permet en rien d'afficher deux endroits éloignés d'une feuille afin d'en comparer le contenu (du moins pas avec un rapport d'affichage normal). Pour contourner ce problème, vous pouvez diviser la fenêtre d'un document en deux volets distincts et faire défiler librement la feuille dans chacun d'eux.

Il est facile de fractionner une fenêtre. Regardez la Figure 6.3 qui montre des résultats après que la fenêtre a été fractionnée horizontalement en deux volets. Celui du bas commence à la ligne 38, car j'en ai fait défiler le contenu vers le haut pour qu'il affiche les résultats de l'année. Chaque volet possède sa propre barre de défilement vertical, ce qui permet de les manipuler indépendamment l'un de l'autre.

Pour fractionner une feuille de calcul en deux volets supérieur et inférieur, vous devez faire glisser le *curseur de fractionnement* (situé juste au-dessus de la barre de défilement verticale), pour obtenir deux volets de la taille que vous voulez. Suivez ces étapes :

1. **Cliquez sur le curseur de fractionnement horizontal et maintenez enfoncé le bouton de la souris.**

   Le pointeur de la souris se transforme en une double barre à deux flèches, semblable à celle utilisée pour réafficher des lignes masquées.

2. **Faites glisser vers le bas jusqu'à ce que la barre de fractionnement se trouve à l'emplacement voulu.**

   Une barre de fractionnement grise se déplace. Elle montre l'endroit où se produira le fractionnement.

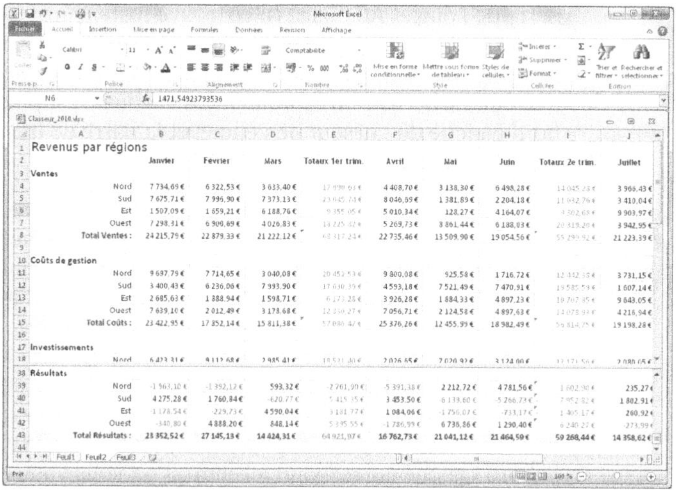

Figure 6.3 : Avec le fractionnement, deux volets peuvent afficher simultanément deux portions éloignées du même document.

3. **Relâchez le bouton de la souris.**

   Excel divise la fenêtre en deux volets superposés, séparés par la barre de fractionnement. Une barre de défilement est ajoutée au nouveau volet.

Il est aussi possible de fractionner la fenêtre du document en deux volets gauche et droite en procédant ainsi :

1. **Cliquez sur le curseur de fractionnement situé à droite de la barre de défilement horizontale.**

2. **Faites-le glisser vers la gauche ou vers la droite jusqu'à l'endroit où vous voulez placer le fractionnement.**

3. **Relâchez le bouton de la souris.**

   Excel divise la fenêtre et ajoute une barre de défilement horizontale au nouveau volet.

Ne confondez pas le curseur de fractionnement, qui se trouve à droite de la barre de défilement horizontale, avec le curseur d'onglet qui, lui, se trouve à gauche de la barre. Ce dernier sert à découvrir un plus grand nombre d'onglets, lorsque tous ne peuvent être affichés.

Au lieu de faire glisser les curseurs de fractionnement, vous pouvez cliquer sur le bouton Fractionner dans le groupe Fenêtre de l'onglet Affichage (il se trouve juste à droite du bouton Nouvelle Fenêtre). Excel utilise la position du curseur de cellule pour déterminer l'endroit où placer les barres de fractionnement. La barre de fractionnement verticale est placée sur le bord gauche du curseur de cellule, et la barre de fractionnement horizontale sur son bord supérieur.

Pour fractionner une fenêtre uniquement en deux volets horizontaux (séparés par une barre de fractionnement horizontale), procédez ainsi : placez le curseur de cellule dans la première colonne de la feuille, sur la cellule dont le bord supérieur correspond à l'endroit où vous voulez placer la barre de fractionnement. Si vous voulez fractionner votre fenêtre uniquement en deux volets verticaux (séparés par une barre de fractionnement verticale), procédez ainsi : placez le curseur de cellule dans la première ligne de la feuille, sur la cellule dont le bord gauche correspond à l'endroit où vous voulez placer la barre de fractionnement.

Quand vous placez le curseur de cellule sur une quelconque cellule et que vous cliquez sur le bouton Fractionner, sous l'onglet Affichage, Excel divise la fenêtre en quatre volets, avec la barre de fractionnement verticale touchant le bord gauche de la cellule sélectionnée, et la barre de fractionnement horizontale touchant le bord supérieur de celle-ci. C'est ce que montre la Figure 6.4 : j'ai sélectionné la cellule B9 et cliqué sur le bouton Fractionner dans l'onglet Affichage. Les barres de fractionnement sont donc respectivement entre les lignes 9 et 10 et entre les colonnes A et B.

Lorsque la fenêtre est fractionnée, il suffit de cliquer sur n'importe quelle cellule à l'intérieur d'un des volets pour que celui-ci soit le volet actif. Pour faire disparaître le fractionnement d'une fenêtre fractionnée, cliquez simplement sur le bouton Fractionner dans l'onglet Affichage.

Figer les volets

Les volets sont parfaits pour visualiser simultanément plusieurs parties éloignées d'une feuille de calcul. Mais ils peuvent aussi servir à figer des titres, en haut de la feuille ou à gauche, de sorte que les données peuvent défiler tandis que les titres

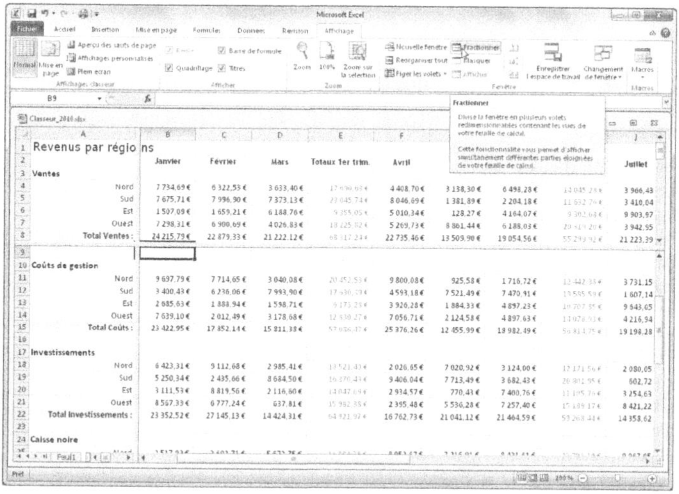

Figure 6.4 : Fractionnement d'une fenêtre de classeur en quatre volets après avoir placé le curseur de cellule dans la cellule B14.

restent en place. Les volets figés sont particulièrement utiles pour les tableaux dont les données s'étendent loin au-delà des lignes et des colonnes affichées à l'écran.

La Figure 6.5 montre un tel tableau. La feuille de calcul contenant les résultats contient trop de lignes et de colonnes pour les afficher toutes à la fois, à moins de zoomer à un rapport prohibitivement faible. À titre indicatif, cette feuille de calcul comporte 43 lignes, et sa dernière colonne est la colonne Q.

En divisant la fenêtre du document en deux volets entre les lignes 2 et 3 et en les figeant ensuite, les deux premières lignes restent toujours visibles, permettant d'identifier facilement le contenu des différentes colonnes lors d'un défilement de la liste vers le bas. Si vous fractionnez les colonnes à droite de la colonne B, l'année et les noms des produits, qui constituent les en-têtes de ligne restent visibles à l'écran, même si vous faites défiler le tableau vers la gauche.

La Figure 6.5 montre le résultat de ce fractionnement après avoir figé les volets. Procédez comme suit pour figer des volets (après avoir fractionné la fenêtre en quatre volets) :

1. **Sélectionnez la cellule qui se trouve juste au-dessous et à droite du point d'intersection des barres de fraction-**

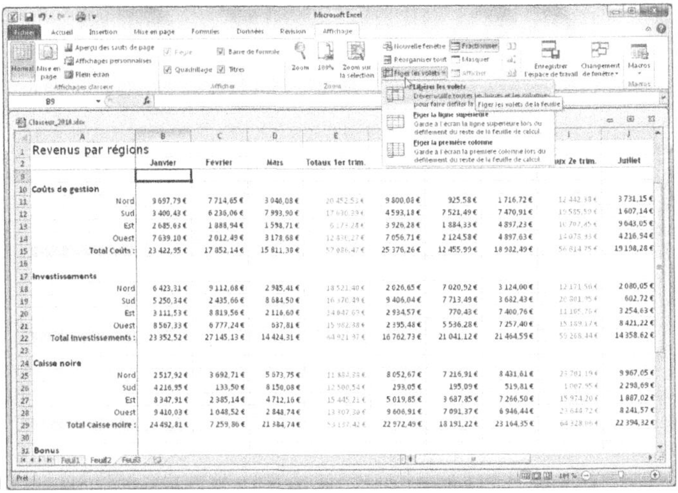

Figure 6.5 : Les volets figés immobilisent les deux premières lignes et les deux premières colonnes, qui contiennent les en-têtes des colonnes et des lignes.

nement que vous voulez créer, et cliquez sur le bouton Fractionner dans l'onglet Affichage.

2. **Dans le groupe Fenêtre de l'onglet Affichage, cliquez sur le bouton Figer les volets, et sélectionnez Figer les volets, dans le menu qui apparaît.**

Quand Excel fige les volets, les barres de fractionnement se transforment en traits fins.

Voyez dans la Figure 6.6 ce qui se produit lors d'un défilement vers le bas de la feuille de calcul, lorsque les volets sont figés. Dans cet exemple, j'ai fait défiler le contenu du tableau vers le bas et vers la droite.

Voyez dans la Figure 6.7 ce qui se passe lorsque le défilement de la feuille de calcul s'effectue vers la gauche. Comme les volets sont figés, les deux premières colonnes n'ont pas bougé, ce qui permet d'avoir toujours les en-têtes de ligne à l'affichage.

Pour que les volets d'une feuille de calcul ne soient plus figés, cliquez sur Figer les volets dans l'onglet Affichage, et sélectionnez Libérer les volets dans le menu qui apparaît. Les traits fins sont remplacés par d'épaisses barres, indiquant que les volets ne sont plus figés.

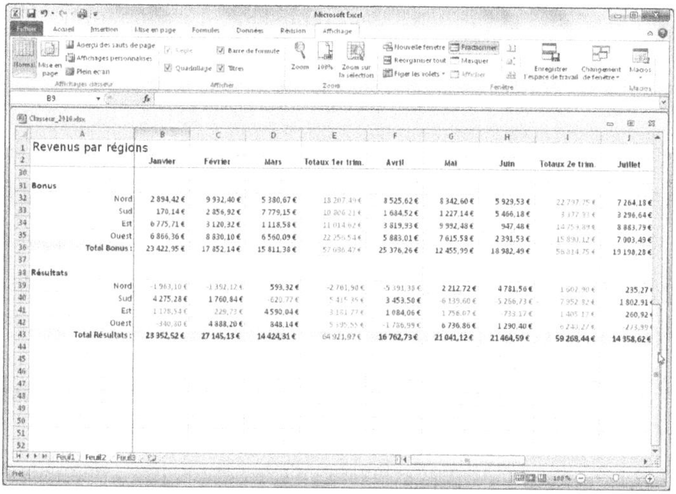

Figure 6.6 : Quand les volets sont figés, les en-têtes de ligne restent parfaitement cohérents avec le contenu du tableau lorsqu'on le fait défiler verticalement.

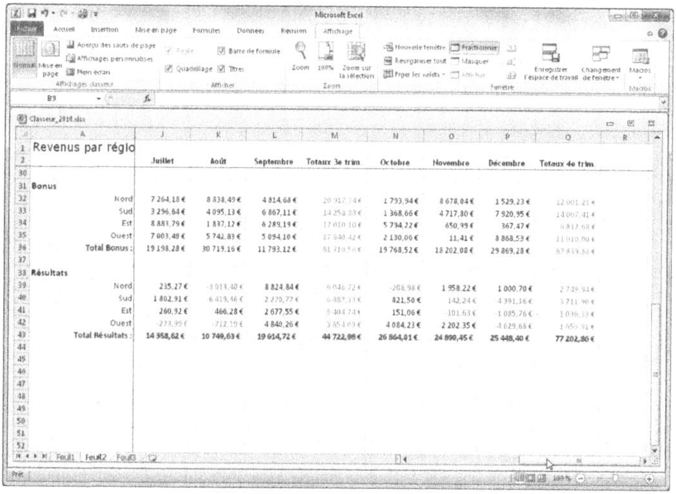

Figure 6.7 : Quand les volets sont figés, les en-têtes de colonne restent parfaitement cohérents avec le contenu du tableau lorsqu'on le fait défiler horizontalement.

Les notes électroniques

Dans Excel, des commentaires peuvent être ajoutés à des cellules. Les *commentaires* sont des sortes de petites notes qui ressemblent aux Post-it autocollants. Elles permettent d'insérer des pense-bêtes pour rappeler, par exemple, que telle ou telle valeur n'est qu'une estimation, ou qu'il faut vérifier une valeur avant d'imprimer la feuille, voire une date d'anniversaire dont l'oubli ne serait pas du tout apprécié.

Ajouter un commentaire à une cellule

Procédez comme suit pour ajouter un commentaire à une cellule :

1. **Sélectionnez la cellule qui doit recevoir le commentaire.**

2. **Dans le groupe Commentaires de l'onglet Révision, cliquez sur le bouton Nouveau commentaire.**

   Une nouvelle zone de texte apparaît, semblable à celle visible Figure 6.8. Elle contient le nom de l'utilisateur de l'onglet Standard de la boîte de dialogue Options Excel. La barre d'insertion clignote au début de la ligne qui suit le nom.

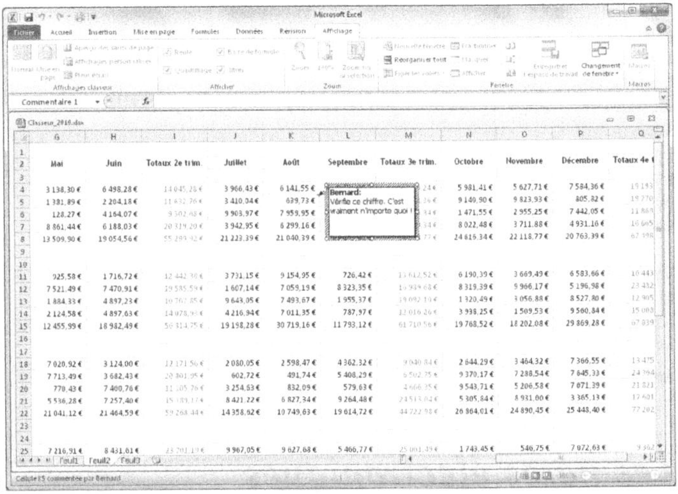

Figure 6.8 : Ajout d'un commentaire à une cellule.

3. **Tapez le texte du commentaire.**

4. **Cliquez hors de la zone de texte.**

Excel signale que la cellule comporte un commentaire en plaçant un petit triangle rouge dans le coin supérieur droit.

5. **Pour afficher un commentaire, il suffit de placer le pointeur en forme d'épaisse croix blanche au-dessus de la cellule correspondante.**

Réviser les commentaires

Lorsqu'un classeur contient un grand nombre de commentaires, vous ne voudrez sans doute pas promener le pointeur de la souris au-dessus de chacun d'eux pour les lire tour à tour. Il est beaucoup plus commode de cliquer sur le bouton Afficher tous les commentaires dans le groupe Commentaires de l'onglet Révision (Figure 6.9). Excel affiche alors tous les commentaires des cellules visibles dans la fenêtre (et continue à afficher les autres commentaires si vous faites défiler le contenu de la fenêtre, ou même si vous sélectionnez une autre feuille du classeur).

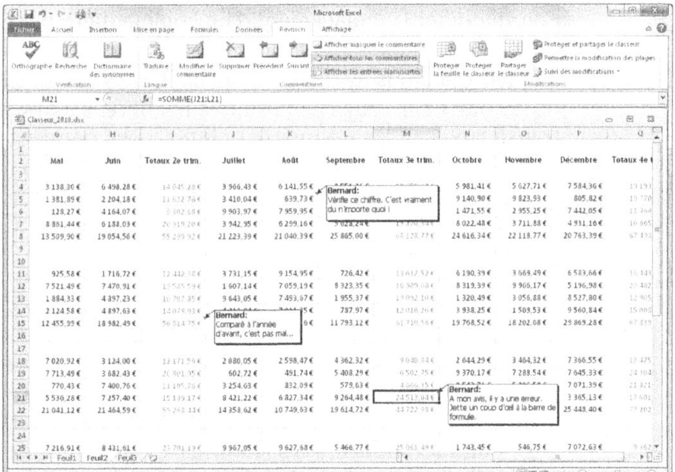

Figure 6.9 : Le bouton Afficher tous les commentaires montre tous les commentaires des cellules visibles dans la fenêtre.

Lorsque c'est l'onglet Révision du Ruban qui est au premier plan, il est possible de passer d'un commentaire à un autre en cliquant sur les boutons Suivant et Précédent dans le groupe

Commentaires de cet onglet. Dès que vous atteignez le dernier commentaire d'un classeur, une boîte d'alerte demande s'il faut poursuivre la révision des commentaires depuis le début (ce que vous pouvez accepter en cliquant sur OK). Lorsque vous avez affiché tous les commentaires, il vous suffit pour les masquer après les avoir tous révisés de cliquer à nouveau sur le bouton Afficher tous les commentaires.

Modifier les commentaires

Pour modifier un commentaire, vous devez commencer par l'afficher et y placer le curseur d'insertion. Pour l'afficher, vous disposez des différents moyens que nous venons de voir (le plus simple étant de cliquer sur la cellule correspondante, puis sur le bouton Afficher/masquer le commentaire dans l'onglet Révision), après quoi il vous suffit de cliquer dedans pour y placer le curseur d'insertion. Mais il existe un moyen plus simple : cliquez du bouton droit sur la cellule du commentaire, et sélectionnez Modifier le commentaire dans le menu qui apparaît.

Pour modifier l'emplacement d'un commentaire par rapport à sa cellule, commencez par afficher le commentaire par l'un des moyens que nous avons vus plus haut, puis amenez le pointeur de la souris sur l'une des bordures hachurées. Lorsqu'il se transforme en flèche à quatre pointes, vous pouvez faire glisser le commentaire ailleurs dans la feuille de calcul. Au moment où vous relâchez le bouton de la souris, Excel redessine la flèche qui relie le coin supérieur gauche du commentaire à la cellule.

Pour modifier les dimensions de la zone de texte du commentaire, placez le pointeur de la souris sur l'une des poignées de redimensionnement (ce sont les petits ronds blancs que vous voyez tout autour de la zone de commentaire) de manière qu'il prenne la forme d'une flèche à double pointe, et tirez-la dans la direction appropriée, vers l'extérieur du commentaire pour augmenter sa surface, vers l'intérieur pour la réduire. Dès que vous relâchez le bouton de la souris, Excel redessine la zone de texte du commentaire à la taille ainsi définie. Les retours à la ligne du texte qui s'y trouve sont pris en charge par Excel.

Pour changer la police du texte d'un commentaire, commencez par afficher celui-ci par l'un des moyens décrits plus haut, et sélectionnez le texte dont vous voulez changer la police. Cliquez ensuite du bouton droit sur le commentaire, et sélectionnez Format de commentaire dans le menu qui apparaît (vous pouvez aussi appuyer sur Ctrl + Maj + 1 ; le 1 du clavier principal, comme pour ouvrir la boîte de dialogue Format de cellule). La boîte de dialogue Format de commentaire (qui n'est qu'une variante de la boîte de dialogue Format de cellule) apparaît, comportant l'unique onglet Police. Vous pouvez y sélectionner non seulement la police et sa taille pour le texte sélectionné dans le commentaire, mais aussi tous les attributs de mise en forme que vous pouvez appliquer au contenu d'une cellule.

Vous pouvez aussi supprimer tous les commentaires : cliquez sur le bouton Effacer (la gomme) du groupe Édition de l'onglet Accueil, et sélectionnez Effacer les commentaires dans le menu qui apparaît.

Les cellules nommées

En attribuant des noms évocateurs aux cellules et aux plages, vous faciliterez considérablement l'accès aux informations importantes de la feuille de calcul. Plutôt que d'essayer d'associer des informations à des coordonnées abstraites, vous leur donnerez un nom. En nommant une plage, vous nommerez du même coup une sélection de cellules que vous pourrez imprimer ou importer dans d'autres logiciels Office comme Word ou Access. En outre, ce qui est très commode, vous pourrez utiliser les noms de cellules avec la commande Atteindre.

Ah ! Si j'avais un nom...

Lorsque vous attribuez un nom à des cellules ou à des plages, vous devez respecter les règles suivantes :

- **Les noms de plages de cellules doivent commencer par une lettre, jamais par un chiffre.**

  Par exemple, au lieu de 01Profits, utilisez Profits01.

- **Un nom ne peut pas contenir d'espaces.**

Au lieu de l'espace, utilisez le caractère de soulignement (celui de la touche 8 du clavier alphanumérique, en minuscule) pour séparer des mots. Exemple : au lieu de Profit 01, utilisez Profit_01 (*NdT* : les caractères accentués et la cédille sont utilisables).

- **Des coordonnées de cellule ne peuvent jamais être utilisées comme noms.**

  Une cellule ne peut pas être nommée T1, car cette formulation est celle d'une référence de cellule valide. Utilisez plutôt T1_ventes, par exemple.

Pour nommer une cellule ou une plage de cellules, suivez ces étapes :

1. **Sélectionnez la cellule ou la plage à nommer.**
2. **Cliquez sur l'adresse de la cellule courante qui apparaît dans la Zone Nom, à l'extrémité gauche de la Barre de formule.**

   Excel sélectionne l'adresse de la cellule dans la Zone Nom.
3. **Tapez le nom que vous voulez donner à la cellule ou à la plage sélectionnée.**

   Veillez à bien respecter les règles de nom que nous venons de stipuler.
4. **Appuyez sur Entrée.**

Pour sélectionner une cellule ou une plage nommée, cliquez sur son nom dans la liste déroulante de la Zone Nom (pour faire apparaître cette liste, cliquez sur le triangle pointant vers le bas à l'extrémité droite de la Zone Nom).

Notez que vous pouvez aussi, dans l'onglet Accueil, cliquer sur le bouton Rechercher et sélectionner, sélectionner Atteindre dans le menu qui apparaît, activer la plage de cellules nommée que vous voulez atteindre dans la boîte de dialogue Atteindre (Figure 6.10), et enfin cliquer sur OK. Pour faire apparaître la boîte de dialogue Atteindre, vous pouvez aussi appuyer sur la touche F5.

Figure 6.10 : Sélection d'une cellule ou d'une plage de la feuille de calcul.

Nommez cette formule !

Les noms de cellules sont non seulement commodes pour identifier et localiser des cellules et des plages dans une feuille de calcul, mais ils sont aussi très utiles pour manipuler des formules. Supposons que la cellule K3 contienne une formule simple qui calcule ce qui vous est dû en multipliant vos heures de travail pour un client (dans la cellule I3) par votre rémunération horaire (dans la cellule J3). Vous taperez normalement cette formule dans la cellule K3 sous la forme :

```
=I3*J3
```

Mais si vous attribuez le nom *Heures* à la cellule I3 et le nom *Tarif_horaire* à la cellule J3, la formule se présentera dans la cellule K3 sous la forme :

```
=Heures*Tarif_horaire
```

Il va de soi que pour tout le monde cette formulation est bien plus compréhensible que =I3*J3.

Pour entrer une formule contenant des noms de cellules plutôt que des références de cellules, vous procéderez comme suit :

1. **Nommez les cellules comme nous venons de l'indiquer.**

Pour cet exemple, vous nommerez la cellule I3 **Heures** et la cellule J3 **Tarif_horaire**.

2. **Placez le curseur de cellule sur la cellule qui recevra la formule.**

   Il s'agit en l'occurrence de la cellule K3.

3. **Tapez le signe = (égal) pour indiquer à Excel que ce qui suit est une formule.**

4. **Sélectionnez la première cellule à laquelle la formule se réfère en cliquant dessus (ou en déplaçant le curseur de cellule jusqu'à son emplacement).**

   Dans cet exemple, vous sélectionnez Heures en sélectionnant la cellule I3.

5. **Tapez l'opérateur arithmétique à utiliser dans la formule.**

   Il s'agit ici de l'opérateur de multiplication * (astérisque). Reportez-vous au Chapitre 2 pour connaître les autres opérateurs arithmétiques d'Excel.

6. **Sélectionnez la deuxième cellule à laquelle la formule se réfère. Procédez comme à l'Étape 4.**

   Il s'agit de la cellule Tarif_horaire, soit la cellule J3.

7. **Cliquez sur le bouton Entrer dans la Barre de formule ou appuyez sur la touche Entrée pour terminer la formule.**

   Excel affiche la formule de la cellule K3, soit =Heures*Tarif_horaire.

Les constantes nommées

Certaines formules utilisent des valeurs constantes (par exemple une taxe au taux de 5,5 % ou un rabais de 10 %). Si vous ne voulez pas les entrer dans des cellules afin de les utiliser ensuite dans des formules, vous pouvez créer des plages de noms contenant ces valeurs, que vous utiliserez dans vos formules.

Par exemple, pour créer une constante nommée *Taux_TVA* de 5,5 %, vous procéderez ainsi :

1. **Dans le groupe Noms définis de l'onglet Formules du Ruban, cliquez sur le bouton Définir un nom.**

2. **Dans la boîte de dialogue Nouveau nom qui apparaît, tapez le nom (**Taux_TVA**, dans notre exemple) dans le champ Noms.**

3. **Si vous voulez que cette constante nommée soit définie uniquement pour une feuille du classeur et non pour le classeur entier, sélectionnez le nom de la feuille dans la liste déroulante Zone.**

   Par défaut, c'est l'option Classeur qui est sélectionnée dans cette liste, ce qui signifie que cette constante nommée pourra être utilisée dans toutes les feuilles du classeur. Ce n'est que dans le cas particulier où vous voulez au contraire qu'elle ne soit utilisable que dans une feuille et pas dans les autres que vous devez vous préoccuper de la sélectionner ici.

4. **Cliquez dans le champ Fait référence à. Remplacez l'adresse qui s'y trouve par la valeur 5,5 % (avec ou sans espace, Excel comprend).**

5. **Cliquez sur OK pour fermer la boîte de dialogue Nouveau nom.**

Après avoir assigné une constante à un nom en utilisant cette méthode, vous pouvez l'utiliser dans les formules que vous créez dans la feuille de calcul en adoptant l'une de ces deux procédures :

- Taper dans la formule le nom auquel vous avez assigné la constante à la place de la valeur requise.

- Insérer le nom dans la formule en cliquant, dans l'onglet Formules, sur le bouton Utiliser dans la formule et en sélectionnant le nom de la constante voulue dans la liste qui apparaît.

Qui cherche trouve

Si vous n'arrivez vraiment pas à localiser une information spécifique, vous pouvez demander à la fonction Rechercher d'Excel de la trouver pour vous. Dans l'onglet Accueil, cliquez sur le bouton Rechercher et sélectionner, et sélectionnez Rechercher dans le menu qui apparaît.

Dans le champ Rechercher (de l'onglet Rechercher) de la boîte de dialogue Rechercher et remplacer qui apparaît, entrez le texte ou la valeur que vous recherchez, et cliquez sur le bouton Suivant ou appuyez sur Entrée pour lancer la recherche. Si vous voulez spécifier des critères de recherche supplémentaires, cliquez sur le bouton Options dans cette boîte de dialogue pour faire apparaître les options correspondantes (comme le montre la Figure 6.11).

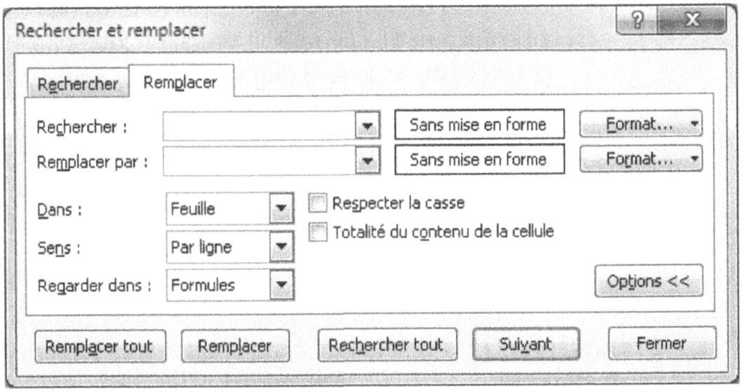

Figure 6.11 : Utiliser les commandes de la boîte de dialogue Rechercher et remplacer pour localiser une entrée.

Lorsque vous recherchez une entrée de texte avec la fonction Rechercher et remplacer, demandez-vous toujours si ce texte ou ce chiffre est seul dans sa cellule ou s'il est une partie d'un terme ou d'une valeur. Par exemple, si vous lancez une recherche sur les caractères **CA** et n'avez pas coché la case Totalité du contenu de la cellule (voir Figure 6.11), Excel trouvera les occurrences de CA dans "Canada", "sarbacane", "canettes", "décalé" et ainsi de suite.

Si vous cochez la case Totalité du contenu de la cellule, Excel ne retournera que les occurrences où le mot CA est seul dans la cellule.

Lorsque vous effectuez une recherche sur du texte, vous pouvez spécifier si Excel doit différencier ou non les majuscules et les minuscules. Par défaut, Excel ne tient pas compte de la casse des caractères. Pour qu'il fasse la différence, vous devez cocher la case Respecter la casse (visible après avoir cliqué sur le bouton Options de la boîte de dialogue Rechercher et remplacer).

Si les textes ou les valeurs recherchés ont reçu une mise en forme particulière, vous pouvez demander à Excel d'en tenir compte.

Procédez comme suit pour qu'Excel recherche une mise en forme particulière dans la feuille de calcul :

1. **Cliquez sur le bouton déroulant à droite du bouton Format, dans la boîte de dialogue Rechercher et remplacer, et choisissez l'option Choisir le format à partir de la cellule.**

   La boîte de dialogue Rechercher et remplacer disparaît temporairement. Excel ajoute une pipette au pointeur de souris normal.

2. **Cliquez avec le pointeur dans la cellule contenant la mise en forme à respecter.**

   La boîte de dialogue Rechercher et remplacer réapparaît après avoir prélevé la mise en forme.

Procédez comme suit pour sélectionner la mise en forme à respecter en utilisant la boîte de dialogue Rechercher le format (qui est identique à la boîte de dialogue Format de la cellule) :

1. **Cliquez sur le bouton Format ou cliquez sur le bouton de son menu déroulant et choisissez l'option Format.**

2. **Dans la boîte de dialogue Rechercher le format qui apparaît, sélectionnez dans les différents onglets les options de mise en forme à respecter (elles sont décrites dans le Chapitre 3), puis cliquez sur OK.**

Quand vous utilisez l'une de ces deux méthodes de recherche d'une mise en forme, le bouton Sans mise en forme, situé entre la zone de texte Rechercher et le bouton Format, se transforme en aperçu (ce mot y figure au centre) qui montre toutes les options de mise en forme prélevées dans une cellule ou définies dans la boîte de dialogue Rechercher le format.

Si vous recherchez des valeurs dans la feuille de calcul, faites bien attention aux différences entre les formules et les valeurs. Par exemple, si une cellule contient la valeur 3 582 € et si vous tapez **3582** dans le champ Rechercher suivi de l'appui sur Entrée, Excel affiche une boîte d'alerte contenant le message suivant :

```
Microsoft Office Excel ne trouve pas les données que vous recherchez.
```

Un examen attentif révélera sans aucun doute que la valeur qui apparaît dans la cellule est en réalité calculée par une formule telle que :

```
=I24*J24
```

En fait, le nombre 3582 ne figure nulle part en tant que tel. Pour qu'Excel puisse localiser n'importe quel type de valeur 3582 dans la feuille de calcul, vous devez remplacer l'option Formules, dans la liste déroulante du champ Regarder dans, par l'option Valeurs.

Pour restreindre la recherche uniquement à du texte ou à des valeurs contenues dans des commentaires, choisissez l'option Commentaires dans la liste déroulante Regarder dans.

Si vous ne connaissez pas l'orthographe exacte d'un mot ou la valeur précise que vous recherchez, vous pouvez recourir aux *caractères de substitution* ; ils remplacent un ou plusieurs caractères. Utilisez le point d'interrogation (?) à la place d'un seul caractère inconnu, et l'astérisque (*) à la place d'un ou plusieurs caractères inconnus. Supposons que vous ayez entré ce qui suit dans le champ Rechercher, avec l'option Regarder dans Valeurs :

```
7*4
```

Dans cette formulation, qui n'est pas une multiplication (le signe = est absent), l'astérisque compte pour n'importe quel chiffre, qu'il y en ait un seul ou plusieurs. De ce fait, Excel s'arrête à toutes les cellules contenant des valeurs comme *74 704* (l'astérisque se substitue au zéro), *7 5234* (l'astérisque se substitue à la chaîne de caractères 523), et trouve même une occurrence comme *67856 Strasbourg cedex 04*.

Si vous effectuez une recherche dans laquelle l'astérisque est l'opérateur de multiplication et non un caractère de substitution, faites précéder la recherche par un tilde (~), comme ci-dessous :

```
~*4
```

Cet arrangement permet de trouver dans la feuille de calcul toutes les formules comportant une multiplication par quatre.

L'entrée qui suit recherche toutes les occurrences de *Jan, Janvier*. (*NdT* : le point d'interrogation est un caractère de substitution qui remplace un seul caractère, à cet emplacement précis, et non plusieurs caractères comme le fait l'astérisque.)

```
J?n*
```

Normalement, Excel n'effectue la recherche que dans la feuille de calcul courante. Pour qu'elle s'effectue dans toutes les feuilles du classeur, vous devez sélectionner l'option Classeur (dans la liste déroulante Dans).

Quand Excel a trouvé une occurrence du texte ou de la valeur dans une cellule, il sélectionne cette cellule tout en laissant la boîte de dialogue Rechercher et remplacer visible à l'écran (vous pouvez la déplacer si elle occulte les cellules qui vous intéressent). Pour rechercher la prochaine occurrence du texte ou de la valeur, cliquez sur le bouton Suivant ou appuyez sur Entrée.

Par défaut, Excel effectue la recherche dans la feuille de calcul ligne par ligne. Pour que la recherche se fasse par colonne, sélectionnez Par colonne dans la liste déroulante Sens. Pour inverser la direction de la recherche et revenir à une occurrence précédente des caractères recherchés, maintenez enfoncée la touche Maj tout en cliquant sur le bouton Suivant.

Nul n'est irremplaçable

Si vous effectuez une recherche pour remplacer une entrée par une autre, vous pouvez automatiser cette opération grâce à l'onglet Remplacer de la boîte de dialogue Rechercher et remplacer. Si, dans l'onglet Accueil, vous sélectionnez Remplacer au lieu de Rechercher dans le menu du bouton Rechercher et sélectionner, ou si vous appuyez sur Ctrl + H, Excel ouvre la boîte de dialogue Rechercher et remplacer directement sous l'onglet Remplacer. Tapez le texte ou la valeur à remplacer dans le champ Rechercher, puis entrez le texte ou la valeur à lui substituer dans le champ Remplacer par.

Quand vous entrez un texte de remplacement, tapez-le exactement tel qu'il doit apparaître dans la cellule. Autrement dit, si vous voulez remplacer toutes les occurrences de *Jan* par *Janvier*, tapez dans la zone de texte Remplacer par :

```
Janvier
```

Veillez à bien mettre le J en majuscule dans le champ Remplacer par. En revanche, comme la recherche de texte ne tient pas compte des majuscules et des minuscules (à condition de n'avoir pas coché la case Respecter la casse, qui n'apparaît qu'après avoir cliqué sur le bouton Options pour déployer les commandes supplémentaires de la boîte de dialogue), vous pouvez très bien entrer ceci dans le champ Rechercher :

```
jan
```

Après avoir spécifié ce qu'il faut remplacer et par quoi, comme dans la Figure 6.12, vous pouvez demander à Excel d'effectuer les remplacements au cas par cas ou globalement. Pour procéder à tous les remplacements en une seule opération, cliquez sur le bouton Remplacer tout.

Soyez très prudent quand vous effectuez un rechercher/remplacer global, car lancée inconsidérément, cette commande peut engendrer une énorme pagaille en remplaçant des parties de titres, de formules ou d'autres éléments que vous n'aviez pas du tout l'intention de modifier. Cela dit, respectez toujours cette règle d'or :

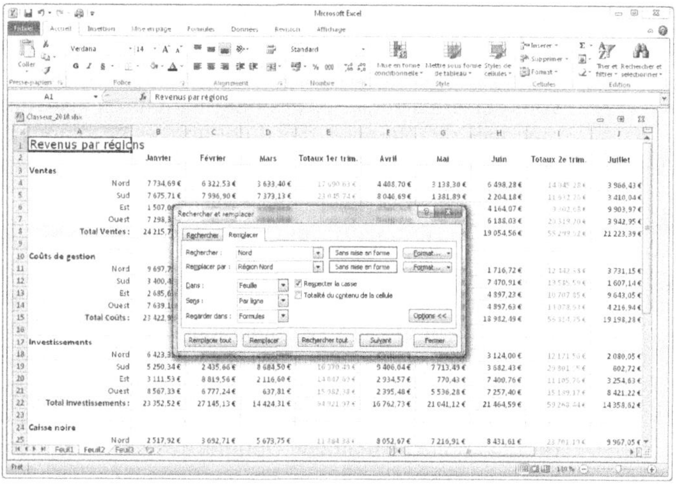

Figure 6.12 : Les options de l'onglet Remplacer servent à substituer des textes ou des valeurs.

N'entreprenez jamais un rechercher/remplacer sur une feuille sans l'avoir préalablement enregistrée.

Avant de commencer, assurez-vous aussi que la case Totalité du contenu de la cellule est cochée (elle n'est visible qu'après avoir cliqué sur le bouton Options). Si elle n'était pas cochée alors que vous comptez remplacer le contenu entier des cellules, et non une partie, vous risqueriez de vous retrouver avec bon nombre de remplacements indésirables.

TRUC

Si vous avez néanmoins fait une fausse manœuvre et semé la pagaille, cliquez sur le bouton Annuler dans la barre d'outils Accès rapide ou appuyez sur Ctrl + Z.

Pour voir chaque occurrence avant de la remplacer, cliquez sur le bouton Suivant ou appuyez sur Entrée. Excel sélectionne la prochaine cellule dont le contenu correspond à ce qui a été entré dans la zone de texte Rechercher ; pour procéder au remplacement, cliquez sur le bouton Remplacer. Pour sauter l'occurrence, cliquez sur le bouton Suivant afin de poursuivre la recherche. Lorsque les opérations sont terminées, cliquez sur le bouton Fermer pour quitter la boîte de dialogue Rechercher et remplacer.

Vos recherches n'ont plus de limites

Excel 2010 permet d'afficher le volet Office Rechercher qui vous servira à chercher des informations en ligne dans des ouvrages de référence, des dictionnaires de synonymes ou des sites de recherche. Il vous faut bien entendu disposer d'un accès Internet.

Pour ouvrir le volet Rechercher (voir Figure 6.13), cliquez sur le bouton Recherche dans le groupe Vérification de l'onglet Révision. La première fois que vous ouvrez le volet Rechercher, il ne contient que le strict minimum dans la liste déroulante des références de recherche (juste au-dessous du champ Rechercher). Pour commencer, cliquez sur le lien Options de recherche, tout en bas du volet Rechercher, pour faire apparaître la boîte de dialogue Options de recherche, dans laquelle vous pourrez sélectionner les ouvrages de référence et les sites de recherche que vous voulez pouvoir utiliser.

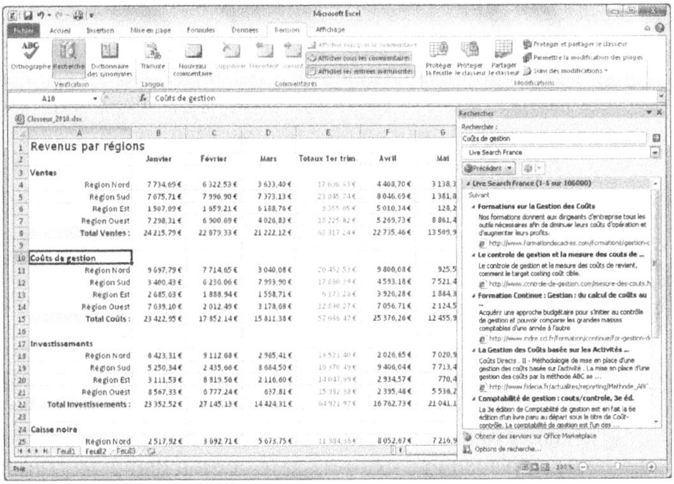

Figure 6.13 : Rechercher des informations en ligne.

Ensuite, saisissez le mot ou la phrase recherchée dans la zone de texte Rechercher, située en haut, puis choisissez dans la liste déroulante juste en dessous les sources de références que vous souhaitez voir consultées. Voici le choix dont vous disposez la première fois que vous ouvrez le volet Office Rechercher :

- **Tous les ouvrages de référence**, pour rechercher le mot ou la phrase dans tous les ouvrages de référence en ligne : dictionnaire des synonymes ; par défaut, plusieurs langues sont proposées (Français, Allemand, Anglais, Arabe, Espagnol, Néerlandais) ; dictionnaire Encarta et outil de traduction.
- **Tous les sites de recherche :** Factiva iWorks, HighBeam Research, Live Search France.
- **Tous les sites juridiques et d'information d'entreprise :** cours de la Bourse sur MSN, Money France.

Pour lancer la recherche en ligne, cliquez sur le bouton Démarrer la recherche, à droite de la zone de texte Rechercher. Excel vous connecte aux ressources sélectionnées et affiche les résultats au-dessous. La Figure 6.13 montre les résultats d'une recherche effectuée sur Internet avec Live Search France lorsque le pointeur se trouve dans la cellule contenant le texte "Coûts de gestion". Le volet donne les résultats vers cette recherche sur le Web.

Chapitre 7

L'art subtil des graphiques

Dans ce chapitre :

- Créer des graphiques bien présentés en quelques clics.
- Personnaliser un graphique à l'aide des outils d'Excel 2010.
- Représenter les données visuellement par des graphiques sparklines.
- Ajouter une zone de texte et des flèches à un graphique.

Comme le disait Confucius, "une image vaut mille mots" (ou, dans notre cas, mille chiffres). Dans un tableur, les graphiques augmentent non seulement l'intérêt pour des chiffres dont la lecture serait autrement fort ennuyeuse, mais ils mettent aussi en évidence des anomalies qui passeraient inaperçues si l'on ne regardait que des séries de valeurs. La création de graphiques est si facile dans Excel 2010 que vous pourrez aisément en essayer plusieurs et choisir celui qui illustre le plus efficacement vos données (en d'autres termes, l'image qui raconte le mieux votre histoire singulière).

Créer des graphiques d'aspect professionnel

Quelques mots encore sur les graphiques avant de découvrir comment les réaliser dans Excel. Vous vous rappelez les efforts méritoires que faisait votre professeur de mathématiques pour vous apprendre à tracer des graphes en traçant des valeurs sur les axes *x* et *y* d'une feuille de papier millimétré ? Évidemment, vous aviez l'esprit ailleurs à ce moment-là. De toute façon, vous vous demandiez bien en quoi ces graphiques pourraient vous être utiles plus tard, dans votre vie professionnelle.

Eh bien, nous y voilà ! Il est vrai qu'Excel automatise la quasi-totalité du processus de création des graphiques. Mais vous ne pouvez vous dispenser de savoir ce qui différencie un axe *x* d'un axe *y*, ne serait-ce qu'au cas où Excel n'orienterait pas le graphique comme prévu. Afin de rafraîchir votre mémoire et de faire plaisir à votre vieux prof de maths, sachez que l'axe *x* est horizontal, et usuellement situé en bas du graphique, alors que l'axe *y* est vertical et ordinairement situé à gauche du graphique.

Dans la plupart des graphiques basés sur ces deux axes, Excel place les catégories le long de l'axe *x*, en bas du tracé, et leurs valeurs relatives le long de l'axe *y*, à gauche. L'axe *x* est parfois appelé *axe de temps*, car il est souvent utilisé pour indiquer des durées comme les mois, les trimestres, les années, *etc.*

TRUC

Encore un point à ne pas oublier : les valeurs de la feuille de calcul qui sont représentées dans un graphique sont liées à celui-ci de façon dynamique. Autrement dit, toute modification apportée à l'une de ces valeurs sera immédiatement répercutée dans le graphique.

Créer un nouveau graphique

Excel simplifie autant que faire se peut le processus de création d'un nouveau graphique dans une feuille de calcul :

1. **Cliquez sur une des cellules de la table de données à représenter graphiquement. Si vous voulez ne prendre en compte qu'une partie de la table, sélectionnez uniquement la plage de données qui vous intéresse (sans oublier les en-têtes).**

   Si vous constatez qu'Excel sélectionne trop (ou trop peu) de données dans la table, vous pourrez toujours par la suite utiliser le bouton Sélectionner des données sous l'onglet Création (nous y reviendrons plus loin dans ce chapitre). Corrigez alors la plage à représenter dans la boîte de dialogue Sélectionner la source de données.

2. **Dans l'onglet Insertion du Ruban, cliquez dans le groupe Graphiques sur le bouton qui correspond au type de diagramme que vous voulez réaliser : Colonne, Ligne, Secteurs, Barres, Aires, Nuages de points ou Autres graphiques (Stock, Surface, Anneaux, Bulles ou encore Radar).**

   Excel va afficher une liste déroulante dans laquelle des vignettes illustrent chaque style disponible pour le type de graphique sélectionné.

3. **Cliquez sur la vignette du style de graphique désiré.**

   Vous avez le choix entre des graphiques 3D, cylindriques, coniques, pyramidaux, surfaciques, en anneaux, à bulles ou radar, pour n'en nommer que quelques-uns.

Dès que vous cliquez sur l'une des vignettes proposées dans la galerie de styles, Excel crée un diagramme flottant (ou incorporé) sur la même feuille de calcul que les données qu'il représente graphiquement.

La Figure 7.1 montre un très classique histogramme en deux dimensions. Je l'ai obtenu en suivant la procédure qui vient d'être indiquée. Comme mon but est de représenter graphiquement les ventes du premier trimestre de l'année 2010 (sans les totaux), j'ai d'abord sélectionné la plage A2:D9. J'ai ensuite cliqué sur Insertion, puis sur le bouton Colonne, et enfin sur Histogramme groupé (le premier choix de la palette).

Déplacer et redimensionner un graphique incorporé dans une feuille

Un graphique venant tout juste d'être créé peut facilement être déplacé ou redimensionné, car il est encore sélectionné. Vous pouvez savoir si un objet – diagramme ou autre graphisme – est sélectionné, grâce au cadre doté de *poignées* (des carrés aux coins et au milieu des côtés de l'objet) qui l'entoure.

Le graphique sélectionné (il l'est dès sa création), vous pouvez voir en haut de la fenêtre un onglet intitulé Outils de graphique.

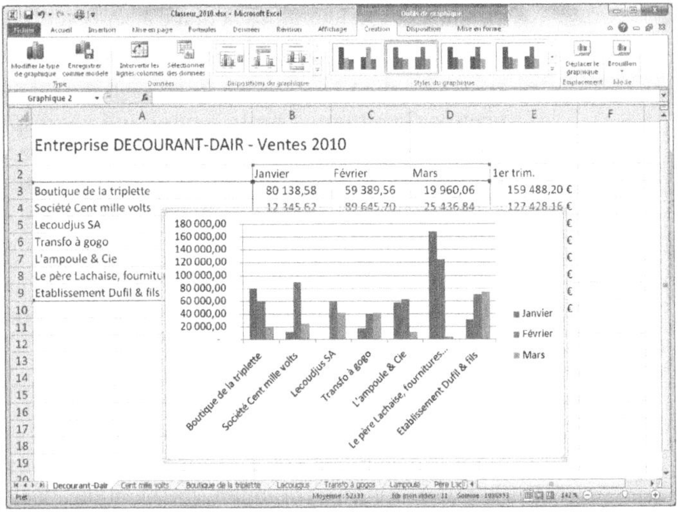

Figure 7.1 : Un histogramme incorporé vient d'être créé dans la feuille de calcul.

Il comprend trois sous-onglets : Création, Disposition et Mise en forme. Vous remarquerez également que les valeurs sources des éléments du graphique sont signalées dans la feuille de calcul par un ensemble de cadres colorés comportant de petits carrés dans leurs coins.

Lorsqu'un graphique incorporé est actif, vous pouvez facilement le déplacer ou le redimensionner :

- Pour déplacer le graphique, placez le pointeur de la souris quelque part au-dessus du fond (là où apparaît une croix) et faites glisser l'objet vers un nouvel emplacement.
- Pour redimensionner le graphique (par exemple parce qu'il semble déformé), placez le pointeur de la souris au-dessus de l'une de ses poignées (il doit alors afficher une flèche à deux têtes). Cliquez et faites glisser afin d'agrandir ou rétrécir le graphique. Le résultat dépend bien sûr de la poignée active et du sens de votre mouvement.

Le graphique en place et dimensionné, il suffit de cliquer sur une cellule de la feuille pour désélectionner. L'onglet contextuel Outils de graphique disparaît aussitôt du Ruban.

TRUC

Pour sélectionner de nouveau un graphique, cliquez n'importe où dessus. L'onglet contextuel Outils de graphique et toutes ses options réapparaît.

Déplacer un graphique incorporé vers sa propre feuille

Par défaut, Excel incorpore un nouveau graphique sur la même feuille que les données représentées (à moins d'appuyer sur la touche F11). Mais il est souvent plus facile de travailler avec un graphique autonome, c'est-à-dire placé dans sa propre feuille. Voyons comment obtenir ce résultat :

1. **Cliquez sur le bouton Déplacer le graphique, à droite de l'onglet Création des outils graphiques. La boîte de dialogue Déplacer le graphique apparaît.**

   Si le Ruban n'affiche pas la bonne série de commandes, cliquez quelque part sur le fond du graphique pour le sélectionner et faire apparaître les onglets correspondants.

2. **Cliquez sur l'option Nouvelle feuille de la boîte de dialogue Déplacer le graphique.**
3. **(Facultatif) Changez dans le champ Nouvelle feuille le nom générique (Graph2) en un intitulé plus évocateur.**
4. **Cliquez sur OK pour refermer la boîte de dialogue et afficher le graphique dans sa propre feuille.**

Personnaliser le type et le style du graphique

Les boutons de l'onglet Création (sous l'onglet contextuel Outils de graphique) peuvent être utilisés pour personnaliser l'aspect de votre nouveau graphique. Cet onglet contient plusieurs groupes de commandes :

- **Type :** La commande Modifier le type de graphique affiche une boîte de dialogue qui propose tous les types disponibles sous Excel. Le bouton Enregistrer comme modèle permet de sauvegarder dans un fichier tous les paramètres définissant le style du graphique. De cette manière, vous aurez par la suite la possibilité de reproduire directement l'aspect que vous avez donné à un graphique afin par exemple d'uniformiser vos présentations.

- **Données :** Le bouton Intervertir les lignes/colonnes échange immédiatement les données utilisées dans le graphique pour représenter respectivement les séries (légendes) et les catégories (axe *x*). Avec la commande Sélectionner les données, vous pouvez non seulement redéfinir totalement les séries et les catégories, mais aussi les intervertir ou encore spécifier une autre plage de données.
- **Dispositions du graphique :** Cliquez sur le bouton Disposition rapide pour afficher une galerie de mises en forme prédéfinies pour le type de graphique actuel. Cliquez simplement sur une vignette pour appliquer aussitôt cette mise en forme.
- **Styles du graphique :** Ce groupe affiche une liste de styles de présentation pour le type de graphique actif. Vous disposez sur la droite de la galerie de deux flèches de défilement, ainsi que d'un bouton Autres qui donne accès à l'ensemble des styles. Comme d'habitude, il suffit de cliquer sur une vignette pour appliquer immédiatement les réglages auxquels elle est associée.
- **Emplacement :** Cliquez sur ce bouton Déplacer le graphique pour le placer dans une nouvelle feuille de graphique ou dans une autre feuille de calcul.
- **Mode :** Cliquez sur le bouton Brouillon puis sélectionnez l'option Mode brouillon ou Mode normal, selon la qualité d'impression que vous désirez appliquer au graphique.

TRUC

Ni la disposition rapide ni les styles n'utilisent la fonction d'aperçu rapide (sans doute pour cause de charge de travail trop lourde). Vous devrez donc cliquer sur une vignette pour juger du résultat, et, le cas échéant, sur le bouton Annuler si la modification ne vous convient pas.

Pour le graphique de la Figure 7.2, j'ai choisi dans la palette Dispositions du graphique la vignette Mise en forme 9, puis la vignette Style 42 dans la galerie Styles du graphique. La première ajoute notamment des titres génériques au graphique, tandis que la seconde produit un effet de relief sur fond noir.

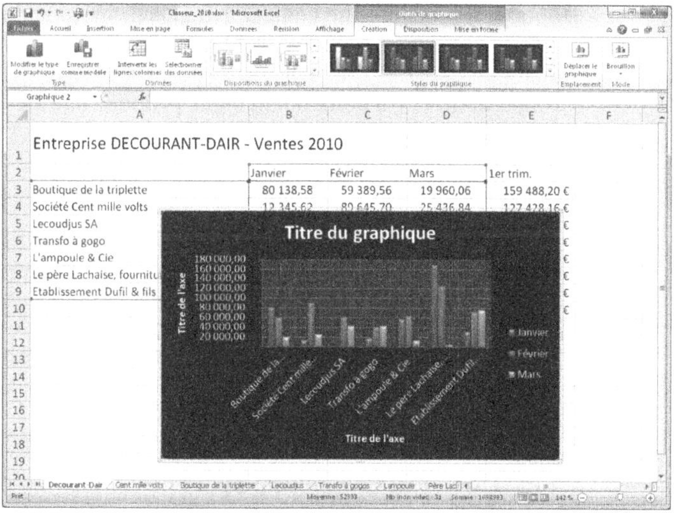

Figure 7.2 : Un histogramme après la personnalisation de la disposition et du style.

Personnaliser les éléments du graphique avec l'onglet Disposition

Les boutons de commandes de l'onglet Disposition (dans les outils du graphique) simplifient la personnalisation des éléments qui constituent votre graphique. Vous pouvez notamment :

- Repositionner des objets individuels, y compris la légende et les axes *x* et *y*, de même que les étiquettes de données. Il est aussi possible d'inclure ces données sous forme de tableau dans le graphique lui-même.
- Ajouter, supprimer et déplacer les divers titres, dont ceux qui sont associés aux axes.
- Modifier l'affichage de l'arrière-plan, y compris la zone de traçage pour les représentations 2D (c'est-à-dire la représentation graphique proprement dite) ou encore les parois, le plancher et la vue pour les graphiques en 3D.

Pour éditer un élément particulier à partir de l'onglet Disposition, cliquez sur le bouton voulu, puis sur l'option à appliquer dans le ou les menus déroulants correspondants. Si aucune des options prédéfinies ne vous convient, servez-vous du bouton Autres options de la liste déroulante afin d'ouvrir une boîte de dialogue qui vous donne accès à tous les réglages possibles de l'objet actif. Cette boîte de dialogue propose une série d'options parmi lesquelles vous trouverez Remplissage, Couleur de la bordure, Styles de bordure, Ombre, Format 3D ou encore Alignement.

Supposons par exemple que le style de graphique que vous avez choisi ne comporte pas de titre. Vous souhaitez en ajouter un (ou encore personnaliser voire déplacer un titre existant). Votre diagramme étant actif, il suffit de cliquer sur le bouton Titre du graphique de l'onglet Disposition pour afficher les options suivantes :

- **Aucun :** Supprimer le titre courant dans le graphique.
- **Titre de graphique superposé centré :** Ajoute ou repositionne le titre de manière qu'il apparaisse en haut et au centre de la zone de traçage.
- **Au-dessus du graphique :** Ajoute ou repositionne le titre de manière qu'il soit centré au-dessus de la zone de traçage.
- **Autres options de titre :** Ouvre la boîte de dialogue Mettre en forme le titre du graphique. Vous pouvez alors personnaliser l'apparence du titre à l'aide des options Remplissage, Couleur de la bordure, Styles de bordure, Ombre, Format 3D et Alignement.

Ajouter des étiquettes aux séries de données

Les étiquettes de données affichent les valeurs des données tracées dans le graphique (sur notre exemple, il s'agirait des chiffres de vente). Pour ajouter ces valeurs au graphique actif, cliquez sur le bouton Étiquettes de données du groupe Étiquettes. Choisissez ensuite l'une de ces options dans le menu déroulant :

- **Aucun :** Supprime l'affichage des étiquettes de données.
- **Centrer :** Place les étiquettes au centre de chaque *point* de donnée.
- **Bord intérieur :** Place les étiquettes près de l'extrémité de chaque point de donnée et à l'intérieur de celui-ci.
- **Intérieur base :** Place les étiquettes en bas de chaque point de donnée.
- **Bord extérieur :** Place les étiquettes près de l'extrémité de chaque point de donnée, et à l'extérieur de celui-ci.
- **Autres options d'étiquettes de données :** Ouvre la boîte de dialogue Format des étiquettes de données. Vous pouvez alors personnaliser totalement l'apparence des étiquettes en vous servant des options Nombre, Remplissage, Couleur de la bordure, Styles de bordure, Ombre, Format 3D et Alignement.

TRUC

Les étiquettes sont commodes pour afficher des valeurs absolues, et non pas simplement relatives, dans un graphique. Elles risquent cependant d'être envahissantes. Dans ce cas, passez-vous des étiquettes en choisissant, dans le menu, l'option Aucun.

Ajouter une table de données

À la place d'étiquettes qui risquent de surcharger le graphique, il peut être intéressant d'insérer en bas de celui-ci une table qui montre la valeur de toutes les données que vous tracez. Pour obtenir ce résultat, il suffit de cliquer sur le bouton Table de données et d'appliquer une des options proposées par Excel :

- **Afficher la table de données :** Demande à Excel de dessiner la table de données en bas du graphique.
- **Afficher la table de données avec les symboles de légendes :** Comme ci-dessus, mais en ajoutant à gauche du nom des séries un petit carré (le même que dans la légende) rappelant la couleur utilisée dans le graphique.
- **Autres options d'étiquettes de données :** Ouvre la boîte de dialogue Format de table de données. Vous pouvez

alors personnaliser totalement l'apparence de la table en vous servant des options Remplissage, Couleur de la bordure, Styles de bordure, Ombre, Format 3D et Alignement.

La Figure 7.3 montre le graphique après insertion d'une table de données. Remarquez la présence des symboles de légendes.

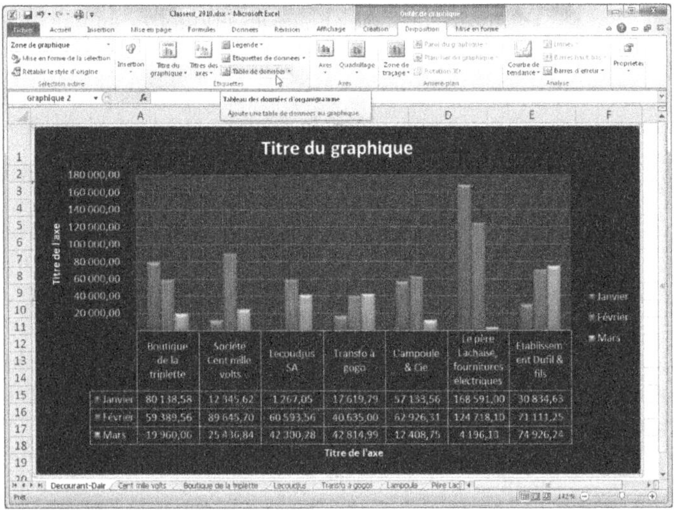

Figure 7.3 : Histogramme incorporé dans une feuille, avec table de données et symboles de légendes.

Modifier les titres d'un graphique

Lorsque Excel ajoute des titres à un nouveau graphique, il leur donne un nom générique comme Titre du graphique ou Titre de l'axe (aussi bien pour les abscisses que pour les ordonnées). Pour remplacer ces intitulés peu parlants, cliquez à l'intérieur du graphique sur le titre voulu. Vous pouvez également, à partir de l'onglet contextuel Outils de graphique, choisir l'onglet Mise en forme, puis sélectionner dans la liste déroulante qui se trouve à la gauche du Ruban (dans le groupe Sélection active) l'un des objets Titre du graphique, Titre de l'axe horizontal (Catégorie) ou encore Titre de l'axe vertical (Valeur). Comme pour tout autre élément, Excel vous signale qu'un titre est sélectionné en l'entourant d'un cadre pourvu de poignées de redimensionnement.

Une fois le titre activé, vous n'avez plus qu'à cliquer dedans et à l'éditer comme vous le feriez pour une cellule quelconque. Il est aussi possible de remplacer totalement le texte en faisant un triple clic. Pour insérer une nouvelle ligne dans le titre, cliquez simplement à l'endroit où le saut doit intervenir, puis appuyez sur la touche Entrée.

Le titre modifié, cliquez n'importe où sur le graphique pour annuler la sélection (ou sur la feuille de calcul si vous voulez revenir à vos données).

Formater les éléments du graphique à partir de l'onglet Mise en forme

L'onglet Mise en forme des outils de graphique contient de nombreux boutons de commandes destinés à faciliter le formatage des éléments sélectionnés.

Excel propose plusieurs méthodes pour sélectionner des éléments individuels dans le graphique :

- Cliquez directement sur un objet (l'info-bulle qui apparaît à côté du pointeur de la souris vous renseigne sur sa nature).
- Sélectionnez le nom de l'objet dans la liste déroulante qui se trouve en haut du groupe Sélection active, à gauche du Ruban.

Vous reconnaissez l'élément sélectionné à la présence des poignées qui l'entourent. De plus, son nom apparaît dans la liste qui se trouve en haut et à gauche du Ruban, sous l'onglet Mise en forme.

Une fois un élément du graphique activé, vous disposez de diverses options de mise en forme. Vous pouvez ainsi :

- Sélectionner le bouton de commande approprié dans le groupe Styles de formes, ou encore cliquer dans le groupe Sélection active sur le bouton Mise en forme de la sélection. Cette méthode ouvre la boîte de dialogue Mise en forme associée au type de l'objet. Elle regroupe tous les réglages possibles. Choisissez vos options de mise en forme et validez.

- Déplacer l'élément dans le graphique en plaçant le pointeur de la souris dans le cadre correspondant. Lorsque l'icône à quatre branches apparaît, cliquez et faites glisser vers la destination voulue. Certains objets peuvent aussi être redimensionnés ou réorientés en faisant glisser leurs poignées.
- Effacer l'élément courant en appuyant sur la touche Suppr.

Tous les objets du graphique possèdent un menu contextuel. Si vous savez ce que vous voulez faire à l'instant où vous activez un élément, servez-vous du bouton droit de la souris pour, à la fois, sélectionner l'objet et ouvrir son menu contextuel. En procédant ainsi, vous gagnez donc un clic (c'est peu de chose, mais cela peut compter à la fin d'une rude journée de travail).

Formater les titres

Utilisez l'aperçu dynamique pour juger de l'impact dans le graphique de telle police, ou de telle taille de caractères, avant d'appliquer une mise en forme. Activez l'onglet Accueil, et servez-vous des listes Police ou Taille de police et placez le pointeur de la souris au-dessus d'une proposition (cela fonctionne également avec la couleur du texte ou du fond).

Pour personnaliser davantage vos titres, recourrez aux boutons de commandes de l'onglet Mise en forme (sous Outils du graphique). Pour mettre globalement en forme le champ de texte qui contient le titre, cliquez sur l'un des boutons suivants dans le groupe Styles de formes :

- **Style de forme :** Vous trouvez ici une galerie de vignettes qui propose des styles prédéfinis s'appliquant à la fois au texte et à son cadre.
- **Remplissage de forme :** Permet de choisir dans une liste déroulante une nouvelle couleur pour le cadre du titre.
- **Contour de forme :** Choisissez ici une nouvelle couleur pour le contour du cadre de texte.

- **Effets sur la forme :** Cette liste permet d'appliquer un effet au cadre du titre (Ombre, Réflexion, Lumière, Bordure arrondie, et ainsi de suite).

Pour ne mettre en forme que le texte, vous disposez des boutons du groupe Styles WordArt :

- **Styles rapides :** Les vignettes de cette liste déroulante décorent le texte à partir d'un modèle WordArt prédéfini.
- **Remplissage du texte :** Affiche une liste de couleurs et de motifs de remplissage qui s'appliqueront à l'intérieur des caractères du texte WordArt.
- **Contour du texte :** Affiche une liste de couleurs et de styles de trait qui s'appliqueront au contour des caractères du texte WordArt.
- **Effets du texte :** Choisissez dans cette liste un effet (ombrage, réflexion ou encore lumière) qui finira de donner à votre titre un aspect dynamique et professionnel.

Pour appliquer la mise en forme des titres de la Figure 7.4, j'ai choisi, dans la palette Remplissage de forme, l'option suivante : Noir, Texte 1, plus clair 15 %. Puis j'ai appliqué le style WordArt suivant : Remplissage, Bleu, Accentuation 1, ombre intérieure.

Formater l'axe des catégories (x) et l'axe des valeurs (y)

Lorsqu'il doit représenter un grand nombre de données, Excel fait un minimum d'efforts pour mettre en forme les valeurs qui apparaissent sur l'axe *y* (ou sur l'axe *x* pour certains types de graphiques comme les histogrammes empilés 3D ou les nuages de points).

Si la présentation par défaut des axes ne vous convient pas, vous pouvez facilement l'adapter à vos souhaits :

1. **Cliquez sur l'axe *x* (ou sur l'axe *y*). Vous pouvez également vous servir de la liste déroulante située en haut et à gauche du groupe Sélection active de l'onglet Mise en forme (dans les Outils du graphique). Choisissez alors**

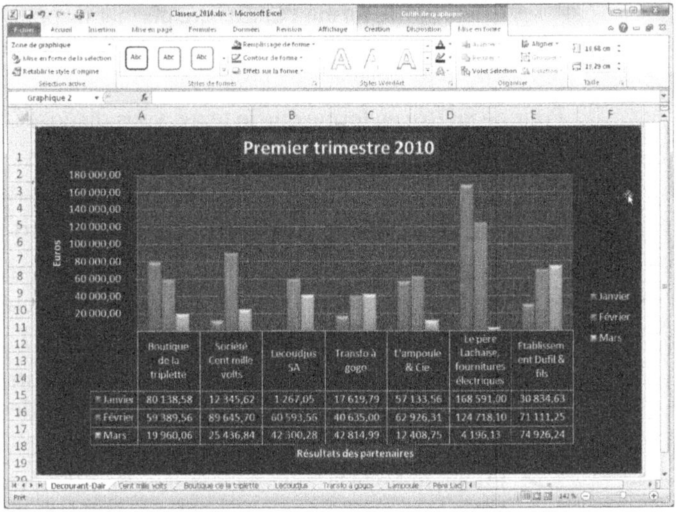

Figure 7.4 : L'histogramme après la mise en forme des titres.

l'une des options Axe Horizontal (Catégories) ou Axe Vertical (Valeurs).

Excel active l'objet choisi et fait apparaître ses poignées de sélection.

2. **Toujours dans le groupe Sélection active, cliquez maintenant sur le bouton Mise en forme de la sélection.**

   Excel ouvre la boîte de dialogue Mettre en forme le titre de l'axe. Elle contient les options suivantes : Options d'axe, Nombre, Remplissage, Couleur du trait, Style de trait, Ombre, Format 3D, Alignement.

3. **Pour modifier l'échelle d'un axe, l'apparence de ses graduations et son mode d'intersection avec l'autre axe, définissez les réglages voulus dans la rubrique Options d'axe (c'est elle qui apparaît lors de l'ouverture de la boîte de dialogue).**

   Vous disposez ici de nombreux choix permettant de fixer la plage des valeurs, d'inverser le sens de celles-ci, d'appliquer une échelle logarithmique, d'afficher des unités (par centaines, milliers, millions, *etc.*) et de diviser les valeurs par ces unités, de repositionner les graduations sur l'axe, ou encore de modifier le point d'intersection entre l'axe des abscisses (catégories) et l'axe des ordonnées (valeurs).

4. **L'onglet Nombre permet de définir le style d'affichage des valeurs numériques sur l'ensemble de l'axe. Il suffit de sélectionner une catégorie dans la liste de gauche, puis de préciser les options associées à ce format.**

   Par exemple, pour afficher les nombres avec une espace entre les milliers et sans partie décimale, choisissez la catégorie Nombre, cochez la case Utiliser le séparateur de milliers, et entrez **0** dans le champ Décimales.

5. **Pour changer la disposition et l'orientation des étiquettes sur l'axe sélectionné, activez l'onglet Alignement, puis indiquez la mise en forme voulue à l'aide des listes Alignement vertical et Orientation du texte.**

6. **Cliquez sur Fermer pour quitter la boîte de dialogue.**

Les autres options de la boîte de dialogue concernent l'aspect des étiquettes. Elles sont identiques à ce qu'Excel propose pour les titres.

Quand vous appliquez de nouvelles options pour l'axe sélectionné, Excel montre sur le graphique ce qu'elles vont donner. Cependant, les modifications ne deviendront définitives qu'après avoir cliqué sur le bouton Fermer.

Plus loin avec les graphiques

Les diagrammes ne sont pas les seuls objets graphiques susceptibles d'être ajoutés à une feuille de calcul. Excel permet d'utiliser d'autres objets visuels, comme des zones de texte, des cliparts, des images importées, qu'il s'agisse de photographies numériques, de documents numérisés ou encore de sources chargées directement depuis l'Internet.

En plus de ces éléments, Excel 2010 autorise également la création de titres WordArt décoratifs de formes extrêmement variées, ainsi que des diagrammes organisationnels appelés SmartArt.

Des mini-graphiques avec les sparklines

Excel 2010 contient un nouveau type d'information graphique appelé sparkline, qui représente les tendances ou les variations d'un ensemble de données. Les sparklines sont de minuscules graphiques dont la taille est approximativement celle du texte qui les entoure. Dans Excel 2010, ils sont de la taille des cellules de la feuille de calcul auxquelles ils se rapportent, et ils peuvent être de l'un de ces types :

- **Courbe :** Elle représente la valeur relative des données sélectionnées dans la feuille de calcul.
- **Colonne :** Les données sélectionnées dans la feuille de calcul sont représentées par un petit histogramme.
- **Conclusions/Pertes :** Les données sélectionnées dans la feuille de calcul apparaissent sur un graphique dans lequel les gains sont représentés par des colonnes positives bleues, et les pertes par des colonnes négatives rouges.

Voici comment ajouter des sparklines aux cellules d'une feuille de calcul :

1. **Dans la feuille de calcul, sélectionnez les données à représenter par un graphique sparkline.**
2. **Sous l'onglet Insertion, dans le groupe Graphiques sparkline, cliquez sur le type de sparklines désiré.**

   Excel ouvre la boîte de dialogue Créer des graphiques sparkline. Elle contient deux champs :

   Plage de données : Contient les références de la plage de données que vous venez de sélectionner à l'Étape 1.

   Plage d'emplacements : Vous indiquez dans ce champ la cellule ou la plage de cellules dans laquelle les sparklines doivent apparaître.
3. **Cliquez sur le bouton à droite du champ Plage d'emplacements, puis sélectionnez la cellule ou la plage de cellules pour les sparklines.**

L'étendue de la plage de cellules réservée aux sparklines doit être identique à celle de la plage des cellules contenant les données.

4. **Cliquez sur OK.**

Comme les sparklines sont de petite taille, vous pouvez fort bien les placer dans la dernière colonne d'un tableau. De cette manière, et à l'instar de ceux de la Figure 7.5, les tendances ou les résultats de séries de chiffres sont immédiatement visibles et interprétables.

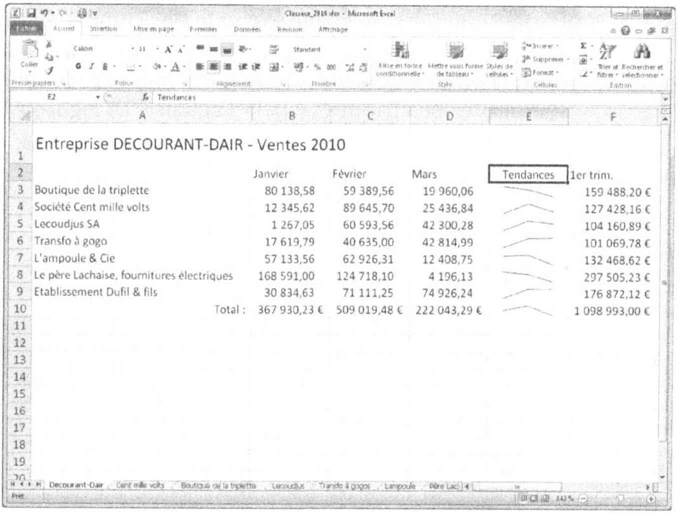

Figure 7.5 : Les sparklines sont parfaits pour montrer les tendances d'une série de chiffres, comme ici les résultats trimestriels.

Quand un ou plusieurs sparklines sont sélectionnés, Excel 2010 affiche un onglet Outils sparkline dans le ruban. Le sous-onglet Création contient des boutons avec lesquels vous choisirez le type, le style et la mise en forme des sparklines. Le dernier groupe, qui s'appelle tout bêtement Groupe, permet de réunir en ensemble de sparklines dans un seul groupe partageant les mêmes axes et/ou valeurs maximales et minimales (le choix est effectué dans le menu du bouton Axe). Cela est extrêmement commode lorsqu'un ensemble de sparklines doit partager les mêmes paramètres de graphique afin de représenter les tendances des données de manière égale.

Des messages plus efficaces avec les zones de texte

Les *zones de texte* sont des cadres dans lesquels vous pouvez ajouter des explications afin (par exemple) de commenter certains détails de vos graphiques. Elles sont un peu comme les commentaires de cellules d'une feuille de calcul (comme expliqué au Chapitre 6), à ceci près qu'une zone de texte est visible en permanence et peut être associée à une flèche pointant vers l'élément auquel elle se rapporte.

Partant toujours du même exemple (les chiffres du premier trimestre 2010), j'ai ajouté une zone de texte accompagnée d'une flèche pointant vers les résultats obtenus par l'entreprise de fournitures électriques Le père Lachaise. La Figure 7.6 montre la zone de texte.

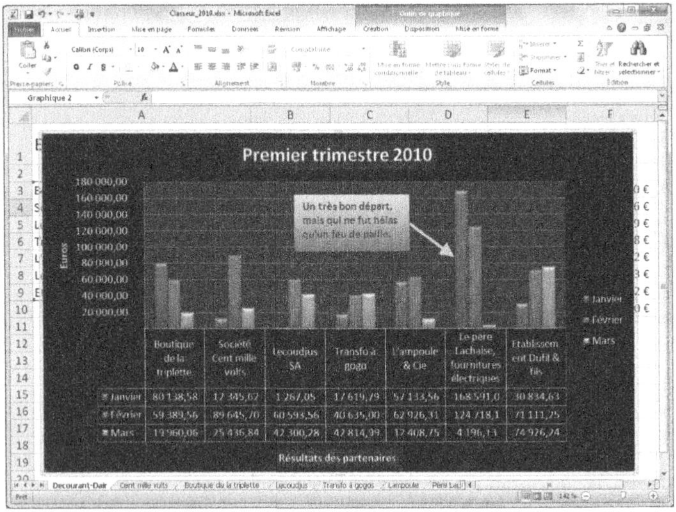

Figure 7.6 : Les chiffres du Père Lachaise sont mis en évidence grâce à une zone de texte.

Ajouter et mettre en forme une zone de texte

Voyons comment ajouter une zone de texte comme celle de la Figure 7.6. Si le graphique est déjà sélectionné, cliquez sur le bouton Insertion sous l'onglet Disposition des outils du graphique, puis choisissez l'option Zone de texte. Sinon, servez-vous du bouton éponyme sous l'onglet Insertion (dans le groupe Texte du Ruban).

Le pointeur de la souris prend la forme d'une ligne verticale barrée vers le bas d'un petit trait horizontal. Cliquez à l'emplacement qui sera le premier coin de la zone de texte. Faites ensuite glisser le pointeur pour tracer le cadre. Lorsque vous relâchez la souris, Excel dessine un rectangle entouré de poignées qui délimite la forme et la taille de la zone.

Le point d'insertion est automatiquement positionné au début du texte, en haut à gauche de la zone. Tapez le texte qui doit figurer dans le cadre. Il est automatiquement renvoyé à la ligne chaque fois que la marge droite est atteinte. Vous pouvez aussi appuyer sur Entrée pour créer un retour à la ligne. Le texte saisi, cliquez hors de la zone pour la désélectionner.

Pour modifier une zone de texte, commencez par cliquer dessus afin de la sélectionner. Vous pouvez ensuite :

- Faire glisser son cadre pour déplacer la zone de texte.
- La redimensionner en faisant glisser la poignée appropriée (éventuellement en combinaison avec les touches Maj, Ctrl ou Alt pour conserver les proportions, la position du centre ou l'accrochage aux cellules).
- La pivoter vers la droite ou vers la gauche en faisant glisser sa poignée de rotation (c'est le petit cercle vert qui se trouve en haut).
- Modifier sa mise en forme et son apparence en faisant appel aux multiples boutons dédiés à cet usage (notamment dans le groupe Styles de formes du sous-onglet Format des outils de dessin, ou encore à partir de l'onglet Accueil pour formater tout ou partie du texte de la zone).
- La supprimer en cliquant sur son périmètre et en appuyant sur la touche Suppr (vérifiez d'abord que les tirets qui délimitent le contour deviennent des traits pleins, et que le point d'insertion n'apparaît pas dans le texte).

Ajouter une flèche à une zone de texte

Pour mettre en évidence un point particulier, il peut être utile d'associer à la zone de texte une flèche qui pointera directement vers l'objet que vous voulez mettre en valeur. Voici comment procéder :

1. **Cliquez sur la zone de texte devant recevoir une flèche.**

   Les poignées apparaissent sur les bords de la zone, et l'onglet Format des outils de dessin apparaît dans le Ruban.

2. **Dans le groupe Insérer des formes, à gauche du Ruban, cliquez sur l'icône qui représente une flèche.**

   Ce pictogramme se trouve en troisième position sur la première ligne de la galerie des formes (en la déroulant, vous découvrirez la multiplicité des objets qu'Excel met à votre disposition). Une fois que vous avez sélectionné le bon bouton, il s'affiche en surbrillance dans la palette des formes. Dans le même temps, le pointeur de la souris devient une petite croix.

3. **Déplacez le pointeur sur la zone de texte. Remarquez l'affichage en rouge des poignées situées au milieu des côtés du cadre (elles permettent un accrochage précis de la flèche). Cliquez là où vous voulez placer le point de départ de la flèche, puis faites glisser jusqu'à la position où va se trouver la pointe de la flèche. Relâchez alors le bouton de la souris.**

4. **Après avoir relâché le bouton de la souris, Excel dessine deux points, l'un à la base de la flèche, sur la zone de texte, l'autre du côté de la pointe. Le contenu du groupe Styles de formes change pour afficher une galerie de styles de lignes.**

   Cliquez sur le bouton Autres, dans le coin inférieur droit de la galerie des styles de formes. En passant le pointeur de la souris au-dessus des vignettes, vous pouvez juger dynamiquement de l'effet du style sur la flèche.

5. **Cliquez sur la vignette du style à appliquer à la nouvelle flèche.**

Excel redessine la flèche en temps réel, en utilisant le style en cours. L'objet reste sélectionné, avec des poignées à chaque extrémité. Vous pouvez alors modifier la flèche :

- Déplacez-la en faisant glisser son contour (ou en appuyant sur les touches de direction du clavier).
- Réglez sa longueur en tirant la poignée du côté de la pointe.
- Changez la forme de la pointe ou l'épaisseur de la hampe en choisissant une option à votre convenance dans les listes déroulantes Contour de forme et Effets sur la forme de l'onglet Format. Vous pouvez aussi cliquer sur la flèche avec le bouton droit de la souris pour ouvrir son menu contextuel. Choisissez alors la commande Format de la forme (Ctrl + 1 donne directement le même résultat). Dans la boîte de dialogue qui apparaît, choisissez les réglages les mieux adaptés à vos besoins dans les rubriques Remplissage, Couleur du trait, Style de trait, Ombre, Format 3D et Rotation 3D.
- Effacez la flèche en appuyant sur la touche Suppr.

Quatrième partie

Plongeon dans l'analyse de données

"J'ai commencé à lancer des scénarios 'Que se passerait-il si…', du genre : 'Que se passerait-il si je ne m'étais pas trompé de formule dans la cellule B9 et si nous avions un moteur pour faire démarrer cette foutue bagnole !' "

Dans cette partie...

Savoir comment introduire de nombreuses données dans une feuille de calcul, c'est bien. C'est même très bien. Mais ce n'est pas encore suffisant. Vous devez aussi apprendre à analyser ces informations pour en dégager les tendances afin de pouvoir profiter des opportunités et éviter les écueils inhérents à votre activité.

Cette quatrième partie contient deux chapitres conçus pour vous aider dans cette tâche. Dans le Chapitre 8, vous découvrirez les outils de base qu'Excel vous propose pour analyser vos feuilles de données. Grâce à eux, vous serez mieux à même de prédire les modifications à opérer pour atteindre vos objectifs, ou simplement pour éviter des résultats non voulus. Dans le Chapitre 9, je vous présenterai le plus bel outil d'Excel dans ce domaine : les tableaux croisés dynamiques et les graphiques qui vont avec. Vous verrez comment utiliser ces outils extraordinaires avec vos données afin de dégager facilement tendances et perspectives (aussi bien celles qui font miroiter des étoiles dans vos yeux que les autres, celles qui peuvent potentiellement vous conduire au désastre...).

Chapitre 8

Mais que se passerait-il si... ?

Dans ce chapitre :

- Analyser des scénarios qui dépendent d'une ou deux variables.
- Rechercher une valeur cible.
- Étudier différentes hypothèses avec le Gestionnaire de scénarios.

Ce serait une grave erreur que de prendre Excel pour une simple calculatrice de luxe tout juste destinée à briller dans des opérations plus ou moins statiques. Car ce programme excelle (ben oui...) aussi dans des analyses plus dynamiques : demandez-lui ce qui se passerait si tel ou tel paramètre variait. Tel le Bon Génie sortant de la lampe d'Aladin, il exaucera immédiatement votre vœu. De telles analyses permettent d'explorer les possibilités offertes par une feuille de calcul en entrant diverses valeurs certaines, probables voire hypothétiques dans une même équation afin d'observer les résultats des différentes variantes.

Jouer avec les tables de données et les hypothèses

Une table de données permet d'entrer une série de valeurs possibles qu'Excel connectera ensuite à une même formule. Il existe deux types de tables de données : les tables à une seule variable, qui évaluent une formule en affectant une série de valeurs à un paramètre donné ; et les tables à deux variables, qui opèrent sur le même principe, mais cette fois en testant deux paramètres à la fois.

Les deux techniques font appel à la même boîte de dialogue. Vous la trouverez sous l'onglet Données du Ruban. Dans le groupe Outils de données, choisissez l'icône Analyse de scénarios, puis Table de données. Le formulaire Table de données propose deux champs : Cellule d'entrée en ligne et Cellule d'entrée en colonne.

Lorsque vous créez une table basée sur une seule variable, vous désignez dans la feuille de calcul une cellule qui va, selon le cas, servir d'entrée en ligne (si la série des valeurs possibles est saisie horizontalement, dans une succession de colonnes sur la même ligne) *ou* d'entrée en colonne (si la série des valeurs possibles est disposée verticalement, dans une succession de lignes appartenant à une même colonne).

Quand vous créez une table à deux variables, vous devez désigner deux cellules. L'une définira l'entrée en ligne – les valeurs possibles sont disposées horizontalement dans des cases adjacentes –, l'autre les entrées en colonne : les valeurs possibles sont disposées verticalement.

Créer une table de données à une variable

La Figure 8.1 présente une feuille évaluant les ventes en 2011 à partir des résultats de l'année précédente. L'estimation apparaît dans la cellule B5. Elle est calculée en prenant le résultat des ventes pour 2010 et en lui appliquant le taux de croissance espéré pour 2011, obtenu en multipliant le total de l'année précédente, dans la cellule B2, par le pourcentage de croissance figurant dans la cellule B3. La cellule B5 contient donc la classique formule :

```
=B2+(B2*B3)
```

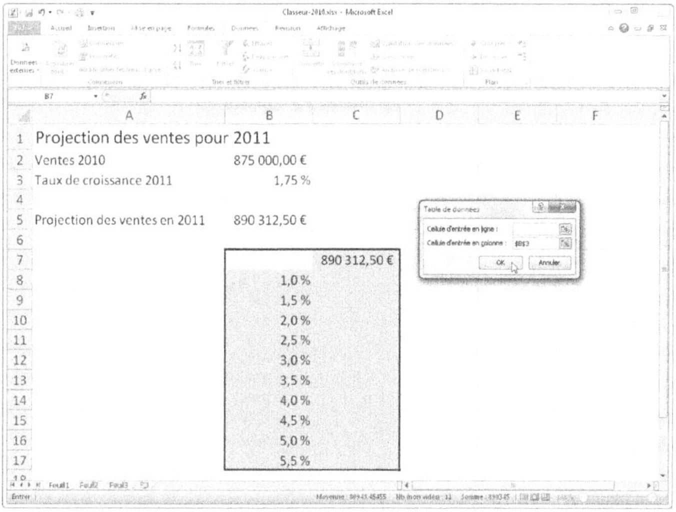

Figure 8.1 : Projection des ventes avec une colonne de taux de croissance possibles pour une table de données à une seule variable.

J'ai commencé par sélectionner la plage A2:B5. J'ai ensuite ouvert l'onglet Formules du Ruban, puis cliqué sur la commande Créer à partir de la sélection. J'ai alors accepté la proposition par défaut : Colonne de gauche. Ma formule utilise donc les intitulés présents sur la gauche des valeurs, ce qui donne :

```
=Ventes_2010+(Ventes_2010*Taux_de_croissance_2011)
```

Comme vous pouvez le constater, j'ai saisi une colonne de taux de croissance possibles – et réalistes – allant de 1 % à 5,5 %. Ces valeurs se trouvent dans la plage B8:B17. J'ai procédé comme suit pour créer la table de données à une variable de la Figure 8.2 :

1. **Copiez tout d'abord en C7 la formule originale entrée dans la cellule B5. Pour cela, cliquez sur C7, tapez sur la touche =, puis cliquez sur la cellule B5 afin d'obtenir : =Projection_des_ventes_en_2011.**

   Cette copie de la formule de base est maintenant l'en-tête de colonne de la table de données. Elle va servir à insérer dans le calcul la série de taux définie dans la plage B8:B17.

2. **Sélectionnez la plage B7:C17.**

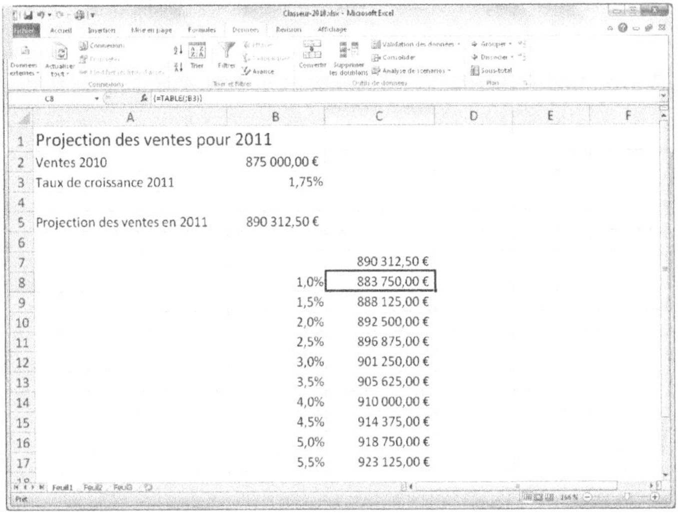

Figure 8.2 : Projection des ventes une fois la table de données à une variable créée dans la plage C8:C17.

La sélection comprend à la fois la formule qui vient d'être copiée et l'ensemble des taux de croissance.

3. **À partir du Ruban, cliquez successivement sur Données, Analyse de scénarios et Table de données.**

   Excel ouvre la boîte de dialogue Table de données.

4. **Cliquez dans le champ de saisie Cellule d'entrée en colonne. Cliquez ensuite sur la cellule B3, autrement dit celle qui contient le taux de croissance annuel défini à l'origine.**

   Excel va insérer dans la boîte de dialogue l'adresse absolue de cette cellule, soit $B$3.

5. **Cliquez sur OK pour refermer la boîte de dialogue.**

   Excel crée aussitôt la table de données de la plage C8:C17 en insérant dans chacune de ses cellules une formule qui utilise sa fonction `TABLE`. Chaque copie de cette formule se sert du taux de croissance qui se trouve dans sa colonne de gauche pour évaluer un montant de ventes possible.

6. **Sélectionnez la cellule C6 puis ouvrez l'onglet Accueil. Dans le groupe Presse-papiers, cliquez sur l'outil Reproduire la mise en forme. Sélectionnez maintenant la plage C8:C17. La mise en forme de la cellule C6 est appliquée à la totalité de cette plage.**

   De cette manière, toute notre table de données affichera les estimations sous forme de valeur monétaire en euros.

Deux points importants que vous devez retenir à propos de cet exemple :

- Si vous modifiez l'un des taux de croissance de la plage B8:B17, Excel actualise immédiatement la valeur correspondante dans la table de données. Dans le cas de tables importantes, il est plutôt souhaitable que cette mise à jour soit effectuée uniquement lorsque vous appuyez sur la touche F9 (Calculer maintenant) ou sur la combinaison Maj + F9 (Calculer la feuille). Pour cela, activez l'onglet Formules. Dans le groupe Calcul, choisissez la commande Options de calcul. Cochez alors le mode Automatique sauf dans les tables de données.
- Si vous tentez de supprimer une des formules `TABLE` de la plage C8:C17, Excel vous envoie un avertissement vous informant qu'il est impossible de modifier une partie d'une table de données. Si vous voulez vraiment supprimer ou effacer quelque chose, vous devrez d'abord sélectionner la totalité de la table, soit la plage C8:C17 dans notre exemple.

Créer une table de données à deux variables

Comment créer maintenant une table de données à deux variables ? Tout simplement en remplissant cette fois les deux champs de saisie dans la boîte de dialogue. Il vous faut une cellule d'entrée en ligne (les valeurs possibles sont placées dans des colonnes successives sur la première rangée de la table) et une cellule d'entrée en colonne (les valeurs possibles pour la seconde variable sont superposées dans la première colonne de la table). Il ne vous manque plus que la formule à évaluer.

Elle doit se trouver à l'intersection de la ligne d'en-tête et de la première colonne de la table.

La Figure 8.3 illustre ce type de situation. Dans cette nouvelle version de notre évaluation des ventes, nous utiliserons deux variables pour calculer le résultat escompté en 2011. Il y a d'abord un taux de croissance qui est un pourcentage d'augmentation appliqué aux ventes de l'année précédente. Cette valeur se trouve en B3 (la cellule est appelée Taux_de_croissance_2011). Jusque-là, rien de neuf. La seconde variable est un pourcentage de frais calculé à partir des ventes de l'année 2010. Il est enregistré dans la cellule B4 (appelée ici Dépenses_en_2011).

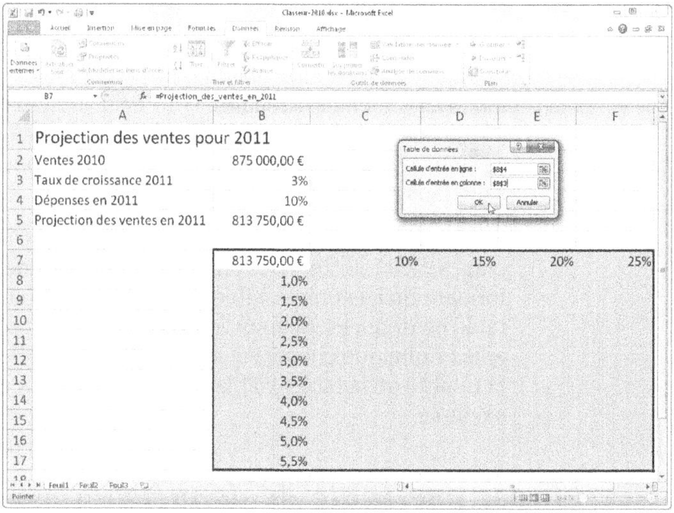

Figure 8.3 : Projection des ventes avec une série de croissances et de pourcentages de dépenses possibles servant à créer une table de données avec deux variables.

La formule originale de la cellule B5 devient un peu plus complexe :

```
=Ventes_2010+(Ventes_2010*Taux_de_croissance_2011)
                    -(Ventes_2010*Dépenses_en_2011)
```

Pour définir la table de données à deux variables, j'ai ajouté une ligne représentant un pourcentage de dépenses possibles dans la rangée C7:F7. Elle est associée à une série de taux de croissance en B8:B17. J'ai ensuite recopié la cellule Ventes_Projetées_2011 (en B7) vers la cellule B7, autrement dit à l'intersection des valeurs de la ligne 7 et de la colonne B. La formule placée dans B7 est donc la suivante :

```
=Projection_des_ventes_en_2011
```

Quelques étapes vont suffire à créer la table de données à deux variables de la Figure 8.4 :

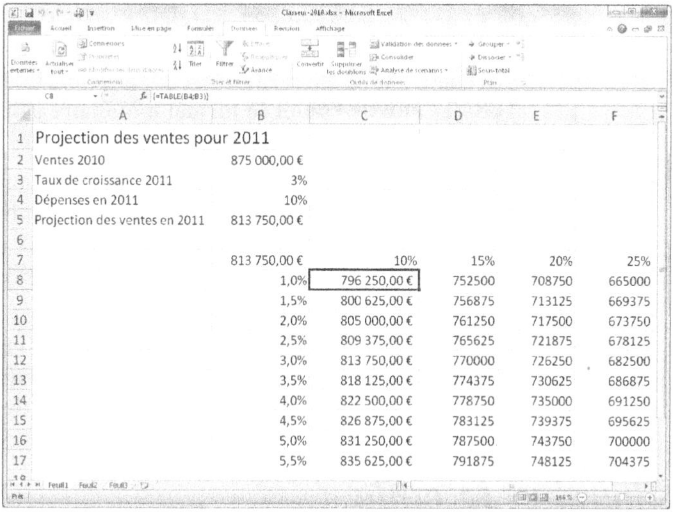

	A	B	C	D	E	F
1	Projection des ventes pour 2011					
2	Ventes 2010	875 000,00 €				
3	Taux de croissance 2011	3%				
4	Dépenses en 2011	10%				
5	Projection des ventes en 2011	813 750,00 €				
6						
7		813 750,00 €	10%	15%	20%	25%
8		1,0%	796 250,00 €	752500	708750	665000
9		1,5%	800 625,00 €	756875	713125	669375
10		2,0%	805 000,00 €	761250	717500	673750
11		2,5%	809 375,00 €	765625	721875	678125
12		3,0%	813 750,00 €	770000	726250	682500
13		3,5%	818 125,00 €	774375	730625	686875
14		4,0%	822 500,00 €	778750	735000	691250
15		4,5%	826 875,00 €	783125	739375	695625
16		5,0%	831 250,00 €	787500	743750	700000
17		5,5%	835 625,00 €	791875	748125	704375

Figure 8.4 : Projection des résultats une fois la table de données à deux variables créée dans la plage C8:F17.

1. **Sélectionnez la plage B7:F17.**

   Cette plage comprend la copie de la formule originale, ainsi que toutes les cellules correspondant aux pourcentages de dépenses et aux taux de croissance.

2. **Cliquez dans le ruban sur l'onglet Données, puis sur le bouton Analyse de scénarios, et enfin sur Table de données.**

   Excel ouvre la boîte de dialogue Table de données. Le point d'insertion est placé dans le champ Cellule d'entrée en ligne.

3. **Cliquez sur la cellule B4 pour entrer l'adresse absolue de la source. L'expression $B$4 apparaît dans le champ.**

4. **Activez le champ Cellule d'entrée en colonne. Cliquez cette fois sur la cellule B3 pour afficher son adresse absolue ($B$3) dans la boîte de dialogue.**
5. **Cliquez sur OK pour refermer la boîte de dialogue Table de données.**

   Excel remplit les cellules vides de la table de données avec une formule TABLE qui utilise comme entrée de ligne B4 et comme entrée de colonne B3.
6. **Cliquez sur la cellule B7, puis sur l'icône Reproduire la mise en forme du groupe Presse-papiers de l'onglet Accueil. Faites glisser le curseur sur la plage de cellules C8:F17 afin de copier le format monétaire sans partie décimale vers l'ensemble de la table.**

   Il peut arriver que le contenu de certaines cellules soit trop long pour s'afficher dans l'espace disponible. Dans ce cas, Excel signale le problème par une suite de caractères dièse (#). Si plage C8:C17 est toujours sélectionnée, l'étape qui suit corrige la situation.
7. **Dans le groupe Cellules de l'onglet Accueil, cliquez sur la commande Format. Choisissez dans le menu déroulant qui apparaît l'option Ajuster la largeur de colonne.**

Chercher la cible

Lorsque vous vous posez une question du style "Que se passerait-il si...", il se peut très bien que vous ayez en tête un certain objectif. Par exemple : quel taux d'augmentation de mon chiffre d'affaires dois-je atteindre ? Ou encore : si je veux gagner telle somme, quel doit être le volume des ventes ? C'est précisément pour répondre à ce genre d'interrogation qu'Excel met à votre disposition une fonctionnalité appelée *Valeur cible*.

La commande Valeur cible se trouve dans le menu Analyse de scénarios (sous l'onglet Données du Ruban). Pour l'utiliser, vous devez sélectionner la cellule qui contient la formule devant retourner le résultat escompté (dans la boîte de dialogue Valeur cible, c'est la *cellule à définir*), puis indiquer la valeur à atteindre, et enfin spécifier l'emplacement du paramètre qu'Excel doit faire varier pour répondre à vos souhaits (dans le champ Cellule à modifier de la boîte de dialogue).

Les Figures 8.5 et 8.6 illustrent l'utilisation de la fonction Valeur cible dans une feuille contenant des projections de ventes pour l'année 2011. Votre but : déterminer le montant des ventes nécessaires pour que le solde après achats des produits et autres dépenses atteigne pour le premier trimestre de l'année une valeur de 300 000 €.

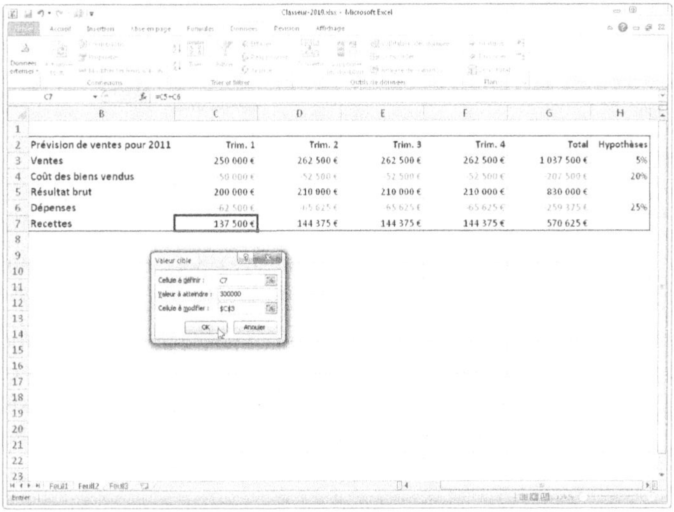

Figure 8.5 : Utilisez la valeur cible pour déterminer le volume de ventes permettant d'atteindre un certain solde net.

Pour déterminer l'augmentation des ventes dont vous avez besoin pour que le solde net soit de 300 000 €, commencez par sélectionner la cellule C7. C'est elle qui contient la formule magique calculant la prévision pour le premier trimestre de 2011. Activez alors l'onglet Données, cliquez dans le Ruban sur le bouton Analyse de scénarios, puis sur Valeur cible.

Cette action ouvre la boîte de dialogue Valeur cible (reportez-vous à la Figure 8.5). Du fait que C7 est la cellule active, vous trouvez déjà sa référence dans le champ Cellule à définir. Activez ensuite le champ Valeur à atteindre. Saisissez votre objectif, soit **300000**. Activez maintenant le champ Cellule à modifier. Cliquez alors sur la cellule C3 de la feuille (celle qui contient

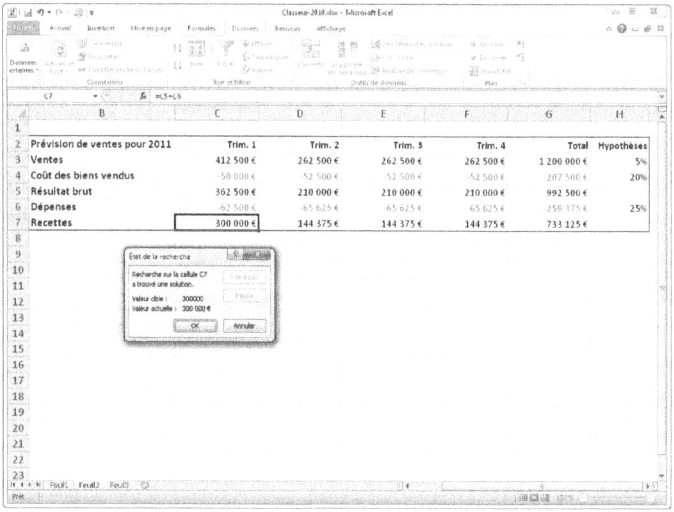

Figure 8.6 : La valeur cible est atteinte.

les ventes du premier trimestre). Son adresse absolue ($C$3) apparaît dans la boîte de dialogue.

La Figure 8.6 montre ce qui se passe après avoir cliqué sur OK. Excel a recalculé la valeur du paramètre B3 jusqu'à ce que le solde C7 atteigne le montant désiré. Vous pouvez constater qu'il vous faudra passer de 250 000 à 412 500 € pour que la cellule C7 affiche les 300 000 € attendus.

Si vous voulez conserver les nouvelles données fournies par la fonction Valeur cible, il vous suffit de cliquer sur le bouton OK de la boîte de dialogue État de la recherche. Pour revenir aux anciennes valeurs, cliquez simplement sur Annuler.

TRUC

Si vous avez choisi de valider le calcul, appuyez sur Ctrl + Z (ou cliquez sur le bouton Annuler de la barre d'outils Accès rapide) pour revenir au point de départ. Et si vous changez à nouveau d'avis, vous n'avez qu'à appuyer sur Ctrl + Y (ou cliquer sur le bouton Rétablir de la barre Accès rapide). Le résultat de la valeur cible réapparaîtra instantanément. Une vraie bascule...

Examiner des hypothèses avec le Gestionnaire de scénarios

Le Gestionnaire de scénarios d'Excel permet de créer et de sauvegarder des jeux de valeurs produisant différents résultats dans la feuille de calcul. Vous donnerez un nom à ces scénarios (par exemple : Hypothèse haute, Hypothèse catastrophique et Hypothèse la plus favorable). Comme ils sont enregistrés avec le classeur, vous pouvez utiliser leurs valeurs pour jouer au jeu du "quoi-si". Il suffira d'ouvrir le gestionnaire et demander à Excel d'afficher le scénario voulu.

Les scénarios en place, il est possible d'obtenir un état récapitulatif montrant les paramètres associés à chaque hypothèse, de même que les résultats qu'ils produisent.

Définir des scénarios

Pour créer un scénario, vous devez identifier les diverses cellules dont la valeur peut (ou doit) varier dans chaque hypothèse. Vous sélectionnez alors ces cellules avant de cliquer successivement sur l'onglet Données du Ruban, puis sur le bouton Analyse de scénarios, et enfin sur Gestionnaire de scénarios.

La Figure 8.7 montre la feuille de projections des ventes pour 2011 une fois sélectionnées les cellules H3 (appelée ici Croissance_Ventes), H4 (dénommée CBV – pour Coût des Biens Vendus) et H6 (intitulée Dépenses) et la boîte de dialogue ouverte.

Sur la figure, trois scénarios ont déjà été définis en cliquant à chaque fois sur le bouton Ajouter, en définissant un nom, puis en spécifiant les valeurs que doivent prendre nos cellules :

- **Hypothèse la plus favorable :** Des ventes qui augmentent de 5 % (Croissance_Ventes), un coût des achats (CBV) de 20 % et des frais (Dépenses) qui s'accroissent de 25 %.
- **Hypothèse haute :** Les ventes augmentent de 8 % (Croissance_Ventes), le coût des achats (CBV) de 18 % et les frais (Dépenses) de 20 %.

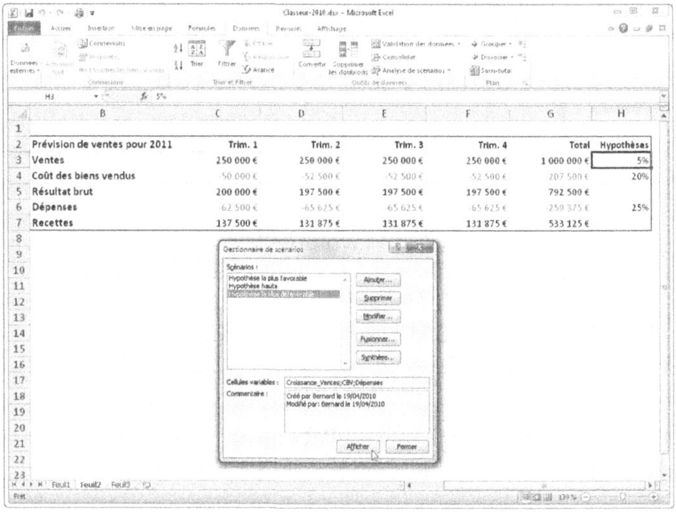

Figure 8.7 : Ajout de scénarios à la table Prévisions de ventes pour 2011.

- **Hypothèse la plus défavorable :** Cette fois, les ventes augmentent de 2 % (Croissance_Ventes), le coût des achats (CBV) de 25 % et les frais (Dépenses) de 35 %.

Pour créer le premier scénario, j'ai cliqué sur le bouton Ajouter dans la boîte de dialogue Gestionnaire de scénarios. Dans la fenêtre Ajouter un scénario, j'ai saisi comme nom **Hypothèse la plus favorable**. J'ai ensuite cliqué sur OK. Vous remarquerez que les trois cellules sélectionnées à l'origine sur la feuille sont déjà proposées dans le champ Cellules variables.

Excel affiche maintenant la boîte de dialogue Valeurs de scénarios. Il faut y entrer les paramètres voulus dans les trois champs Croissance_Ventes, CBC et Dépenses. Soit respectivement :

- **0,05** dans le champ Croissance_Ventes ;
- **0,20** dans le champ CBV ;
- **0,25** dans le champ Dépenses.

Après quoi, il ne reste plus qu'à cliquer sur le bouton OK.

TRUC

Avant de commencer à créer vos scénarios, donnez toujours un nom aux cellules variables (si vous avez oublié comment procéder, reportez-vous au Chapitre 6). De cette manière, Excel affichera le nom de ces cellules à la place de leur adresse dans la boîte de dialogue Valeurs de scénarios. Ce qui, vous en conviendrez, est tout de même plus explicite.

Lorsque vous avez validé vos variables, résistez à la tentation du bouton OK (Excel revient à la boîte de dialogue Gestionnaire de scénarios). J'ai de nouveau cliqué sur Ajouter, puis entré successivement :

- **Hypothèse haute** dans le champ Nom du scénario (bouton OK) ;
- **0,08** dans le champ Croissance_Ventes ;
- **0,18** dans le champ CBV ;
- **0,20** dans le champ Dépenses.

Une fois défini le deuxième scénario, j'ai une nouvelle fois cliqué sur le bouton Ajouter. J'ai ensuite saisi les données suivantes :

- **Hypothèse la pire** dans le champ Nom du scénario (bouton OK) ;
- **0,02** dans le champ Croissance_Ventes ;
- **0,25** dans le champ CBV ;
- **0,35** dans le champ Dépenses.

Comme il s'agit de notre dernier scénario, j'ai cliqué sur OK au lieu d'Ajouter, ce qui renvoie à la fenêtre Gestionnaire de scénarios. Maintenant, nos trois hypothèses y apparaissent dans la liste Scénarios.

Pour demander à Excel de recalculer nos projections de ventes 2011 en fonction des différentes évaluations, il suffit de sélectionner le nom du scénario voulu, puis de cliquer sur le bouton Afficher.

Une fois vos scénarios définis, n'oubliez pas de sauvegarder le classeur dès que vous avez refermé la boîte de dialogue Gestionnaire de scénarios. De cette manière, les scénarios sont enregistrés dans le fichier. Vous les aurez donc à votre disposition chaque fois que vous ouvrirez le classeur. Il vous suffira pour cela de rappeler le gestionnaire, de choisir un scénario et de cliquer sur Afficher.

Produire une synthèse

Une fois tous vos scénarios définis, vous pouvez demander à Excel de produire un rapport de synthèse, comme celui de la Figure 8.8. Cet état affiche les valeurs variables et les valeurs résultantes non seulement pour chaque scénario associé à la feuille, mais aussi pour le contenu des cellules tel qu'il se présente au moment où vous générez la synthèse.

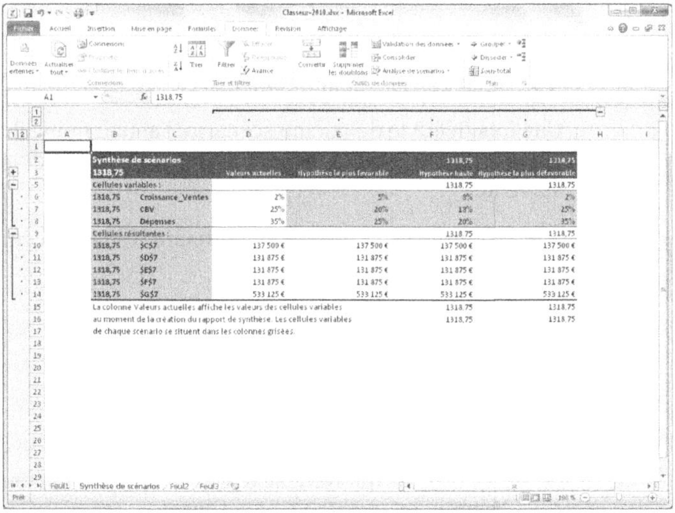

Figure 8.8 : La synthèse des scénarios montre l'impact des hypothèses sur les projections de ventes pour 2011.

Pour produire une synthèse, ouvrez la boîte de dialogue Gestionnaire de scénarios (onglet Données du Ruban, puis Analyse de scénarios, et enfin Gestionnaire de scénarios). Cliquez alors sur le bouton Synthèse.

La boîte de dialogue Synthèse de scénarios offre le choix entre deux modes : Synthèse de scénarios (c'est la version statique) et Scénario du rapport de tableau croisé dynamique. Comme nous reviendrons sur les tableaux croisés dans le prochain chapitre, le premier choix convient.

La plage de données à afficher dans la synthèse est définie dans le champ Cellules résultantes. Si la proposition par défaut d'Excel ne convient pas, sélectionnez la série de cellules qui devront apparaître dans la synthèse. C'est ici la dernière ligne de notre table, soit la plage C7:G7 (les soldes des quatre trimestres, plus le total annuel).

Après avoir cliqué sur OK, Excel crée le rapport de synthèse en prenant les valeurs changeantes de chaque scénario, plus celles qui se trouvent actuellement dans les cellules "souches". Il affiche tout cela dans une nouvelle feuille de calcul qu'il appelle Synthèse de scénarios. Les paramètres apparaissent sous la légende Cellules variables. Les valeurs calculées sont disposées sous l'intitulé Cellules résultantes.

Bien entendu, vous pouvez renommer la feuille de synthèse, la déplacer dans le classeur, puis enregistrer celui-ci.

Chapitre 9

Jouer avec les tableaux croisés

Dans ce chapitre :

- Comprendre les tableaux croisés.
- Créer un nouveau tableau croisé.
- Formater un tableau croisé.
- Trier et filtrer les données d'un tableau croisé.
- Modifier la structure et la disposition d'un tableau croisé.
- Créer un graphique croisé.

Les *tableaux croisés dynamiques* constituent une espèce particulière de tableaux de synthèse spécifique à Microsoft Excel. Ils sont particulièrement utiles pour synthétiser des valeurs prises dans une liste de données (ou provenant d'une base de données), car ils font leurs tours de magie sans que vous ayez à créer des formules pour effectuer ces opérations. Ils vous permettent aussi d'examiner et d'analyser facilement et rapidement les relations inhérentes à leurs sources de données (qu'il s'agisse de séries de valeurs traitées directement sous Excel ou de tables lues dans des bases de données externes gérées à l'aide d'un programme autonome tel que Microsoft Access).

Grâce aux tableaux croisés, il est possible de disposer différemment les données traitées, y compris après les avoir générées.

C'est d'ailleurs cette capacité à adapter à la volée l'agencement des données, en opérant une rotation sur les en-têtes de lignes et de colonnes qui a donné à l'origine leur nom aux tables *pivot,* devenues entre-temps des *tableaux croisés dynamiques.* Si vous visualisez mieux les relations entre données quand elles sont présentées graphiquement, Excel permet tout aussi bien de créer des graphiques croisés dynamiques à partir de l'un des nombreux modèles pris en charge par Excel.

Tableaux croisés dynamiques : la synthèse ultime

Les tableaux croisés dynamiques sont extrêmement versatiles, car ils vous permettent de synthétiser des données en utilisant une belle variété de fonctions (même si la totalisation avec SOMME est celle qui reste la plus courante). Lorsque vous définissez un tableau croisé dynamique (ce que nous allons faire dans la prochaine section), vous avez plusieurs décisions à prendre : quelle sera la fonction de regroupement, quelles seront les colonnes (ou les champs) auxquelles cette fonction s'appliquera, et quelles seront les colonnes (ou champs) avec lesquelles ces calculs seront (justement) croisés.

Les tableaux croisés sont parfaits pour croiser (on s'y attendait !) une série de données avec une autre. Par exemple, vous pouvez créer un tableau croisé à partir d'une table provenant d'une base de données Employés, de manière à totaliser les salaires des différentes catégories professionnelles par service ou site.

Produire un tableau croisé dynamique

Créer un tableau croisé dynamique sous Excel 2010 est très facile : ouvrez la feuille de calcul contenant la liste des données à synthétiser, placez le curseur quelque part dans cette liste, puis cliquez sur le bouton de commande Tableau croisé dynamique, sous l'onglet Insertion, dans le Ruban. Les amis du clavier se serviront de la combinaison de touches Alt + NVT.

Excel ouvre la boîte de dialogue Créer un tableau croisé dynamique et sélectionne toutes les données de la liste où se trouve le curseur (la plage est alors entourée par la fameuse rangée de fourmis). En cas de besoin, vous pouvez redéfinir cette sélection dans le champ Tableau/Plage de la rubrique Sélectionner un tableau ou une plage (voir la Figure 9.1). Par défaut, Excel construit le nouveau tableau croisé dynamique dans une feuille distincte qu'il ajoute au classeur. Si, cependant et pour une raison connue de vous seul, vous préférez ajouter le tableau à la feuille courante, cliquez en bas de la fenêtre sur l'option Feuille de calcul existante. Dans ce cas, spécifiez dans le champ Emplacement l'adresse de la première cellule du tableau. Faites très attention que celui-ci ne vienne pas recouvrir une partie des données existantes.

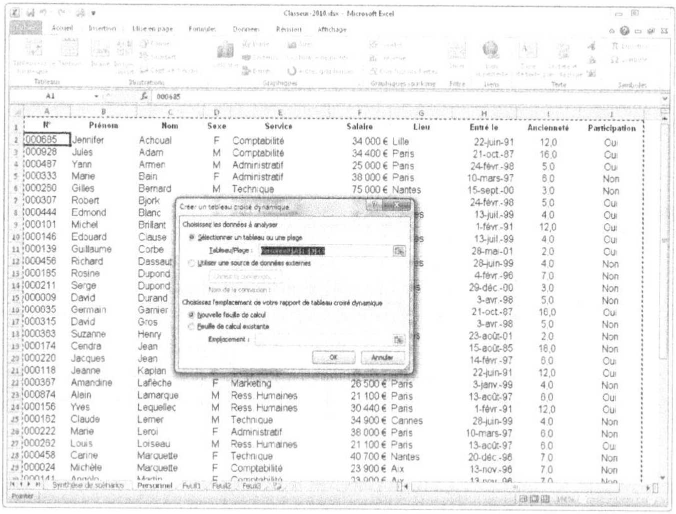

Figure 9.1 : Indiquer dans la boîte de dialogue Créer un tableau croisé dynamique la source des données et l'emplacement du tableau.

TRUC

Si la source de votre tableau croisé est une table provenant d'une base de données externe, créée par exemple avec Microsoft Access, vous devrez choisir l'option fort justement intitulée Utiliser une source de données externe. Cliquez ensuite sur le bouton Choisir la connexion. Sélectionnez alors une connexion dans la boîte de dialogue Connexions existantes.

Une fois la source et la destination précisées dans la boîte de dialogue Créer un tableau croisé dynamique, il ne reste plus qu'à cliquer sur son bouton OK. Excel crée une grille vierge pour le nouveau tableau et affiche sur la droite de la fenêtre un volet Liste de champs de tableau croisé dynamique (voir la Figure 9.2).

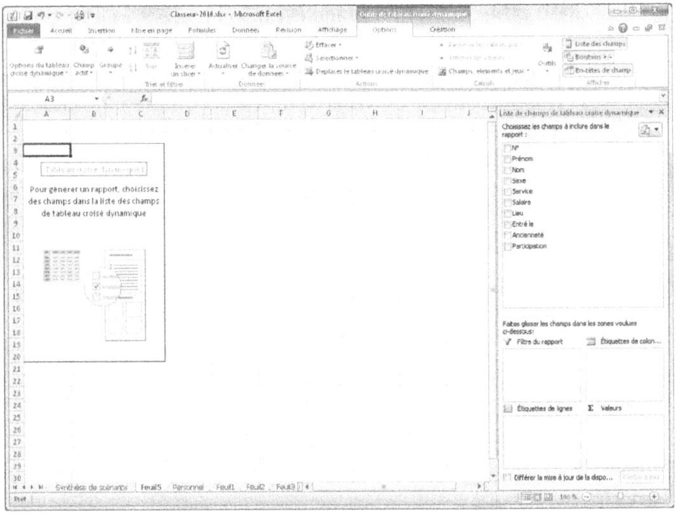

Figure 9.2 : Le nouveau tableau affiche une grille vierge et le volet Liste de champs de tableau croisé dynamique.

Le volet est divisé en deux parties. En haut se trouve la liste de tous les champs provenant de la source de données sélectionnée pour la création du tableau. Chaque ligne est précédée d'une case à cocher vide ; c'est pourquoi le tableau est encore vierge pour l'instant. En bas, quatre zones permettent de faire glisser des noms de champs sur les éléments proposés : filtre, étiquette de colonne ou de ligne, valeur.

Pour terminer le travail, il ne vous reste plus qu'à assigner les champs de la liste du haut aux diverses parties du tableau. Pour cela, il suffit de faire glisser un nom de champ sur l'un des quatre cadres situés en bas du volet :

- **Filtre du rapport :** Cette zone contient des champs qui vous permettent de regrouper les données du tableau croisé en leur appliquant un filtre. Supposons par exemple que vous vouliez étudier l'évolution des ventes sur plusieurs années. En faisant glisser un champ Année sur la fenêtre Filtre du rapport, vous pourrez afficher les valeurs année par année ou pour toute la période représentée par votre liste de données.

- **Étiquettes de colonnes :** Cette zone contient les champs qui déterminent la disposition des données dans les colonnes du tableau croisé.
- **Étiquettes de lignes :** Cette zone contient les champs qui déterminent la disposition des données dans les lignes du tableau croisé.
- **Valeurs :** Cette zone contient les champs qui déterminent les données représentées dans les cellules du tableau, autrement dit celles qui sont sommées (par défaut) dans sa dernière colonne.

Pour mieux comprendre le jeu qui se déroule entre ces zones et le tableau croisé, observez l'exemple de la Figure 9.3.

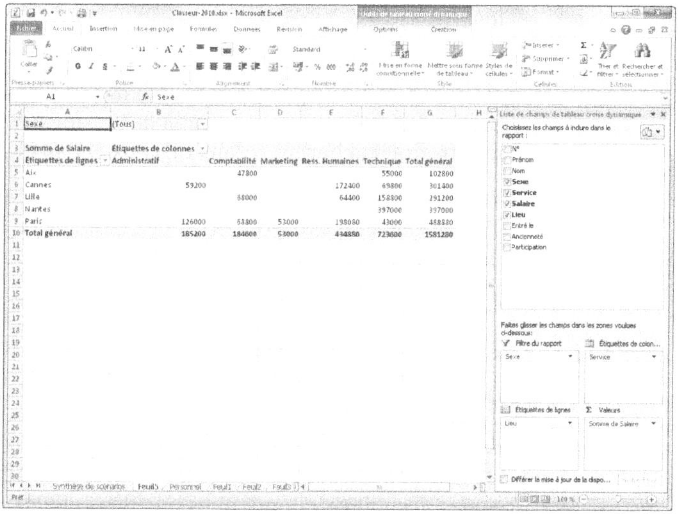

Figure 9.3 : Le tableau croisé dynamique après avoir ajouté les champs de la liste des employés dans les quatre groupes.

Pour ce tableau, j'ai fait glisser le champ Sexe (qui contient F pour *féminin* ou M pour *masculin*) jusque sur la case Filtre du rapport. Il est ainsi possible de différencier la situation des femmes et des hommes dans la société. J'ai également ajouté le champ Service à la colonne Étiquettes de colonnes. Les colonnes décriront donc les services de la société. Les étiquettes des lignes sont basées sur le champ Lieu. Enfin, les valeurs utilisées dans les cellules du tableau sont les salaires des employés. En résumé, ce tableau affichera la somme des salaires des employé(e)s classés par service (en colonne) et par lieu (en ligne). Excel ajoute automatiquement un total général dans chaque sens.

Dès qu'un tableau croisé dynamique a été créé, ou que vous activez une cellule dans un tableau existant, Excel sélectionne l'onglet Options, dans le Ruban (il ajoute automatiquement un onglet contextuel intitulé Options de tableau croisé dynamique, avec deux séries de commandes : Options et Création). Parmi les nombreux groupes de cet onglet, vous trouverez sur la droite plusieurs commandes très utiles dans le groupe Afficher/Masquer :

- **Liste des champs :** Affiche ou masque le volet Liste de champs du tableau croisé dynamique, à droite de la fenêtre.
- **Boutons +/- :** Affiche ou masque les boutons servant à étendre (+) ou réduire (-) en regard des champs particuliers (en colonne comme en ligne) et qui servent à montrer ou cacher les totaux de ceux-ci dans le tableau.
- **En-tête de champ :** Affiche ou masque les noms des champs affectés aux étiquettes de colonnes ou de lignes dans le tableau croisé.

Mettre en forme un tableau croisé dynamique

Avec Excel 2010, il est aussi rapide et facile de mettre en forme un tableau croisé dynamique que n'importe quelle autre liste de données. Il suffit de cliquer dans une des cellules du tableau afin d'afficher l'onglet Outils de tableau croisé dynamique dans le Ruban. Activez ensuite l'onglet Création.

L'onglet Création contient trois groupes de commandes :

- **Disposition :** Il vous permet d'ajouter des sous-totaux ou des totaux généraux, ainsi que de modifier l'agencement global du tableau.
- **Options de style de tableau croisé dynamique :** Avec ce groupe, vous pouvez affiner l'aspect de votre tableau en utilisant la galerie de styles affichée à sa droite.
- **Styles de tableau croisé dynamique :** Ce groupe propose la liste des styles que vous pouvez appliquer au tableau actif. Cliquez simplement sur la vignette voulue.

La Figure 9.4 illustre cette démarche. J'ai fait défiler la galerie des styles et sélectionné la proposition Moyen 10. Ce style applique une teinte rose clair au fond des cellules qui définissent le sexe des employés, et une couleur plus foncée aux en-têtes des colonnes ainsi qu'à la liste des services (en fait, cette couleur est si foncée qu'Excel y affiche automatiquement le texte en blanc).

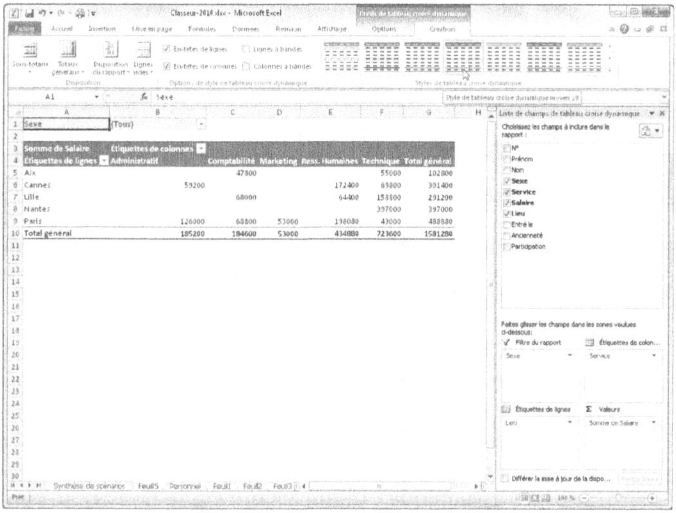

Figure 9.4 : Le nouveau tableau croisé dynamique est formaté avec la présentation Moyen 10 choisie dans la liste des styles.

Personnaliser le style du tableau croisé dynamique

Une fois que vous avez appliqué l'un des styles prédéfinis (dans l'un des modes Clair, Moyen ou Foncé), l'aperçu dynamique vous permet de juger immédiatement de ce que donnerait une autre variante : placez simplement le pointeur de la souris au-dessus d'une vignette dans la galerie, et la mise en forme correspondante apparaît immédiatement dans le tableau !

Une fois appliqué un style prédéfini, il est possible de l'affiner en vous servant des cases à cocher du groupe Options de style de tableau croisé dynamique. Vous pouvez par exemple ajouter des "lignes à bandes" afin de séparer par un trait les lignes d'un tableau qui n'emploie pas déjà des couleurs alternées, et ce afin de lui ajouter davantage de contraste (le but étant bien entendu d'en améliorer la lisibilité). Cliquez simplement sur l'option correspondante. Il existe une option équivalente pour les colonnes. Si le résultat n'est pas satisfaisant, décochez seulement la case.

Formater les valeurs d'un tableau croisé dynamique

Pour appliquer aux totaux qui peuplent les cellules de votre tableau croisé dynamique un format numérique particulier, procédez de la manière suivante :

1. **Cliquez dans le tableau sur la cellule qui contient les mots "Somme de"**, suivis du nom du champ dont les valeurs sont totalisées ici (dans notre exemple, le cumul se fait par service). Activez ensuite l'onglet Options du Ruban (sous l'onglet contextuel Outils de tableau croisé dynamique). Cliquez alors sur le bouton de commande Champ actif, puis sur l'option Paramètres de champs.

   Excel ouvre la boîte de dialogue Paramètres des champs de valeur.

2. **Cliquez dans la boîte de dialogue sur le bouton Format de nombre.**

L'onglet Nombre de la boîte de dialogue Format de cellule apparaît.

3. **Choisissez le format numérique que vous voulez appliquer à vos totaux dans liste Catégorie de l'onglet Nombre.**
4. **(Facultatif) Si vous le souhaitez, éditez à votre convenance les options du format numérique sélectionné** (nombre de décimales, symbole monétaire éventuel, mode d'affichage des valeurs négatives, et ainsi de suite).
5. **Cliquez deux fois sur OK pour valider les deux boîtes de dialogue.**

La nouvelle mise en forme est immédiatement appliquée à l'ensemble du tableau.

Trier et filtrer les données du tableau croisé dynamique

Lorsque vous créez un nouveau tableau croisé dynamique, Excel ajoute automatiquement des flèches dans les cellules correspondant aux champs du filtre et des étiquettes (colonnes et lignes). Ces boutons de filtrage permettent de restreindre l'étendue des entrées en retirant certaines données, ou encore de trier les éléments en ligne et/ou en colonne.

Si vous avez ajouté au tableau plusieurs champs dans les cases Étiquettes, Excel ajoute également des boutons de réduction (-) qui servent à masquer temporairement le sous-total correspondant à un champ secondaire particulier. Lorsque vous avez ainsi réduit des informations, le bouton devient un "+" (expansion) sur lequel il suffit de cliquer pour afficher à nouveau les sous-totaux.

Filtrer le rapport

Les boutons les plus importants dans un tableau croisé dynamique sont probablement ceux qui sont ajoutés au(x) champ(s) Filtre du rapport. En choisissant l'une des options attachées à l'un de ces boutons de filtrage, seul le jeu de données vérifiant ce critère apparaîtra dans le tableau.

Notre exemple utilise comme filtre du rapport le champ Sexe (reportez-vous à la Figure 9.4). Nous pouvons donc facilement distinguer les masses salariales des femmes et des hommes à l'intérieur du tableau croisé dynamique. Voyons comment :

- Cliquez sur le bouton de filtrage dans la cellule qui suit l'intitulé Sexe. Dans la liste qui apparaît, cliquez sur la ligne M, puis sur OK. Seuls les salaires des employés (hommes) apparaîtront dans le tableau.
- Cliquez sur le bouton de filtrage dans la cellule qui suit l'intitulé Sexe (en haut et à gauche de la feuille). Dans la liste qui apparaît, cliquez sur la ligne F, puis sur OK. Seuls les salaires des employées (femmes) apparaîtront dans le tableau.
- Cliquez sur le bouton de filtrage dans la cellule qui suit l'intitulé Sexe. Cliquez maintenant sur la ligne (Tous), puis sur OK. Le tableau réaffiche maintenant l'ensemble du personnel.

Lorsque vous appliquez ce filtre, Excel affiche la valeur choisie dans le champ Sexe, soit F, M ou (Tous). Il remplace également la flèche par un symbole figurant une espèce d'entonnoir afin de vous rappeler que seules certaines des données de la source sont actuellement affichées dans le tableau.

Filtrer des lignes et des colonnes

Les boutons de filtrage associés aux étiquettes des colonnes et des lignes vous permettent d'appliquer des filtres à des groupes particuliers, voire parfois à des entrées individuelles de la source de données.

Pour filtrer les éléments présents dans les lignes ou les colonnes, cliquez sur la flèche qui suit l'étiquette correspondante (Service ou Lieu dans notre exemple). Dans la fenêtre qui apparaît, cliquez sur l'option (Sélectionner tout). Cela revient à décocher toutes les valeurs présentes dans ce champ. Il vous suffit ensuite de cocher une ou plusieurs entrées pour n'afficher dans le tableau que les totaux qui leur correspondent.

Comme précédemment, Excel remplace le bouton fléché de la colonne ou de la ligne que vous avez filtrée par une icône d'entonnoir. Il vous prévient ainsi que seules certaines valeurs sont totalisées dans le tableau. Pour revenir à une vue globale de la situation, cliquez à nouveau sur le bouton de filtrage puis sur l'option (Sélectionner tout). Validez.

La Figure 9.5 montre notre tableau croisé dynamique une fois filtrés les champs Sexe et Service de manière à n'afficher que les informations qui répondent au critère suivant : femmes travaillant dans l'un des services Administration, Comptabilité et Ressources humaines.

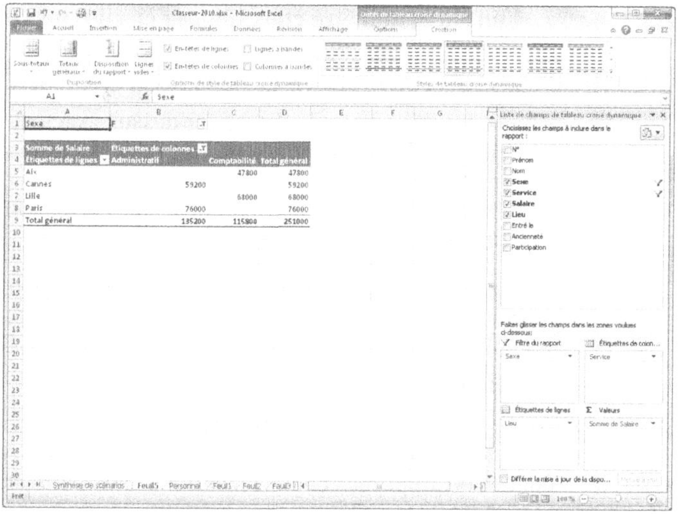

Figure 9.5 : Le tableau croisé dynamique après le filtrage des champs Sexe et Service.

Filtrer avec des slicers

Les slicers ("couteaux à découper", dans une cuisine) sont une nouveauté d'Excel 2010 permettant de filtrer un tableau croisé dynamique. Ils sont faciles à créer et à utiliser, et ils filtrent le contenu en un rien de temps, sur plusieurs champs. Il est même possible de les lier à des champs d'autres tableaux croisés dynamiques présents dans le classeur.

L'ajout de slicers dans le tableau croisé dynamique s'effectue en deux étapes :

1. **Cliquez dans une cellule du Tableau croisé dynamique afin de la sélectionner puis, dans l'onglet Options du Ruban, dans le groupe Trier et filtrer, cliquez sur le bouton Insérer un slicer.**

   Excel ouvre la boîte de dialogue Insérer des slicers. Elle contient le nom de chacun des champs présents dans le tableau croisé dynamique actif.

2. **Cochez la case de chacun des champs à utiliser pour le filtrage du tableau croisé dynamique, et pour lesquels un slicer doit être créé. Cliquez ensuite sur OK.**

Après avoir créé les slicers, vous pouvez les utiliser pour filtrer les données en sélectionnant simplement les critères affichés dedans. Il suffit pour cela de cliquer dessus exactement comme dans des cellules d'une feuille de calcul, en maintenant la touche Ctrl enfoncée pour sélectionner des critères épars, ou en maintenant la touche Maj enfoncée pour sélectionner un ensemble contigu de critères.

La Figure 9.6 montre des slicers Sexe, Service et Lieu, utilisés pour filtrer les employés masculins, appartenant aux services Administratif et Ressources humaines, travaillant à Cannes et à Paris.

Du fait que les slicers sont des objets graphiques, certes quelque peu fantaisistes, ils peuvent être déplacés, redimensionnés et supprimés comme n'importe quel autre graphique d'Excel.

Trier le tableau croisé dynamique

Le contenu d'un tableau croisé dynamique peut être réorganisé instantanément en le triant selon une ou plusieurs colonnes et/ou lignes. Pour modifier l'ordre de présentation des données, cliquez sur le bouton de filtrage correspondant au champ à

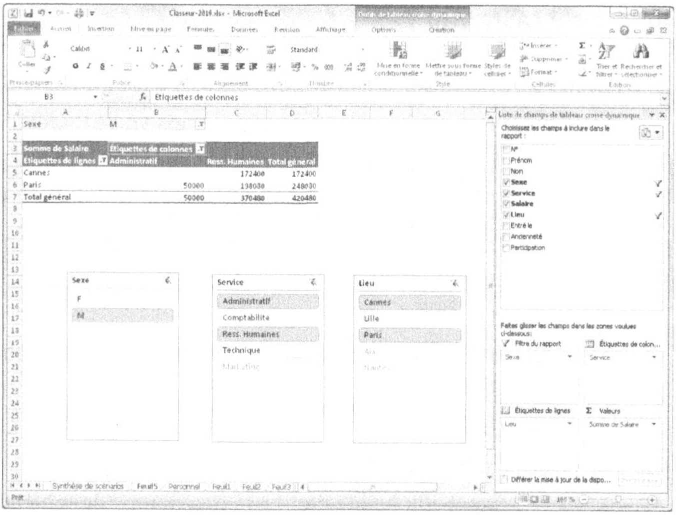

Figure 9.6 : Le tableau croisé dynamique après des slicers Sexe, Service et Lieu.

trier. Choisissez en haut de la liste le mode croissant ou décroissant.

Selon le cas, l'option Trier de A à Z classera les données dans l'ordre alphabétique ascendant s'il s'agit de noms, ou de la plus petite à la plus grande valeur s'il s'agit de nombres, ou encore de la plus ancienne à la plus récente, dans le cas de dates. L'option Trier de Z à A inverse le classement (ordre alphabétique descendant, de la plus grande à la plus petite valeur ou de la date la plus récente à la plus ancienne).

Modifier un tableau croisé dynamique

Les tableaux croisés sont bien plus dynamiques que les tableaux de données classiques, car ils sont très simples à manipuler et éditer. Changer les champs que vous voulez regrouper ou totaliser est aussi facile à faire que de les ajouter lors de la création du tableau. De surcroît, vous pouvez instantanément restructurer le tableau croisé en faisant glisser ses champs actuels vers un autre emplacement. Si l'on ajoute à cela la possibilité de sélectionner une nouvelle fonction de calcul statistique, vous aurez une bonne idée de ce qu'est un tableau de données réellement dynamique !

Modifier les champs du tableau croisé dynamique

Pour modifier les champs utilisés dans votre tableau croisé, vous devez tout d'abord en afficher la liste :

1. **Cliquez dans n'importe quelle cellule du tableau.**

   Excel affiche dans le Ruban l'onglet Outils de tableau croisé dynamique et ses deux onglets contextuels : Options et Création.

2. **Activez l'onglet Option afin d'afficher ses groupes de commandes dans le Ruban.**

3. **Cliquez sur le bouton Liste des champs dans le groupe Afficher/Masquer.**

   Excel affiche le volet Liste de champs de tableau croisé dynamique. Il montre les champs actuellement utilisés ainsi que les zones auxquelles ils sont affectés.

Procédez à présent aux modifications que vous souhaitez apporter au tableau :

- Pour supprimer un champ, faites glisser son nom en dehors de sa zone de dépôt (Filtre du rapport, Étiquettes de colonnes ou de lignes, Valeurs), c'est-à-dire sur la feuille ou sur la liste des champs. Relâchez le bouton de la souris lorsque le pointeur affiche une croix. Vous pouvez aussi désactiver la case correspondante dans la liste Choisissez les champs à inclure dans le rapport.
- Pour déplacer un champ existant à l'intérieur du tableau, faites glisser son nom d'une zone de dépôt à une autre (Filtre du rapport, Étiquettes de colonnes ou de lignes, Valeurs).
- Pour ajouter un champ au tableau, faites glisser son nom de la liste *Choisissez les champs...* vers la zone de dépôt voulue (Filtre du rapport, Étiquettes de colonnes ou de lignes, Valeurs). Si vous souhaitez simplement insérer un nom de champ dans la liste des étiquettes de lignes, il vous suffit de cocher sa case dans la liste du haut.

Pivoter les champs de la table

Si les tableaux croisés s'appelaient autrefois "tables pivot", ce n'est pas pour rien. Vous pouvez en effet restructurer votre tableau en faisant tourner les lignes et les colonnes... Supposons que le champ Service soit disposé en colonnes et les lieux regroupés sur les lignes (c'est jusqu'à présent le cas pour notre exemple). Supposons ensuite qu'à la place d'une organisation par services puis par lieux, vous vouliez juger de l'inverse, soit les services disposés en lignes et les lieux disposés en colonnes.

Pas de problème. Tirez le champ Service du cadre Étiquettes de colonnes jusque sur la zone Étiquettes de lignes. Recommencez l'opération, cette fois en faisant glisser le champ Lieu du cadre Étiquettes de lignes jusque sur la zone Étiquettes de colonnes.

Et voilà ! Excel réorganise automatiquement les salaires totaux de manière que les lignes du tableau affichent le total général par service, les colonnes montrant maintenant le total général par lieu.

TRUC

Il est aussi possible de commuter les lignes et les colonnes en faisant glisser leurs étiquettes directement sur le tableau croisé lui-même. Dans l'onglet Options des Outils de tableau croisé dynamique, cliquez sur le bouton Options du tableau croisé dynamique. Dans le menu, choisissez Options, puis de nouveau Options. La boîte de dialogue Options du tableau croisé dynamique apparaît. Activez l'onglet Affichage, puis cochez Disposition classique du tableau croisé dynamique. Cliquez ensuite sur OK.

Modifier la fonction de calcul du tableau

Par défaut, Excel utilise la bonne vieille fonction `SOMME` pour créer les sous-totaux et les totaux généraux des valeurs numériques traitées dans le tableau.

Cependant, certains tableaux croisés nécessitent le recours à une autre opération de calcul (une moyenne, un dénombrement, et ainsi de suite). Pour changer de fonction, cliquez du bouton droit sur l'en-tête Somme de [champ], à l'intersection de la première colonne de champ et de la première ligne de champ, dans le tableau croisé dynamique. Dans le menu déroulant qui s'affiche, choisissez l'option Paramètres des champs de valeurs. Elle active la boîte de dialogue visible dans la Figure 9.7.

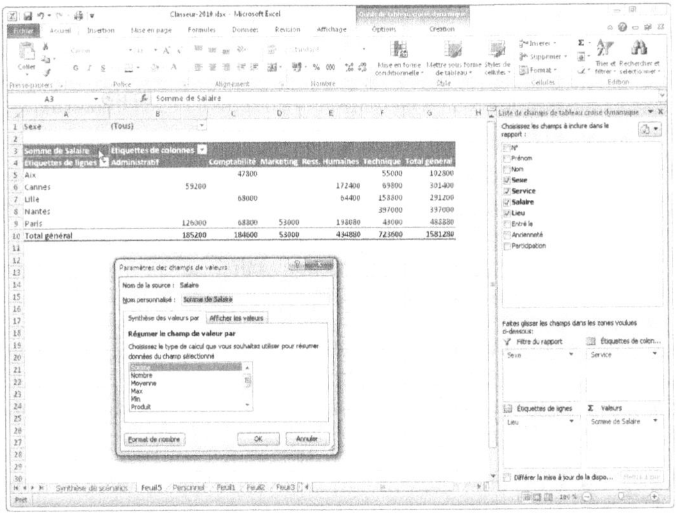

Figure 9.7 : Sélection d'une nouvelle fonction de synthèse.

Vous pouvez à présent choisir un type de calcul dans la liste des fonctions de synthèse :

- **Nombre :** Dénombre la quantité d'enregistrements pour une catégorie particulière (notez qu'il s'agit de la fonction par défaut si vous utilisez des champs de texte comme contenu pour votre tableau croisé).
- **Moyenne :** Calcule la moyenne arithmétique des valeurs des champs pour la catégorie et le filtre courants.
- **Max :** Calcule la plus grande des valeurs des champs pour la catégorie et le filtre courants.
- **Min :** Calcule la plus petite des valeurs des champs pour la catégorie et le filtre courants.

- **Produit :** Calcule le produit des valeurs des champs pour la catégorie et le filtre courants. Toutes les entrées non numériques sont ignorées.
- **Chiffres :** Affiche le nombre de valeurs numériques pour la catégorie et le filtre courants. Toutes les entrées non numériques sont ignorées.
- **Ecartype :** Affiche la déviation standard des valeurs des champs pour la catégorie et le filtre courants.
- **Ecartypep :** Affiche la déviation standard pour la population correspondant aux champs pour la catégorie et le filtre courants.
- **Var :** Affiche la variance des valeurs des champs pour la catégorie et le filtre courants.
- **Varp :** Affiche la variance pour la population correspondant aux champs pour la catégorie et le filtre courants.

La nouvelle fonction sélectionnée, cliquez sur le bouton OK. Excel l'applique instantanément aux données présentes dans les cellules du tableau croisé dynamique.

Plus beau avec les graphiques croisés dynamiques

Le tableau croisé en place, vous pouvez créer le diagramme qui lui correspond afin de visualiser graphiquement les données. Deux étapes simples suffisent :

1. **Sous l'onglet Outils de tableau croisé dynamique, dans le Ruban, cliquez sur Options, puis sur le bouton Outils, et enfin sur Graphique croisé dynamique.**

   Souvenez-vous que l'onglet Outils de tableau croisé dynamique possède deux sous-onglets : Options et Création. Ils apparaissent automatiquement dès que vous cliquez sur une des cellules du tableau.

2. **Dans la boîte de dialogue Insérer un graphique, cliquez sur la vignette correspondant au type de graphique à créer. Cliquez ensuite sur OK.**

Dès que vous avez cliqué sur OK pour confirmer votre choix, Excel place trois objets dans la même feuille que le tableau :

- Un **graphique croisé dynamique** basé sur le type de diagramme que vous venez de sélectionner. Ce graphique *incorporé* peut facilement être déplacé ou redimensionné à l'aide de ses poignées.
- Un volet **Filtre de graphique croisé** qui possède trois listes déroulantes : Filtre du rapport, Champs Axe (Abscisses), Champs Légende (Série). La zone Valeurs, vers le bas du volet, rappelle le nom du champ fournissant la formule de calcul dans le tableau (et donc l'objet représenté dans le diagramme).
- Un onglet contextuel **Outils de graphique croisé dynamique**, qui est à son tour divisé en quatre sous-volets : Création, Disposition, Mise en forme et Analyse ; chacun proposant des groupes de commandes grâce auxquels vous pouvez personnaliser et redéfinir le graphique.

Déplacer un graphique croisé vers sa propre feuille

Excel place les nouveaux graphiques croisés dynamiques dans la même feuille que leur tableau source. Cependant, il est souvent plus facile de personnaliser et modifier un graphique lorsqu'il se trouve sur sa propre feuille :

1. **Dans la liste des onglets formant les Outils de graphique croisé dynamique, cliquez sur Création. Le Ruban contient une série de commandes.**

   Si vous ne voyez pas cet onglet, cliquez tout simplement quelque part sur le graphique Il réapparaîtra.

2. **Cliquez sur le bouton de commande Déplacer le graphique, à droite dans le Ruban.**

   Excel ouvre la boîte de dialogue Déplacer le graphique.

3. **Cliquez sur le bouton d'option Nouvelle feuille.**

4. **(Facultatif) Renommez la feuille de destination en entrant un intitulé plus descriptif que le nom générique (Graph1).**
5. **Cliquez sur OK pour valider la boîte de dialogue Déplacer le graphique et ouvrir la nouvelle feuille où se trouve maintenant votre graphique.**

La Figure 9.8 montre un graphique croisé dynamique placé dans sa propre feuille, sans le volet Filtre (il a été fermé, mais peut être rouvert à partir de la feuille du tableau croisé dynamique, en cliquant sur l'onglet Options, puis sur Afficher/Liste des champs).

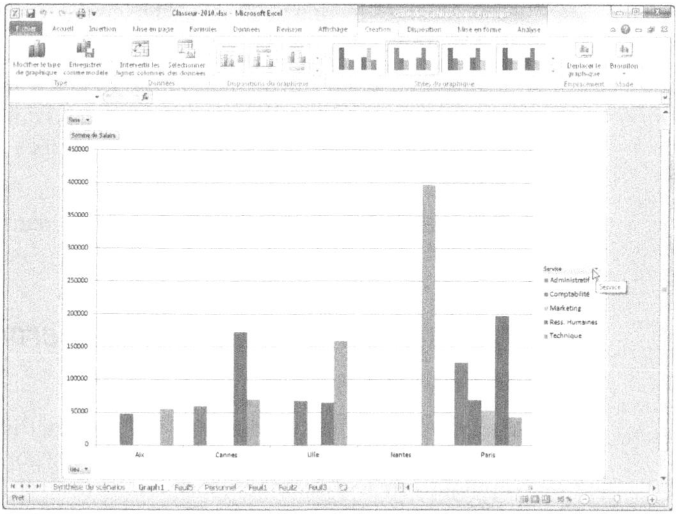

Figure 9.8 : Un graphique croisé dynamique et ses boutons de filtrage.

Filtrer un graphique croisé

Lorsque les données d'un tableau croisé dynamique sont représentées sous la forme d'un diagramme classique (histogramme, barres, lignes...) reposant sur un axe *x* (abscisses) et un axe *y* (ordonnées), les étiquettes des lignes du tableau, ou *catégories*, se trouvent en bas du graphique. Les étiquettes de colonnes du tableau deviennent les *séries* de données qui sont transcrites dans la légende. Les valeurs proprement dites du tableau sont représentées le long de l'axe vertical *y*, à gauche (il s'agit dans notre exemple de l'échelle des salaires).

Les listes déroulantes du volet Filtre permettent de choisir la nature des données que vous voulez représenter dans le graphique croisé dynamique. Tout se passe exactement comme pour les tableaux croisés. Désactivez l'option *(Sélectionner tout)*, puis cochez les champs à tracer dans le graphique :

- Filtre du rapport pour filtrer la liste des valeurs traitées dans le graphique (celles qui déterminent l'échelle de l'axe des ordonnées).
- Champs Axe (Abscisses) pour filtrer les catégories représentées le long de l'axe des abscisses (en bas du graphique).
- Champs Légende (Série) pour filtrer les séries de données montrées dans les barres (ou sur les lignes) qui forment le corps du graphique, et qui sont répertoriées dans la légende.
- Valeur pour filtrer les valeurs représentées dans le graphique.

Mettre en forme un graphique croisé dynamique

Les boutons de commandes des onglets Création, Disposition et Mise en forme associés (regroupés dans la catégorie Outils de graphique croisé dynamique) facilitent la mise en forme et la personnalisation de vos graphiques. Utilisez l'onglet Création pour sélectionner un nouveau style, voire un nouveau type de graphique. Servez-vous de l'onglet Disposition pour ajouter des titres, des zones de texte, un quadrillage, des images ou encore des formes. Activez l'onglet Mise en forme pour redéfinir le style de chaque élément présent dans le graphique (comme la couleur ou le remplissage de l'arrière-plan).

Cinquième partie

Y a-t-il une vie après le tableur ?

"Je suppose que toute l'équipe est d'accord avec les nouveaux aménagements du bureau."

Dans cette partie...

Les feuilles de calcul sont le pain et le beurre d'Excel 2010. Pour beaucoup de gens, la création, la modification et l'impression des feuilles de calcul sont la raison d'être et la finalité d'Excel. Que pourrait-on lui demander de plus ? Ce n'est pas parce qu'il mouline remarquablement bien les chiffres qu'il se limite à cette unique application. Et ce n'est pas parce que travailler avec un tableur consiste essentiellement à entrer des chiffres que vous ne serez pas appelé, un jour ou l'autre, à effectuer d'autres tâches comme dessiner des graphiques ou gérer une liste de données, voire publier les données d'une feuille de calcul sur le Web, ou encore – qui sait ? – créer vos propres macros.

Cette partie vous propose d'aller plus loin avec le tableur, de découvrir des tâches aussi attrayantes que la création, le tri et le filtrage de listes de données.

Chapitre 10

Excel et les listes de données

Dans ce chapitre :

- Créer une liste de données dans Excel.
- Entrer et éditer des enregistrements dans la liste de données.
- Trier les enregistrements de la liste de données.
- Filtrer les enregistrements de la liste de données.
- Importer des données externes dans la feuille de calcul.

Toutes les tables et tous les tableaux étudiés jusqu'à présent dans ce livre concernaient essentiellement des calculs pratiques, comme totaliser des ventes mensuelles ou trimestrielles. Mais d'autres types de tables peuvent être créés dans les feuilles de calcul Excel. Il s'agit de *listes de données* (que l'on appelle *bases de données* dans d'autres lieux). L'objet d'une liste de données n'est pas spécialement le calcul de nouvelles valeurs, mais plutôt l'enregistrement et le traitement cohérents de quantités importantes d'informations structurées. Par exemple, vous pouvez créer une liste de données pour répertorier tous vos clients, ou encore pour stocker des informations sur vos personnels (dans le respect des textes légaux, évidemment).

Créer une liste de données

Créer une liste de données n'a rien de bien extraordinaire. Il s'agit d'une table tout à fait classique, à ceci près qu'elle n'a besoin que d'en-têtes de colonnes (et donc pas besoin d'étiquettes de lignes). Voici comment construire une nouvelle liste de données :

1. **Cliquez dans la cellule qui sera le point de départ de la liste. Entrez sur la même ligne les en-têtes de colonnes (dans le langage des bases de données, on parle aussi de colonnes, ou encore de *noms de champs*). Ces en-têtes correspondront aux différents types d'éléments que vous devez gérer (par exemple Nom, Prénom, Adresse, Ville, et ainsi de suite). Ces intitulés doivent se suivre de gauche à droite en occupant autant de cellules successives qu'il est nécessaire.**

   Ce travail préparatoire achevé, vous êtes prêt à commencer la saisie des données.

2. **Entrez les valeurs appropriées à chaque colonne sur la ligne qui suit immédiatement les en-têtes.**

   Le contenu de cette ligne constitue le premier enregistrement de la liste de données.

3. **Cliquez sur le bouton Mettre sous forme de tableau, dans le groupe Style de l'onglet contextuel Accueil. Choisissez un style dans la galerie proposée. Cliquez sur la vignette correspondante.**

   Excel délimite automatiquement la nouvelle liste de données (en-têtes et premier enregistrement). Dans le même temps, la boîte de dialogue Mettre sous forme de tableau apparaît. Elle affiche la plage actuellement sélectionnée dans le champ Où se trouvent les données de votre tableau ?

4. **Cochez si nécessaire la case Mon tableau comporte des en-têtes (normalement, elle devrait déjà être activée).**

5. **Cliquez sur le bouton OK pour refermer la boîte de dialogue.**

Excel met la liste de données en forme selon le style choisi, et ajoute un bouton de filtrage (une flèche pointant vers le bas) à chaque cellule de la ligne d'en-tête. C'est ce qu'illustre la Figure 10.1.

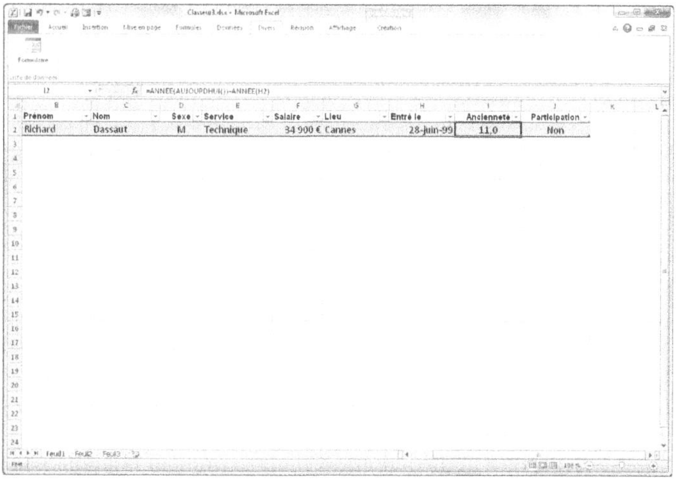

Figure 10.1 : Création d'une liste de données à partir d'une ligne d'en-têtes et d'un premier enregistrement.

Champs calculés

Lorsque vous voulez qu'Excel calcule les entrées d'une colonne particulière de la table, vous devez saisir la formule à employer dans la bonne cellule dès la saisie du premier enregistrement. Dans l'exemple illustré Figure 10.1, nous pourrions par exemple insérer un champ Date d'embauche juste après la ville. Il occuperait la colonne H, l'ancienneté étant déplacée vers la colonne I. Nous pourrions alors saisir dans la cellule I2 la formule suivante : `=ANNEE(AUJOURDHUI()) - ANNEE(H2)`. H2 contenant alors la date d'embauche, cette formule calculerait le nombre d'années écoulées entre cette date et aujourd'hui. La formule sera insérée dans la cellule I2, et automatiquement reproduite lors de la saisie des enregistrements suivants.

Ajouter des enregistrements à une liste de données

Vous avez saisi les en-têtes et le premier enregistrement. Vous avez choisi un style et transformé votre feuille en liste de données (ou tableau). Vous êtes maintenant prêt à entrer la suite des enregistrements dans les lignes successives de la liste. La manière la plus directe de procéder consiste à appuyer sur la touche de tabulation lorsqu'une ligne se termine, c'est-à-dire quand la cellule active se trouve en bout de ligne, sur le dernier champ. Dans ce cas, Excel ajoute automatiquement une ligne au tableau (en y reproduisant les éventuelles formules de calcul), et active la première colonne de nouvel enregistrement.

Lorsque vous saisissez des données directement dans une liste, appuyez sur la touche de tabulation pour passer au champ suivant et non pas sur la flèche vers le bas. En procédant de cette manière, Excel ajoutera un nouvel enregistrement lorsque vous aurez saisi le dernier champ de la ligne, et vous placera immédiatement dans le premier champ de la ligne suivante. Si vous utilisez la touche fléchée vers le bas, il déplacera simplement le curseur vers la première cellule se trouvant en dehors du tableau.

Ajouter le bouton Formulaire à la barre d'accès rapide

Au lieu d'entrer directement les données dans une liste, vous pouvez faire appel au formulaire de saisie que vous propose Excel. Le seul problème est qu'il n'existe aucune commande dans le Ruban qui permette d'afficher ce formulaire. Vous ne pouvez y accéder qu'en ajoutant un nouveau bouton de commande dans la barre d'outils Accès rapide. Voici comment procéder :

1. **Cliquez sur le bouton fléché, à droite dans la barre d'outils Accès rapide, et dans le menu qui se déploie, choisissez l'option Autres commandes.**

   La boîte de dialogue Options Excel s'ouvre directement sur l'onglet Barre d'outils Accès rapide.

Le bouton Formulaire n'est accessible qu'après avoir choisi l'option Commandes non présentes sur le ruban, dans le menu en haut à gauche.

2. **Déployez le menu Choisir les commandes dans les catégories suivantes, en haut à gauche, et choisissez l'option Commandes non présentes sur le ruban.**

3. **Faites défiler la liste des commandes jusqu'à ce qu'apparaisse l'option Formulaire. Cliquez dessus, puis sur le bouton Ajouter.**

   Le bouton est placé à la fin de la liste des boutons actuellement présents sur la barre d'outils Accès rapide. Cliquez éventuellement sur les boutons Monter ou Descendre si vous voulez le placer ailleurs dans la liste.

4. **Cliquez sur OK pour refermer la boîte de dialogue et revenir à la feuille de calcul contenant la liste de données.**

N'OUBLIEZ PAS

Vous pouvez aussi ajouter le bouton Formulaire dans un groupe personnalisé, sous un onglet personnalisé. Par exemple, dans la Figure 10.2, le bouton Formulaire a reçu une icône personnalisée. Il se trouve dans un nouveau groupe que j'ai nommé Liste de données, sous un nouvel onglet que j'ai nommé Divers.

Ajouter des enregistrements en utilisant le formulaire de données

Lorsque vous cliquez pour la première fois sur le bouton Formulaire dans la barre d'outils Accès rapide, Excel analyse la ligne qui comporte les noms des champs (les en-têtes) ainsi que le contenu du premier enregistrement, et fabrique un formulaire de saisie reprenant ces informations. Assurez-vous au préalable que la cellule active se trouve bien dans le tableau.

Ce formulaire liste les noms de champs de haut en bas dans la partie gauche de la fenêtre, et les entrées correspondantes du premier enregistrement dans autant de champs de saisie. C'est ce qu'illustre la Figure 10.2.

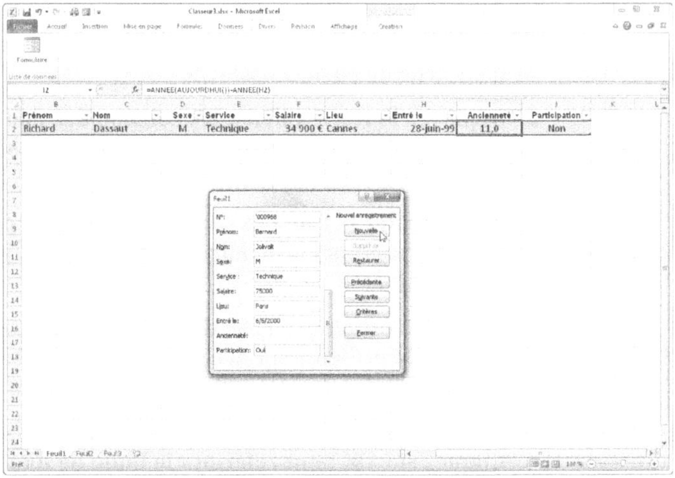

Figure 10.2 : Cliquer sur le bouton Nouvelle entre l'enregistrement suivant dans la liste.

Si un des champs est calculé, sa valeur sera affichée dans le formulaire, mais aucune saisie ne sera possible.

La partie droite de la fenêtre comprend une série de boutons. Ils vous servent à insérer, supprimer ou encore retrouver un enregistrement. Juste au-dessus du bouton Nouvelle, vous pouvez voir le numéro de l'enregistrement courant suivi du nombre total d'enregistrements de la liste (soit 1/1 lorsque vous venez de créer le tableau).

La mise en forme appliquée aux différents champs du premier enregistrement est automatiquement appliquée à tous les enregistrements qui suivent, et utilisée (si possible) dans le formulaire. Supposons par exemple que vous ayez formaté dans le premier enregistrement de votre table une colonne Téléphone en utilisant comme format de cellule Spécial/Numéro de téléphone (reportez-vous au Chapitre 3 pour plus d'informations sur les formats de cellules). De cette manière, vous n'aurez pas besoin de saisir les espaces entre les groupes de chiffres. Il vous suffira par exemple de saisir **0123456789** dans le champ Téléphone de la liste ou du formulaire pour voir apparaître 01 23 45 67 89 dans la cellule correspondante.

La saisie de nouveaux enregistrements est on ne peut plus simple. Lorsque vous cliquez sur le bouton Nouvelle, Excel affiche un formulaire vierge (ce qui est signalé par la mention

Nouvel enregistrement, en haut et à droite de la boîte de dialogue). Il suffit de remplir les champs.

Une fois rempli le premier champ, appuyez sur la touche de tabulation pour passer au suivant.

Attention ! Si vous appuyez sur la touche Entrée, vous insérerez tout simplement le nouvel enregistrement, incomplet, dans la liste de données. Ce qui n'est certainement pas ce que vous souhaitez faire.

Continuez à entrer les informations voulues en appuyant à chaque fois sur la touche Tab.

- Si vous constatez que vous venez de faire une erreur et voulez la corriger tout de suite, appuyez sur Maj + Tab pour remonter jusqu'au champ erroné.
- Pour remplacer une entrée, saisissez simplement le nouveau contenu.
- Pour éditer certains caractères du champ courant, cliquez à la position voulue ou servez-vous des flèches gauche et droite pour vous placer sur la section à éditer.

N'appuyez pas sans réfléchir sur les touches de défilement vers le haut ou vers le bas : elles servent en fait à circuler entre les enregistrements !

- Si une donnée doit être reproduite dans une série d'enregistrements, pensez à la sélectionner en entier et à la copier. Cela vous évitera par exemple de saisir des centaines de fois **Hauts-de-Seine** si vous avez de nombreux clients dans ce département…
- Si avez à entrer des dates, utilisez un format reconnu par Excel. Exemple : **25/06/10**.
- Pour les codes postaux comme dans **07120**, formatez au préalable le champ correspondant en lui appliquant le style de nombre spécial Code postal. Cela vous évitera de perdre l'éventuel zéro de gauche. Reportez-vous au Chapitre 3 pour plus d'informations sur la mise en forme des cellules.

- Pour forcer la prise en compte de zéros en préfixe devant d'autres types de nombres, saisissez d'abord une apostrophe. Ce signe demande à Excel de traiter la valeur numérique comme s'il s'agissait d'un texte. L'apostrophe elle-même ne sera pas affichée, sauf dans la barre de formule.

Lorsque vous avez fini de remplir un enregistrement, appuyez sur la touche Entrée, sur la touche de défilement vers le bas, ou bien cliquez sur le bouton Nouvelle. Excel insère le nouvel enregistrement dans la liste de données et affiche un nouveau formulaire vierge (voir la Figure 10.3). Continuez la saisie.

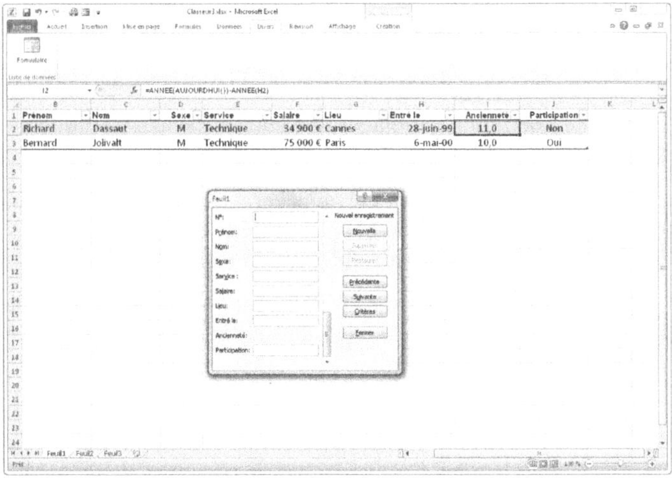

Figure 10.3 : Excel insère le nouvel enregistrement en fin de liste et affiche un formulaire vierge.

Lorsque vous avez terminé l'insertion d'enregistrements dans la liste de données, appuyez sur la touche Echap ou cliquez sur le bouton Fermer de la boîte de dialogue, ce qui referme le formulaire.

Modifier des enregistrements à l'aide du formulaire

Vos enregistrements créés, vous pouvez à tout moment revenir au formulaire pour effectuer des opérations de maintenance. Un traitement courant consiste à rechercher une certaine ligne, puis à mettre à jour tel ou tel champ (ou encore pour la supprimer de la table).

- Localisez l'enregistrement que vous voulez éditer en vous servant du formulaire (voyez ci-dessous les sections "Se déplacer dans les enregistrements à l'aide du formulaire" et "Trouver des enregistrements à l'aide du formulaire").
- Pour modifier un champ de l'enregistrement courant, sélectionnez-le en vous servant des touches Tab et Maj + Tab. Saisissez alors un nouveau contenu.

  Vous pouvez également cliquer dans le champ, ou utiliser les flèches de déplacement gauche et droite, pour effectuer une correction partielle.
- Pour effacer complètement le contenu d'un champ, sélectionnez-le et appuyez sur la touche Suppr.

Pour effacer totalement un enregistrement de la liste de données, cliquez sur le bouton Supprimer. Excel affiche le message d'avertissement suivant :

```
L'enregistrement affiché sera supprimé définitivement
```

Pour confirmer la suppression, cliquez sur OK. Autrement, cliquez sur Annuler.

N'oubliez pas qu'il est impossible de recourir au bouton Restaurer pour rétablir un enregistrement effacé avec Supprimer ! En fait, ce bouton ne fait que rétablir un champ que vous avez modifié. Excel ne plaisante pas lorsqu'il vous avertit qu'il supprimera *définitivement* l'enregistrement. À titre de précaution, vous devriez *toujours* enregistrer une copie de sauvegarde du fichier sur lequel vous travaillez *avant* de commencer à supprimer des données périmées.

Se déplacer dans les enregistrements à l'aide du formulaire

Dans le formulaire, vous pouvez vous servir de la barre de défilement qui se trouve à droite des champs pour circuler entre les enregistrements de la liste de données jusqu'à ce que vous trouviez celui que vous voulez éditer ou supprimer. Vous disposez également de diverses touches d'action pour accéder aux lignes de la table. Résumons tout cela :

- **Pour accéder à l'enregistrement suivant :** Appuyez sur la flèche de déplacement vers le bas ou appuyez sur Entrée, ou cliquez sur le bouton fléché qui se trouve en bas de la barre de défilement.
- **Pour accéder à l'enregistrement précédent :** Appuyez sur la flèche de déplacement vers le haut ou appuyez sur Maj + Entrée, ou cliquez sur le bouton fléché qui se trouve en haut de la barre de défilement.
- **Pour avancer de dix enregistrements à la fois :** Appuyez sur la touche Page Bas.
- **Pour reculer de dix enregistrements à la fois :** Appuyez sur la touche Page Haut.
- **Pour accéder au premier enregistrement de la liste :** Appuyez sur la combinaison Ctrl + flèche de déplacement vers le haut ou sur Ctrl + Page Haut, ou faites remonter la barre de défilement jusqu'en haut.
- **Pour accéder au dernier enregistrement de la liste :** Appuyez sur la combinaison Ctrl + flèche de déplacement vers le bas ou sur Ctrl + Page Bas, ou faites descendre la barre de défilement jusqu'en bas.

Trouver des enregistrements à l'aide du formulaire

Dans une liste de données réellement longue, essayer de retrouver une ligne particulière en se déplaçant d'un enregistrement à la fois (ou même de dix en dix enregistrements) peut prendre toute la journée. Au lieu de perdre votre temps à travailler manuellement (et de gâcher le talent des brillants esprits qui ont créé votre ordinateur), faites appel au bouton Critères du formulaire pour automatiser ce genre de tâche.

Lorsque vous cliquez sur Critères, Excel vide tous les champs du formulaire. Pour vous éviter toute confusion, il remplace aussi le numéro d'enregistrement par le mot Critères. À partir de là, vous pouvez entrer dans un ou plusieurs champs ce que vous recherchez.

Supposons par exemple que vous ayez besoin de retrouver l'ancienneté d'une employée. Vous n'avez pas son matricule sous la main et son nom vous échappe. Tout ce dont vous vous souvenez, c'est qu'elle s'appelle Marie quelque chose, et qu'elle travaille à l'agence de Paris.

Pour retrouver cet enregistrement, vous pouvez déjà vous servir des renseignements dont vous disposez afin de localiser les personnes qui travaillent à `Paris` et dont le prénom commence par `Mar`. Activez la feuille qui contient vos données, ouvrez le formulaire, cliquez sur le bouton Critères et tapez dans le champ Prénom :

```
Mar*
```

Saisissez ensuite le nom de la localité dans le champ Lieu (comme sur la Figure 10.4) :

```
Paris
```

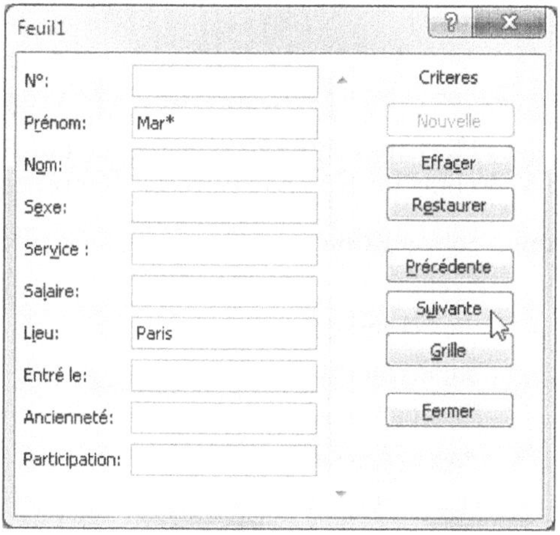

Figure 10.4 : Définir un critère de recherche dans le formulaire pour retrouver un enregistrement spécifique.

Lorsque vous entrez un critère de recherche dans un champ du formulaire, vous pouvez vous servir des caractères de substitution suivants : * (n'importe quelle série de caractères) et ? (un caractère unique à cet emplacement précis).

Cliquez maintenant sur le bouton Suivante. Excel affiche dans le formulaire le premier enregistrement qui vérifie votre critère (en l'occurrence, la première Marianne, Marie, Martine ou autre "Mar quelque chose" travaillant à Paris), (voir la Figure 10.5). Modifiez éventuellement le contenu des champs. Lorsque vous aurez terminé, cliquez sur le bouton Fermer. L'enregistrement est aussitôt mis à jour.

Figure 10.5 : Voici le premier enregistrement correspondant aux critères.

Quand vous utilisez le bouton Critères du formulaire pour localiser des enregistrements, vous pouvez inclure différents opérateurs de comparaison afin de préciser votre requête :

Opérateur	**Signification**
=	Égal à
>	Plus grand que
>=	Supérieur ou égal à
<	Plus petit que
<=	Inférieur ou égal à
<>	Différent de

Pour n'afficher par exemple que les enregistrements pour lesquels le salaire de l'employé est supérieur à 22 000 euros, entrez **>=22000** dans le champ Salaire, puis cliquez sur le bouton Suivante.

Lorsque votre critère correspond à toute une série d'enregistrements, vous devrez vraisemblablement cliquer à plusieurs reprises sur les boutons Suivante et Précédente pour retrouver celui que vous voulez éditer. Si aucune ligne ne répond à votre demande, ces boutons se contenteront d'émettre un signal sonore pour signifier leur refus.

Pour modifier une requête, cliquez à nouveau sur le bouton Critères, puis sur Effacer. Entrez alors tout à fait normalement un nouveau critère de recherche.

Pour basculer vers l'enregistrement courant sans utiliser le critère de recherche, cliquez sur le bouton Grille (celui qui remplace Critères lorsque vous êtes en mode de saisie d'une requête).

Trier les enregistrements d'une liste de données

Chaque liste de données possède un certain ordre préférentiel servant à afficher ou gérer les données d'une manière cohérente. Cet ordre préférentiel peut être celui des noms de famille, des sociétés, des codes individuels, des services ou des agences que possède l'entreprise, et ainsi de suite.

Lorsque vous procédez à la saisie initiale d'une série d'enregistrements, vous le faites sans aucun doute en respectant un certain classement (généralement, celui qui vous a été communiqué par une instance supérieure réputée compétente). Par contre, cet ordre n'est plus respecté quand vous ajoutez de nouveaux enregistrements à la liste. Dans ce cas, Excel se contente d'insérer une ligne supplémentaire à la fin du tableau.

Supposons que la liste de données a été saisie à l'origine dans l'ordre alphabétique des noms de sociétés clientes de votre entreprise (d'*Abécédaire & Co* jusqu'à *Zigomar et Fils*). Vous voulez maintenant insérer un nouveau client : *Pasta Palace*.

Excel place le nouvel enregistrement tout en bas de la liste (juste après *Zigomar & Fils*) au lieu de l'insérer au bon endroit quelque part entre *Onésime Ltd* et *Qualitatis SA*.

Et ce n'est pas le seul problème que vous rencontrez avec l'ordre initial de saisie. Même si le contenu de la liste de données reste globalement stable, l'ordre préférentiel n'est jamais que celui dont vous vous servez *la plupart du temps*. Que se passe-t-il alors si vous avez besoin de classer temporairement les enregistrements selon une hiérarchie différente ?

Prenons un exemple. Le plus souvent, vos clients sont classés en fonction du code unique qui leur est associé. En revanche, pour consulter l'état des comptes d'un client spécifique, il peut être plus facile de ranger la liste par nom. Si vous avez un publipostage à effectuer, il est évident que le travail sera simplifié si les adresses sont classées dans l'ordre des codes postaux. Pour créer un graphique des ventes par zone géographique, un tri par département et éventuellement par ville, puis par nom sera de la plus haute utilité. Et ainsi de suite.

Pour demander à Excel de classer correctement les enregistrements d'une liste de données, vous devez lui spécifier le ou les champs définissant votre critère de tri (ce que les aficionados de bases de données appellent une *clé*). Il faut aussi préciser le sens dans lequel ce tri doit être effectué :

- **Ordre ascendant :** Les textes sont placés dans l'ordre alphabétique croissant, les nombres du plus petit au plus grand, et les dates de la plus ancienne à la plus récente.

TRUC

Ordre ascendant, ordre descendant : une question de bon sens

Lorsque vous appliquez un ordre de tri ascendant à un champ de la liste de données qui contient des valeurs de différents types, Excel place en premier les nombres (du plus petit au plus grand), puis les textes (dans l'ordre alphabétique), suivis des valeurs logiques (FALSE puis TRUE), des valeurs d'erreur, et enfin des cellules vides. Si vous utilisez un tri descendant, chaque type d'entrée reste à sa place, mais dans l'autre sens. Vous trouvez donc dans l'ordre les nombres (du plus grand au plus petit), les textes (de Z à A) et les valeurs logiques (TRUE puis FALSE).

- **Ordre descendant :** Les textes sont placés dans l'ordre alphabétique décroissant, les nombres du plus grand au plus petit, et les dates de la plus récente à la plus ancienne.

Trier les enregistrements sur un seul champ

Si vous voulez ordonner votre tableau selon un unique critère (par exemple le champ Code ou Nom, ou encore Ville), il suffit de cliquer sur le bouton de filtrage qui se trouve dans l'en-tête du champ. Choisissez alors une des options suivantes dans le menu qui s'affiche :

- **Trier de A à Z** ou **Trier de Z à A** (pour un champ de texte).
- **Trier du plus petit au plus grand** ou **Trier du plus grand au plus petit** (pour un champ numérique).
- **Trier du plus ancien au plus récent** ou **Trier du plus récent au plus ancien** (pour un champ de dates).

Excel réorganise la totalité de la liste en accord avec le nouvel ordre défini dans le champ sélectionné. Si vous vous apercevez que vous avez commis une erreur, il suffit de cliquer sur le bouton Annuler de la barre d'outils Accès rapide, ou encore d'appuyer sur Ctrl + Z. Vous revenez alors au classement précédent.

TRUC

Excel signale qu'un champ est utilisé dans un tri en plaçant un symbole particulier dans son bouton de filtrage : une flèche dirigée vers le haut indique un tri ascendant (et bien sûr une flèche dirigée vers le bas un tri descendant).

Trier les enregistrements sur plusieurs champs

Si un champ contient plusieurs doublons à l'intérieur desquels vous avez besoin d'un classement plus précis des données, la méthode précédente ne suffit plus (Excel se contentant par défaut de placer les enregistrements répondant au même critère dans l'ordre de leur saisie).

Un cas simple et très courant est celui d'un tri dans l'ordre des noms. Supposons que votre base de données contient plusieurs personnes dénommées Dupont, Martin ou bien Zigomar (tous les membres de cette famille nombreuse sont vos clients). Si vous vous contentez du seul champ Nom pour trier votre liste, les Dupont, les Martin et les Zigomar vous seront livrés en vrac, c'est-à-dire tels que chacun a été saisi à l'origine dans le tableau. Pour obtenir un classement plus efficace, il conviendrait de choisir comme second critère le prénom. De cette manière, Gérard Dupont se trouverait avant Pierre Dupont, Adèle Martin avant Zoé Martin, et Vladimir Zigomar après Ladislas Zigomar.

Voici comment réaliser un tri portant sur plusieurs champs :

1. **Placez le curseur dans une cellule de la liste de données.**

2. **Sous l'onglet contextuel Accueil, cliquez sur le bouton Trier et filtrer. Dans le menu qui apparaît, choisissez la commande Tri personnalisé. Si l'onglet Données est activé, cliquez simplement sur Trier.**

   Excel sélectionne tous les enregistrements de la table (en excluant la ligne des en-têtes). Il ouvre la boîte de dialogue de la Figure 10.6.

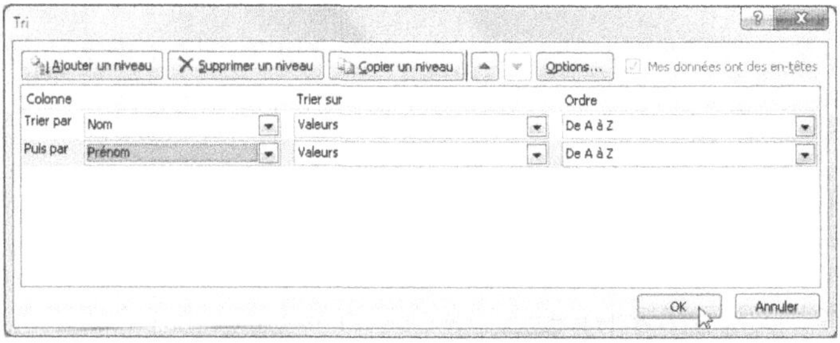

Figure 10.6 : Définir un tri personnalisé par nom et par prénom.

3. **Dans la liste déroulante Trier par, choisissez le champ principal sur lequel vous voulez que les enregistrements soient classés.**

Pour inverser le sens par défaut, servez-vous des options de la liste Ordre (de Z à A, du plus grand au plus petit, ou encore du plus récent au plus ancien).

4. **(Facultatif) Si le champ contient des doublons et que vous voulez spécifier la manière dont ces duplicatas seront ordonnés, cliquez sur le bouton Ajouter un niveau afin de définir un critère secondaire. Sélectionnez comme ci-dessus le champ voulu dans la liste Puis par. Déterminez également l'ordre ascendant ou descendant du tri.**

5. **(Facultatif) Si nécessaire, répétez l'étape précédente autant de fois que nécessaire.**

6. **Cliquez sur OK ou appuyez sur Entrée.**

Le tri, les listes de données et les autres

La commande Trier n'est pas uniquement dédiée aux listes de données. Vous pouvez l'utiliser pour ordonner des valeurs financières, des étiquettes textuelles, et ainsi de suite. Toute feuille de calcul contenant des données dont la structure est (si possible) identifiable peut être concernée. Il suffit de sélectionner la plage de cellules à trier, et uniquement cette plage. Ouvrez alors la boîte de dialogue Tri à partir de la commande Trier de l'onglet contextuel Données, ou du bouton Trier et filtrer de l'onglet Accueil.

Notez aussi qu'Excel active automatiquement dans la boîte de dialogue Tri la case Mes données ont des en-têtes. En d'autres termes, il exclut la première ligne de la sélection en considérant qu'il s'agit de noms de champs et non de données à trier. Si ce n'est pas le cas (vous avez par exemple simplement sélectionné un tableau de nombres), n'oubliez pas de cliquer sur cette case pour en retirer la coche avant de valider la boîte de dialogue.

Si vous souhaitez classer, non plus les enregistrements (les lignes), mais les colonnes de votre sélection, cliquez sur le bouton Options de la boîte de dialogue Tri. Dans la fenêtre qui s'affiche, choisissez le mode De la gauche vers la droite. Indiquez alors le numéro de la ou des lignes servant à trier les données.

Excel referme la boîte de dialogue. Il trie alors les enregistrements de la liste de données selon la hiérarchie des critères que vous venez de définir. Si vous constatez que le résultat n'est pas celui que vous escomptiez (vous avez fait une erreur quelque part…), il suffit d'annuler immédiatement le tri (par Ctrl + Z ou en cliquant sur le bouton Annuler de la barre d'outils Accès rapide). La liste revient à son état précédent.

Sur l'exemple de la Figure 10.6, j'ai sélectionné le nom comme champ principal (Trier par), et le prénom comme champ secondaire (Puis par). Autrement dit, les noms en double seront rangés dans l'ordre des prénoms. Le sens choisi pour ces deux colonnes est celui de l'ordre alphabétique ascendant. La Figure 10.7 illustre le résultat obtenu : La colonne C (Nom) est classée alphabétiquement, de même que la colonne B (Prénom).

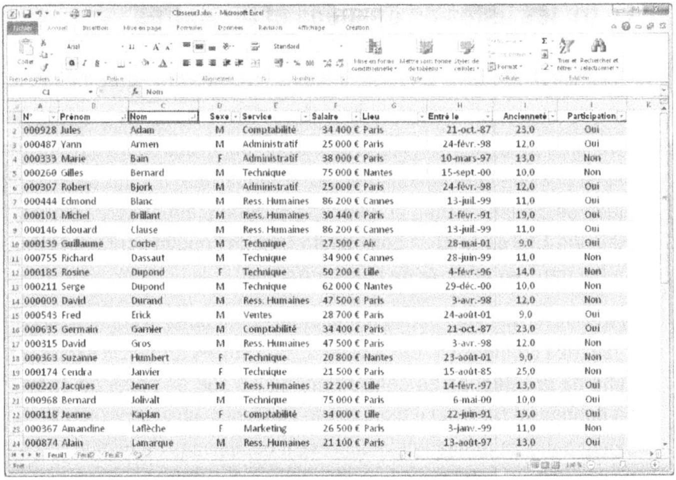

N°	Prénom	Nom	Sexe	Service	Salaire	Lieu	Entré le	Ancienneté	Participation
000928	Jules	Adam	M	Comptabilité	34 400 €	Paris	21-oct.-87	23,0	Oui
000487	Yann	Armen	M	Administratif	25 000 €	Paris	24-févr.-98	12,0	Oui
000333	Marie	Bain	F	Administratif	38 000 €	Paris	10-mars-97	13,0	Non
000260	Gilles	Bernard	M	Technique	75 000 €	Nantes	15-sept.-00	10,0	Non
000307	Robert	Bjork	M	Administratif	25 000 €	Paris	24-févr.-98	12,0	Oui
000444	Edmond	Blanc	M	Ress. Humaines	86 200 €	Cannes	13-juil.-99	11,0	Oui
000101	Michel	Brillant	M	Ress. Humaines	30 440 €	Paris	1-févr.-91	19,0	Oui
000146	Edouard	Clause	M	Ress. Humaines	86 200 €	Cannes	13-juil.-99	11,0	Oui
000139	Guillaume	Corbe	M	Technique	27 500 €	Aix	28-mai-01	9,0	Oui
000755	Richard	Dassaut	M	Technique	34 900 €	Cannes	28-juin-99	11,0	Non
000185	Rosine	Dupond	F	Technique	50 200 €	Lille	4-févr.-96	14,0	Non
000211	Serge	Dupond	M	Technique	62 000 €	Nantes	29-déc.-00	10,0	Non
000009	David	Durand	M	Ress. Humaines	47 500 €	Paris	3-avr.-98	12,0	Non
000543	Fred	Erick	M	Ventes	28 700 €	Paris	24-août-01	9,0	Oui
000635	Germain	Garnier	M	Comptabilité	34 400 €	Paris	21-oct.-87	23,0	Oui
000315	David	Gros	M	Ress. Humaines	47 500 €	Paris	3-avr.-98	12,0	Non
000363	Suzanne	Humbert	F	Technique	20 800 €	Nantes	23-août-01	9,0	Non
000174	Cendra	Janvier	F	Technique	21 500 €	Paris	15-août-85	25,0	Non
000220	Jacques	Jenner	M	Ress. Humaines	32 200 €	Lille	14-févr.-97	13,0	Oui
000968	Bernard	Jolivalt	M	Technique	75 000 €	Paris	6-mai-00	10,0	Oui
000118	Jeanne	Kaplan	F	Comptabilité	34 000 €	Lille	22-juin-91	19,0	Oui
000367	Amandine	Laflèche	F	Marketing	26 500 €	Paris	3-janv.-99	11,0	Non
000874	Alain	Lamarque	M	Ress. Humaines	21 100 €	Paris	13-août-97	13,0	Oui

Figure 10.7 : La liste des employés est classée dans l'ordre des noms, puis des prénoms.

Filtrer les enregistrements d'une liste de données

La fonction de filtrage d'Excel permet de masquer en un tournemain tout ce qui ne vous intéresse pas dans une liste de données. Pour limiter l'affichage aux seules lignes qui contiennent une valeur particulière, cliquez sur le bouton de filtre situé à droite d'un en-tête de champ. Toutes les entrées de cette colonne apparaissent dans un menu. Sélectionnez celle(s) que vous voulez utiliser comme filtre en décochant les valeurs à exclure. Excel affichera uniquement les enregistrements correspondants et masquera temporairement tous les autres.

Sur la Figure 10.8, par exemple, j'ai filtré la liste des employés afin de ne montrer que ceux qui travaillent à Aix et à Lille. Pour cela, j'ai cliqué le petit bouton de filtrage à droite de l'en-tête Lieu, puis j'ai cliqué dans la case Sélectionner tout (dans le menu qui apparaît) afin de supprimer toutes les coches. J'ai ensuite coché les cases Aix et Lille.

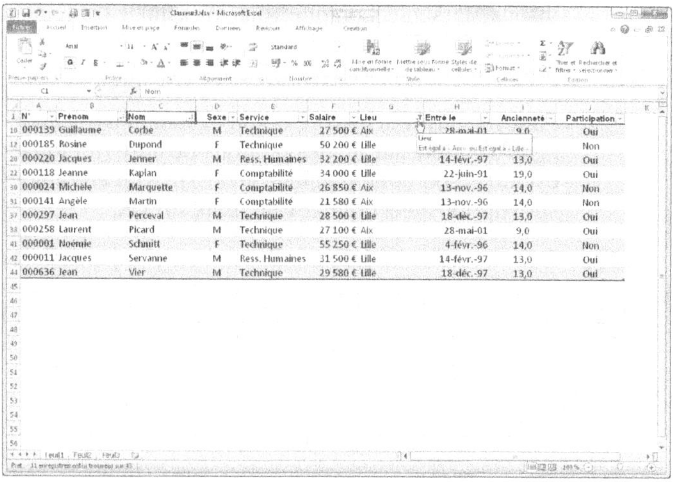

Figure 10.8 : La base de données des employés après un filtrage ne retenant que les villes Aix et Lille.

TRUC

Une fois les données filtrées, il peut être intéressant de les recopier pour leur appliquer un traitement spécifique. Sélectionnez vos enregistrements et envoyez-les vers le Presse-papiers en choisissant la commande Copier sous l'onglet Accueil (ou en appuyant sur Ctrl + C). Cliquez ensuite dans la cellule de destination (celle qui correspondra au coin supérieur gauche du tableau), puis collez le contenu du Presse-papiers (par Ctrl + V ou *via* la commande Coller de l'onglet Accueil). La copie peut s'effectuer vers la droite de la feuille (pour ne pas interférer avec votre liste de données) ou mieux vers une autre feuille. Quand vous avez terminé, affichez à nouveau tous les enregistrements de la liste en cochant dans le menu Filtrer l'option Sélectionner tout. Vous n'avez plus qu'à reprendre votre travail, par exemple pour réaliser un autre filtrage.

Si le résultat du filtrage d'un champ fournit plus d'enregistrements que vous n'en avez réellement besoin, vous pouvez affiner l'opération en sélectionnant un second critère dans un autre champ. Supposons par exemple que votre liste de clients comporte une colonne *Région*. Vous appliquez un filtre pour isoler les clients de la région PACA. Comme vos affaires marchent très bien dans le Sud-Est, vous vous retrouvez avec plusieurs centaines de références. Pour réduire le nombre d'enregistrements à une quotité plus gérable, vous pouvez par exemple définir comme critère supplémentaire un nom de ville, disons Marseille. Lorsque vous avez fini le traitement de vos clients marseillais, revenez au menu de filtre du champ Lieu et passez à une autre localité, disons Nice. Et ainsi de suite.

Pour retrouver la liste de données tout entière, cliquez dans la ligne d'en-tête sur un des boutons de filtre (lorsqu'un champ est filtré, son bouton affiche le dessin d'un entonnoir). Cliquez sur l'option Sélectionner tout, puis sur OK.

Si les boutons insérés par Excel dans chaque cellule de la ligne d'en-tête vous gênent, sachez qu'il est possible de les masquer en cliquant sur le bouton Filtrer de l'onglet Données (Alt + Y2T). Cliquez encore une fois, et ils réapparaissent.

Filtres numériques prédéfinis

Excel contient un filtre numérique prédéfini appelé 10 premiers. Vous pouvez utiliser cette option sur un champ numérique afin de créer votre propre *Top 10* (ou éventuellement Bottom 10…). Pour cela, suivez ces étapes :

1. **Cliquez sur le bouton de filtre d'un champ numérique. Dans le menu qui s'affiche, choisissez l'option Filtres numériques, puis *10 premiers* dans son sous-menu.**

   Excel ouvre la boîte de dialogue Les 10 premiers. Par défaut, ce sont les dix valeurs les plus élevées qui sont proposées. Vous pouvez ajuster ces paramètres avant de filtrer la liste de données.

2. **Si vous voulez ne retenir que les valeurs les plus petites, choisissez l'option Bas dans la première liste déroulante.**

3. **Vous préférez peut-être le Top 50 ? Entrez la quantité de valeurs à filtrer dans la zone du milieu, ou servez-vous des flèches de défilement pour choisir un nombre.**

4. **La dernière liste permet de faire un choix entre valeurs proprement dites et pourcentages (les plus élevés ou les plus bas).**

5. **Cliquez sur OK quand vous avez terminé. Excel filtre la liste pour n'afficher que les lignes qui correspondent à votre critère.**

La Figure 10.9 révèle la liste des employés les mieux payés, mais sans tri croissant ou décroissant de la colonne. Pour mettre en tête de liste le ou les salaires les plus élevés, un tri de la colonne Salaire par ordre décroissant s'impose.

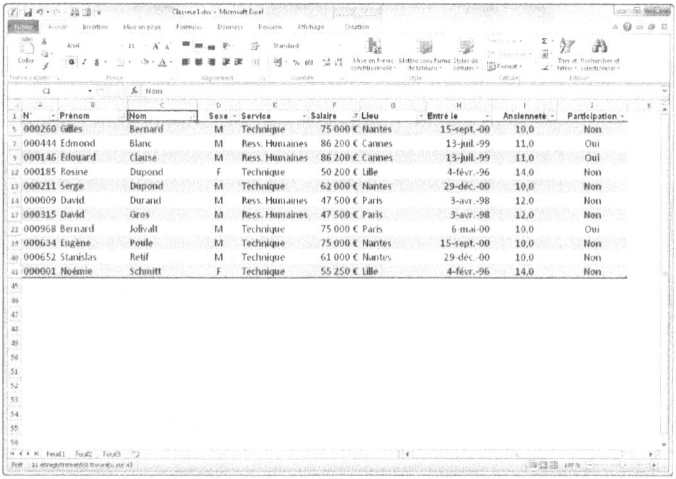

Figure 10.9 : Filtrage numérique portant sur les dix salaires les plus élevés.

N'OUBLIEZ PAS

Pour supprimer un filtrage numérique, ouvrez de nouveau le menu Filtrer et cliquez sur Sélectionner tout.

Filtres de dates prédéfinis

Pour filtrer le contenu d'un champ qui contient des dates, Excel propose une impressionnante série d'options chronologiques prédéfinies : Aujourd'hui, Demain comme Hier, ou encore la semaine, le mois, le trimestre ou bien l'année qui précède, en cours ou qui suit. Vous disposez également des filtres Année à ce jour et Toutes les dates de cette période. Avec cette dernière option, vous avez la possibilité de sélectionner aussi bien l'un des douze mois de l'année que l'un des quatre trimestres.

Pour appliquer l'un de ces critères, cliquez sur le bouton de filtre du champ qui contient les dates, choisissez Filtres chronologiques, et faites votre marché dans la liste des options. Revenez à la table de données complète en cliquant sur Sélectionner tout.

Créer des filtres personnalisés

Vous pouvez non seulement limiter l'affichage des données aux enregistrements dont *certains* champs contiennent *certaines* valeurs spécifiques (comme *PACA* dans un champ Région et *Marseille* dans un champ Lieu), mais aussi créer des filtres personnalisés permettant de réaliser des filtrages moins restreints. Il est par exemple parfaitement possible de n'afficher que les Martin, Mauduit, Mouton et plus généralement tous les noms qui commencent par *M*, ou encore de se limiter à une plage de valeurs (disons, les salaires compris entre 22 000 et 27 000 euros).

Pour créer votre propre critère, cliquez comme à l'habitude sur le bouton de filtrage associé au champ voulu. Dans le menu qui apparaît, choisissez selon le cas l'option Filtres textuels, Filtres numériques ou Filtres chronologiques. Cliquez ensuite dans le sous-menu sur la commande Filtre personnalisé. Excel affiche la boîte de dialogue Filtre automatique personnalisé (voir la Figure 10.10).

TRUC

Les sous-menus Filtres textuels, Filtres numériques et Filtres chronologiques proposent des raccourcis vers cette boîte de dialogue *via* des options appelées Est égal à, Est différent de, Commence par, Supérieur à, Entre, et ainsi de suite.

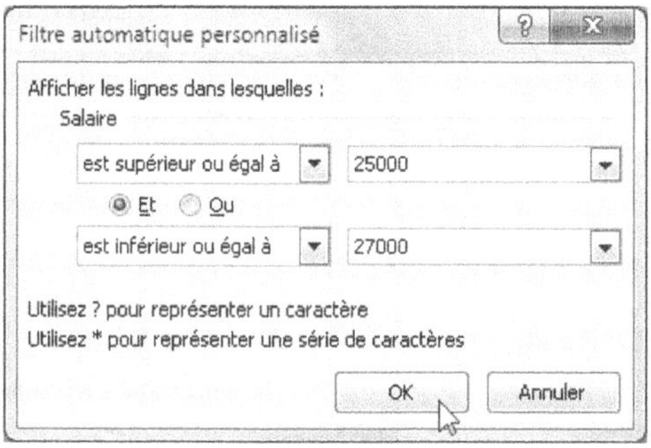

Figure 10.10 : Définir un filtre personnalisé pour afficher par exemple une fourchette de salaires.

Dans cette boîte de dialogue, vous commencez par définir dans la première liste déroulante l'opérateur à utiliser. Dans la seconde liste, vous sélectionnez, éditez et/ou saisissez la valeur à laquelle s'appliquera l'opérateur. Les différentes possibilités dont vous disposez sont décrites dans le Tableau 10.1.

Tableau 10.1 : Les différentes possibilités offertes par la boîte de dialogue Filtre automatique personnalisé.

Opérateur	Exemple	Enregistrements localisés
Est égal à	Salaire est égal à 22000	Les employés qui gagnent exactement 22 000 euros.
Est différent de	Lieu est différent de Paris	Tous les employés, sauf ceux qui travaillent à Paris.
Est supérieur à	Ancienneté supérieure à 9	Les employés qui ont plus de neuf ans révolus (et donc au moins dix ans) d'ancienneté.
Est supérieur ou égal à	Ancienneté supérieure ou égale à 9	Les employés qui ont au moins neuf ans d'ancienneté.
Est inférieur à	Ancienneté inférieure à 9	Les employés qui ont strictement moins de neuf ans d'ancienneté.
Est inférieur ou égal à	Ancienneté inférieure ou égale à 9	Les employés qui ont au plus neuf ans d'ancienneté.
Commence par	Nom commence par D	Tous les employés dont le nom commence par la lettre *D*.
Ne commence pas par	Nom ne commence pas par D	Tous les employés, sauf ceux dont le nom commence par la lettre *D*.

Opérateur	Exemple	Enregistrements localisés
Se termine par	Nom se termine par er	Tous les employés dont le nom se termine par la syllabe *er*.
Ne se termine pas par	Nom ne se termine pas par er	Tous les employés, sauf ceux dont le nom se termine par la syllabe *er*.
Contient	Nom contient er	Tous les employés dont le nom contient la syllabe *er*.
Ne contient pas	Nom ne contient pas er	Tous les employés, sauf ceux dont le nom contient la syllabe *er*.

Pour ne filtrer que les enregistrements dans lesquels un champ particulier contient, ne contient pas, est égal à ou différent de, plus petit ou plus grand que, il suffit de cliquer sur OK. Excel applique immédiatement le filtre à la liste de données. Mais vous pouvez aussi utiliser la boîte de dialogue Filtre automatique personnalisé pour n'afficher que les enregistrements qui vérifient l'un, l'autre ou deux critères, ou encore pour lesquels une certaine valeur appartient à un certain intervalle.

Pour définir un intervalle, choisissez comme premier opérateur *est supérieur à* ou *est supérieur ou égal à*. Entrez ou sélectionnez dans le champ de saisie correspondant la limite inférieure de votre intervalle. Vérifiez que l'option *Et* est bien activée au milieu de la fenêtre. Définissez ensuite le second opérateur dans la liste du bas : *est inférieur à* ou *est inférieur ou égal à*. Entrez ou sélectionnez en regard de cet opérateur la limite supérieure de l'intervalle.

Vous pouvez observer dans les Figures 10.10 et 10.11 comment j'ai filtré les salaires de la liste des employés pour n'afficher que ceux qui gagnent de 22 000 à 27 000 euros. Cette fourchette a été définie en choisissant tout d'abord l'opérateur *est supérieur ou égal à*, suivi de la valeur *22000*. Avec le connecteur logique *Et* activé, j'ai ensuite sélectionné l'opérateur *est inférieur ou égal à* et la valeur *27000*. La Figure 10.11 illustre le résultat produit par ce filtre personnalisé.

Pour définir une condition Ou (soit l'un, soit l'autre), vous devez normalement choisir entre les opérateurs *est égal à* ou *est différent de*, puis entrer la première valeur. Cliquez ensuite sur

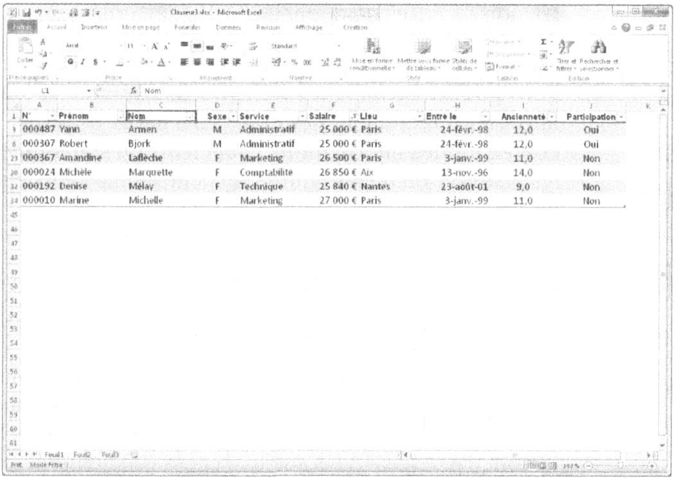

Figure 10.11 : La table des employés après application d'un filtre personnalisé pour les salaires.

Ou, spécifiez le second opérateur, saisissez la seconde valeur et validez.

Supposons par exemple que vous vouliez afficher tous les employés travaillant soit dans le service comptabilité, soit aux ressources humaines. Dans la boîte de dialogue Filtre automatique personnalisé, vous sélectionnez comme premier opérateur "est égal à", puis vous choisissez Comptabilité dans la liste déroulante de droite. Vous cliquez ensuite sur l'option Ou. Vous sélectionnez à nouveau "est égal à" dans la deuxième liste d'opérateurs, puis Ressources humaines comme seconde entrée. Il ne vous reste plus qu'à cliquer sur OK.

TRUC

Reconnaissons que cet exemple n'est pas le plus adapté... Vous pourriez en effet facilement obtenir le même résultat à partir du menu Filtrer du champ Département. Cliquez sur Sélectionner tout pour désactiver toutes les valeurs, puis sur Comptabilité et Ressources humaines. Validez, et c'est tout.

Importer des données externes

Excel 2010 simplifie l'importation dans une feuille de calcul de données provenant de tables créées avec un système de gestion de bases de données (SGBD) externe comme Microsoft Access.

Vous pouvez également faire appel à des requêtes Web pour importer directement des données à partir de pages Web contenant des informations financières ou statistiques afin de les analyser ou de les éditer dans une feuille de calcul Excel.

Interroger une table Access

Pour envoyer une requête vers une table provenant d'une base de données Access, commencez par activer l'onglet Données. Cliquez ensuite sur le bouton Données externes, à gauche du Ruban, puis sur *À partir du fichier Access*. Excel affiche la boîte de dialogue Sélectionner la source de données. Sélectionnez le nom d'une base de données Access (un fichier d'extension `mdb`). Cliquez sur Ouvrir. La boîte de dialogue Sélectionner le tableau apparaît. Vous pouvez y sélectionner la table que vous voulez importer dans la feuille de calcul.

Cela fait et après avoir cliqué sur OK, la boîte de dialogue Importation de données apparaît. Elle contient différentes options :

- **Tableau :** Demande à importer les données de la table Access dans un tableau Excel, soit dans la feuille courante, soit dans une nouvelle feuille de calcul (voir ci-après).
- **Rapport de tableau croisé dynamique :** Demande à importer les données Access dans un nouveau tableau croisé dynamique.
- **Rapport de graphique croisé dynamique et de tableau croisé dynamique :** Demande à importer les données Access dans un nouveau tableau croisé dynamique comprenant un graphique que vous pouvez construire à partir des données Access.
- **Ne créer que la connexion :** Établit le lien vers les données de la table Access sélectionnée, mais sans importer les données dans la feuille de calcul d'Excel.
- **Feuille de calcul existante** (c'est la valeur par défaut) : Demande à importer les données Access à partir de la

cellule courante de la feuille active. Si vous voulez changer de feuille ou de cellule, servez-vous du bouton de sélection situé à droite du champ.

- **Nouvelle feuille de calcul :** Demande à importer les données Access en créant pour cela une nouvelle feuille placée au début du classeur actif.

La Figure 10.12 montre une feuille de calcul Excel après importation (sous forme de tableau) d'une table d'un fichier Access. Une fois les données affichées, vous pouvez par exemple les filtrer (voir plus haut).

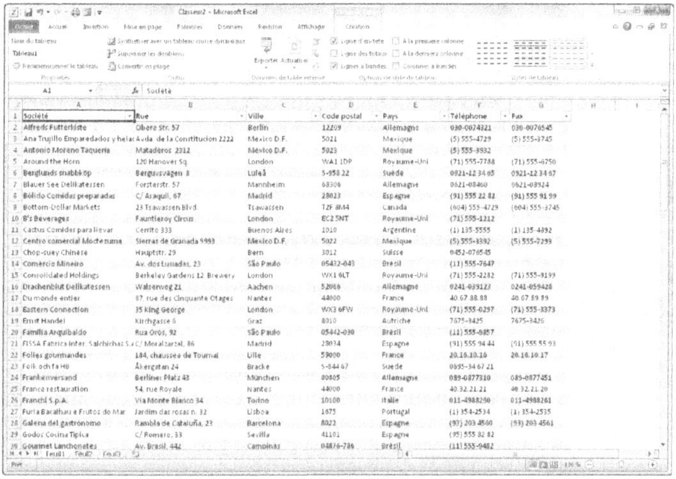

Figure 10.12 : Des données Access ont été importées dans la feuille de calcul.

TRUC

Excel conserve une liste de toutes les requêtes adressées vers des données externes. De cette manière, vous pouvez facilement réimporter des données actualisées à partir d'une base ou d'une page Web. Pour cela, activez l'onglet Données, et cliquez successivement sur Données externes, puis sur Connexions existantes. Dans la boîte de dialogue qui s'affiche, choisissez le nom de la requête à exécuter et cliquez sur Ouvrir.

Les bases de données créées et gérées avec Microsoft Access ne sont évidemment pas les seules sources externes sur lesquelles vous pouvez émettre des requêtes. Pour importer des données à partir de systèmes différents, cliquez sur le bouton

À partir d'autres sources, toujours sous l'onglet Données. Vous disposez alors des options suivantes :

- **SQL Server :** Importe des données d'une table SQL Server.
- **Analysis Services :** Importe des données d'un cube SQL Server Analysis.
- **Importation de données XML :** Importe des données à partir d'un fichier XML que vous ouvrez et mappez.
- **Assistant Connexion de données :** Importe des données provenant d'une table créée sous un SGBD accessible depuis l'assistant Connexion de données et OLEDB (*Object Linked Embedded Database*).
- **Microsoft Query :** Importe des données à partir d'une table de base de données accessible *via* Microsoft Query et ODBC (*Open DataBase Connectivity*).

Effectuer une requête sur le Web

ATTENTION !

Vous ne pouvez évidemment effectuer des requêtes sur le Web que si votre ordinateur est connecté à l'Internet.

Pour réaliser une requête sur une page Web, activez l'onglet Données, cliquez sur Données externes, puis sur le bouton de commande À partir du site. Excel affiche la fenêtre Nouvelle requête sur le Web. Elle chargera la page d'accueil de votre navigateur Web par défaut.

Pour sélectionner la page Web contenant les données que vous voulez importer dans Excel, vous pouvez :

- Saisir l'adresse URL voulue dans le champ Adresse de la boîte de dialogue Nouvelle requête sur le Web.
- Utiliser la fonction de recherche normalement affichée sur votre page d'accueil, ou cliquer sur des liens jusqu'à ce que vous ayez localisé les données que vous voulez importer.

Supposons donc que vous ayez trouvé la page qui contient les données voulues. Excel signale les tableaux importables par une petite case jaune ornée d'une flèche pointant vers la droite, en haut à gauche. Pour importer un ou plusieurs tableaux, cliquez sur leur case afin de la cocher. Cette technique est illustrée Figure 10.13.

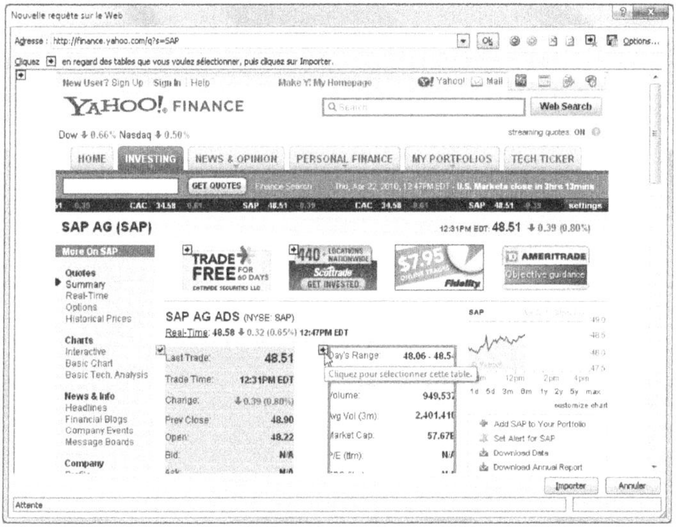

Figure 10.13 : En bas à gauche, le tableau Last Trade, sur le site Yahoo Finance, est coché, prêt à être importé dans Excel. Le tableau Day's Range, à sa droite, est prêt à être sélectionné.

La sélection terminée, cliquez sur le bouton Importer de la fenêtre Nouvelle requête sur le Web. Excel ouvre alors une version réduite de la boîte de dialogue Importation de données. Elle ne contient plus que deux options :

- **Feuille de calcul existante :** Demande à importer les données Web à partir de la cellule courante de la feuille active. Si vous voulez changer de feuille ou de cellule, servez-vous du bouton de sélection situé à droite du champ.
- **Nouvelle feuille de calcul :** Demande à importer les données Web en créant pour cela une nouvelle feuille placée au début du classeur actif.

N'OUBLIEZ PAS

Le bouton Propriétés permet notamment de configurer la manière dont les données seront (ou non) actualisées à partir de la page Web. Il est ainsi possible de demander une mise à jour chaque fois que le fichier est ouvert, puis toutes les *n* minutes. Voilà qui est intéressant pour les boursicoteurs...

Lorsque vous cliquez sur OK, Excel referme la boîte de dialogue et importe tous les tableaux de données sélectionnés dans la page Web. Selon les choix que vous avez faits dans la boîte de dialogue Importation de données, il insère cette liste soit dans la cellule A1 d'une nouvelle feuille de calcul, soit à partir de la cellule courante dans la feuille active.

La Figure 10.14 illustre le résultat produit par la requête initiée sur la Figure 10.13. Par défaut, Excel insère simplement les valeurs qu'il récupère dans une ou plusieurs plages de cellules.

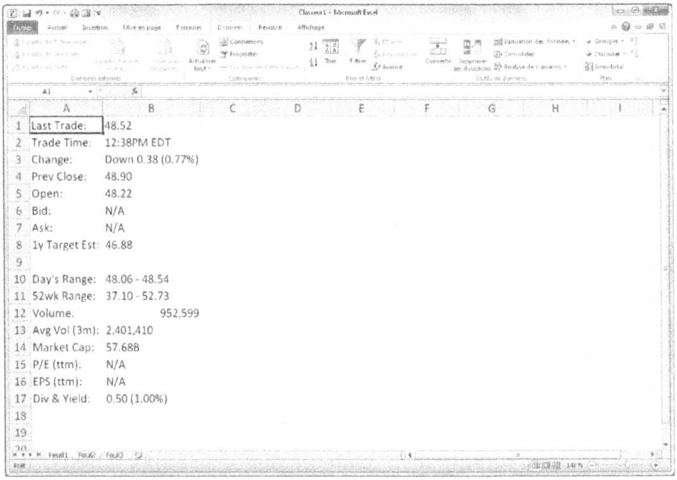

Figure 10.14 : Les données fournies par la requête Web sont insérées dans la feuille de calcul.

Si vous voulez par exemple filtrer ces données maintenant, vous devrez sélectionner successivement chaque plage, puis utiliser le bouton Mettre sous forme de tableau de l'onglet Accueil. Dans ce cas, Excel affiche le message d'avertissement suivant :

```
Votre sélection contient une ou plusieurs plages de données
externes. Voulez-vous la convertir en un tableau et supprimer
toutes les connexions externes ?
```

Si vous validez, le lien avec la page sera rompu. Si ce n'est pas ce que vous souhaitez, commencez par copier les données. Collez-les dans un autre emplacement où vous pourrez effectuer la conversion en tableau.

Chapitre 11

Compléments, hyperliens et macros

Dans ce chapitre :

- Utiliser les compléments d'Excel 2010.
- Créer des hyperliens pointant vers d'autres classeurs, feuilles de calcul, documents Office, pages Web ou adresse électronique.
- Créer et enregistrer des macros pour automatiser les tâches répétitives.
- Partager une feuille de calcul sur le Web.
- Modifier les feuilles de calcul avec des applications Excel Web.

En lisant le titre de ce chapitre, vous pouvez avoir l'impression qu'il s'agit tout juste d'un pot-pourri ou d'un fourre-tout. Bref, le genre de chapitre où l'auteur case les informations qu'il n'a pas réussi à introduire dans le reste du livre. Eh bien pas du tout ! Ce chapitre est consacré à un thème bien défini : comment accroître la puissance d'Excel.

Les compléments, les hyperliens et les macros sont trois moyens de rendre Excel encore plus performant et plus souple : les compléments à cause des fonctionnalités supplémentaires qu'ils apportent à Excel, les hyperliens pour l'ouverture qu'ils offrent en direction d'autres feuilles, classeurs ou documents Office ainsi que vers le Web ; les macros enfin pour les gains de productivité qu'elles procurent en permettant d'enregistrer et de répéter des séquences de commandes complexes.

Utiliser les compléments dans Excel 2010

On appelle *compléments* de petits modules qui étendent les capacités d'Excel en vous donnant accès à des fonctionnalités ou encore à des fonctions de calcul qui ne sont pas proposées en standard par le programme. Il existe trois types de compléments :

- Les compléments intégrés disponibles d'office dans Excel.
- Les compléments téléchargés, notamment depuis le site de Microsoft (`http://office.microsoft.com`).
- Les compléments tiers, développés et vendus par des éditeurs.

Lorsque vous venez d'installer Excel 2010, les compléments qu'il contient ne sont pas encore activés, et ne sont donc pas opérationnels. Pour charger l'un de ces programmes additionnels intégrés, suivez la procédure ci-après :

1. **Cliquez sur l'onglet Fichier puis sur le bouton Options (le raccourci est Alt + FI). Dans la boîte de dialogue Options Excel, choisissez dans le volet de gauche la catégorie Compléments.**

   La liste des compléments apparaît dans la partie droite de la fenêtre. Chaque composant est décrit par son nom, son emplacement et son type.

2. **Cliquez sur le bouton Atteindre.**

   Excel ouvre la boîte de dialogue Macro complémentaire (voir la Figure 11.1). Elle contient les noms de tous les programmes complémentaires disponibles.

3. **Cochez les cases de chacun des programmes à activer.**

   Lorsque vous cliquez sur le nom d'un complément, une brève description apparaît dans le cadre du bas.

4. **Cliquez sur le bouton OK. La boîte de dialogue se referme.**

   Un message d'alerte demande de confirmer le chargement de chaque complément sélectionné.

Figure 11.1 : Cochez les cases des compléments à activer dans Excel.

5. **Validez chaque message pour charger le complément correspondant.**

Les compléments chargés, Excel ajoute automatiquement des boutons de commandes dans le Ruban. Selon le cas, il peut s'agir d'un groupe Analyse sous l'onglet contextuel Données, ou d'un groupe Solutions sous l'onglet contextuel Formules. Par exemple, les modules Analysis Toolpak et Complément Solveur ajoutent un groupe nommé Analyse sous l'onglet Données. De même, l'Assistant Somme conditionnelle, les Outils pour l'Euro et l'Assistant Recherche sont disponibles dans le groupe Solutions de l'onglet Formules.

TRUC

Si vous n'avez plus besoin d'un complément, vous pouvez le décharger, et libérer en même temps un peu de la mémoire de l'ordinateur, en suivant la même procédure que ci-dessus, en décochant sa case à l'Étape 3.

Placer des hyperliens dans une feuille de calcul

Les *hyperliens* rendent une feuille de calcul Excel encore plus efficace en plaçant documents Office, classeurs, feuilles ou encore des cellules à un clic de souris. Ces documents peuvent par ailleurs se trouver aussi bien sur votre disque dur que sur le serveur de votre réseau local, voire être accessibles *via* des pages Web localisées sur l'intranet de votre entreprise ou aux antipodes de votre bureau. Il est également possible de créer des liens hypertextes associés à des adresses de messagerie afin de communiquer avec vos collègues ou vos clients et d'échanger directement des fichiers Excel ou autres avec eux.

Les liens définis dans une feuille de calcul peuvent appartenir à l'une des catégories suivantes :

- Texte saisi dans une cellule (on parle alors de *liens hypertextes*). Traditionnellement, ce genre de lien se signale par sa couleur bleue et par la présence d'un trait de soulignement.
- Clipart ou image importée dans la feuille de calcul.
- Graphique créé à partir de la galerie des formes, sous l'onglet Insertion. Cela revient d'ailleurs à transformer un objet graphique en bouton de commande…

La cible d'un lien textuel ou graphique peut être extrêmement variée : autre classeur Excel, autre type de fichier Microsoft Office, adresse d'un site Web (sous forme d'une URL, vous savez, le genre de monstruosité qui commence par `http://`), emplacement nommé dans le même classeur ou bien encore adresse de messagerie. Un emplacement nommé est susceptible de représenter une référence de cellule ou encore une plage entière d'une quelconque feuille (reportez-vous au Chapitre 6 pour plus d'informations sur cette question).

Voyons comment associer un hyperlien au contenu d'une cellule – qu'elle contienne du texte ou une valeur numérique – ou à un objet graphique :

1. **Vous avez le choix entre trois méthodes : ouvrir l'onglet contextuel Insertion et cliquer sur le bouton de com-**

mande Lien hypertexte (unique objet du groupe Liens), utiliser le raccourci Alt + NI, ou encore appuyer directement sur Ctrl + K (voilà un vrai raccourci !).

Excel ouvre la boîte de dialogue Insérer un lien hypertexte (voir la Figure 11.2). Vous pouvez y spécifier un fichier, une adresse Web ou de messagerie, un emplacement dans le même document, voire demander qu'un nouveau document soit créé lorsque quelqu'un clique sur le lien.

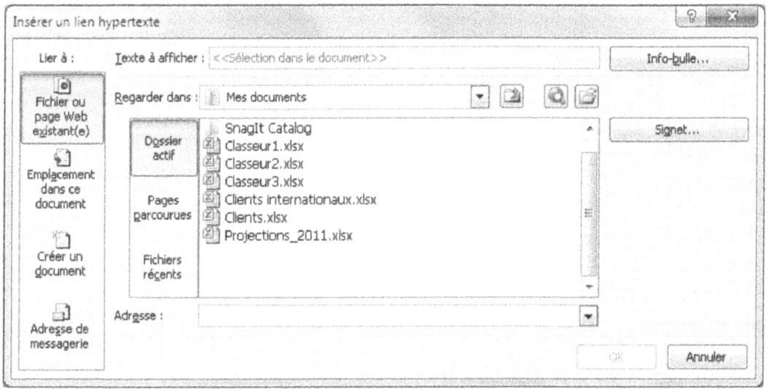

Figure 11.2 : La boîte de dialogue Insérer un lien hypertexte.

2a. Pour que le lien ouvre un autre document, une page Web sur l'intranet de votre société ou un site Web sur l'Internet, cliquez à gauche sur le bouton Fichier ou page Web existant(s). Entrez dans le champ Adresse l'emplacement du fichier ou de la page Web à ouvrir.

Si le document à lier est situé sur votre disque dur ou sur une unité connectée en réseau, cliquez sur la liste déroulante Regarder dans. Sélectionnez ensuite le bon dossier, puis le fichier voulu dans la liste du dessous. S'il s'agit d'un document ouvert il y a peu, cliquez sur le bouton Documents récents et faites votre choix.

Si le document à lier se trouve sur un site Web et que vous connaissez son adresse URL (du genre `http://www.excel2010pourlesnuls.com`), placez-la dans le champ Adresse. Vous pouvez aussi faire appel à l'historique de vos voyages sur le Web en choisissant l'option Pages parcourues.

2b. Pour que le lien provoque un déplacement du curseur vers une autre cellule (ou vers une plage nommée) du même classeur, cliquez sur le bouton Emplacement dans ce document. Saisissez ensuite l'adresse cible dans le champ Tapez la référence de la cellule, ou bien choisissez la feuille ou le nom de destination dans la liste Sélectionnez un emplacement dans ce document (voir la Figure 11.3).

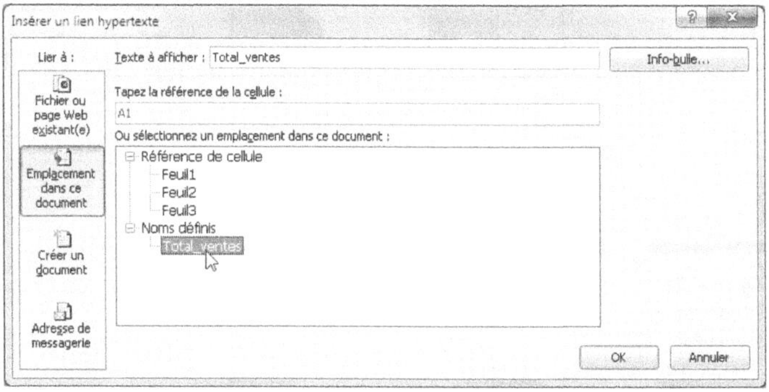

Figure 11.3 : Définir une plage nommée ou une référence de cellule dans la boîte de dialogue Insérer un lien hypertexte.

2c. Pour ouvrir un message destiné à l'un de vos correspondants, cliquez sur le bouton Adresse de messagerie. Saisissez l'adresse électronique de la personne dans le champ Adresse de messagerie (voir la Figure 11.4).

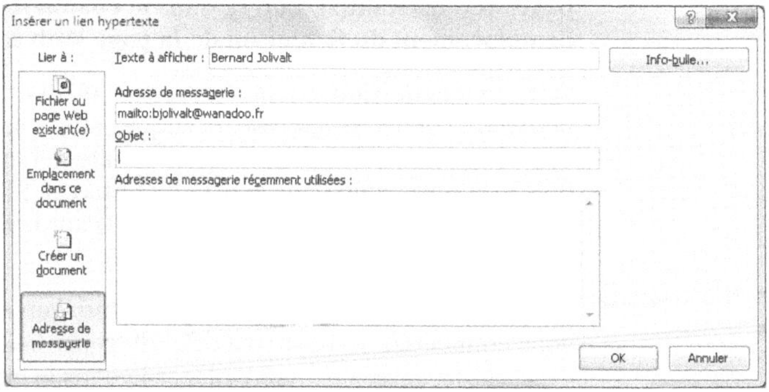

Figure 11.4 : Définir un lien vers une adresse de messagerie.

TRUC

En règle générale, le programme de messagerie est Windows Mail (Windows Vista) ou Windows Live Mail (Windows Vista ou Windows 7), ou encore Outlook Express (sous Windows XP), ou Microsoft Outlook 2010 (si votre version d'Office 2010 comprend ce gestionnaire d'informations personnelles).

Dès que vous commencez à saisir une adresse de messagerie, Excel insère le mot-clé `mailto:` en début de ligne (`mailto:` est la balise HTML qui signale à une application qu'elle doit ouvrir le programme de messagerie).

Si vous renseignez le champ Sujet, son contenu sera envoyé dans la ligne Objet du message (ou son équivalent).

Si le correspondant apparaît dans la liste Adresses de messagerie récemment utilisées, il suffit de cliquer dessus pour l'entrer dans le champ Adresse de messagerie.

3. **(Facultatif) Pour changer le contenu de la cellule qui contient le lien hypertexte (celui qui est souligné et de couleur bleue), ou pour ajouter une légende si cette cellule est vierge, tapez un intitulé dans le champ Texte à afficher.**

4. **(Facultatif) Pour créer un bref message qui apparaîtra lorsque le pointeur de la souris survolera le lien hypertexte, cliquez sur le bouton Info-bulle. Saisissez votre annotation et validez.**

5. **Cliquez sur OK pour fermer la boîte de dialogue Insérer un lien hypertexte.**

Après avoir ajouté un hyperlien dans une feuille de calcul, il est très facile de le suivre. Il suffit de placer le pointeur de la souris au-dessus du texte bleu souligné, ou au-dessus du graphique que vous venez de définir comme "cliquable". Le pointeur se transforme en main dont l'index est pointé vers le haut. Cliquez, puis Excel vous conduit aussitôt vers le document, la page Web, la cellule ou le message cible.

Lorsqu'un hyperlien a été suivi, le texte devient violet sombre tout en restant souligné. Vous savez ainsi que la cible a déjà été visitée (mais cela ne fonctionne que pour du texte, par pour les liens graphiques). Le lien sera réinitialisé lors de la prochaine ouverture du classeur ; il apparaîtra avec sa jolie couleur bleue.

Pour modifier un lien attaché à une cellule ou à un objet graphique, veillez à placer Excel en mode Édition. Sinon, vous ne feriez qu'activer le lien et vous retrouver dans un autre document, une autre feuille, une autre cellule, un site Web ou une fenêtre de message. Dans le cas d'un lien hypertexte, ne relâchez pas trop vite le bouton gauche de la souris : laissez-le enfoncé quelques secondes (vous pouvez aussi cliquer sur la cellule tout en appuyant sur la touche Ctrl). Si c'est un objet graphique, cliquez dessus du bouton droit et choisissez l'option désirée dans le menu contextuel (Modifier, Ouvrir ou Supprimer le lien hypertexte).

Automatiser les commandes avec les macros

Les *macros* – abréviation de "macro-commandes" – sont de véritables automates permettant d'enregistrer des séquences de commandes (plus ou moins) complexes. En recourant aux macros pour exécuter les tâches routinières, vous accélérerez considérablement votre travail. Excel est en effet capable de reproduire toutes les saisies et actions à la souris beaucoup plus vite que manuellement. De surcroît, les macros garantissent que chaque étape de la procédure sera répétée à l'identique, sans aucune variation, lors de chaque exécution.

L'enregistreur de macros d'Excel 2010 mémorise toutes les commandes et les saisies que vous effectuez dans un langage appelé VBA (Visual Basic pour les Applications). Il s'agit d'une version spéciale de ce bon vieux langage BASIC (nostalgie quand tu nous tiens !) développée par Microsoft pour toutes les applications Office. Apprendre le langage VBA ouvre d'infinies possibilités de programmation d'Excel, mais aussi de Word.

Enregistrer de nouvelles macros

Cliquer, sous l'onglet Affichage du Ruban, sur la flèche située sous le bouton Macros, donne accès à une commande nommée Enregistrer une macro. Mais ce n'est pas le seul point d'entrée pour cette fonctionnalité. En effet, Excel 2010 possède un onglet supplémentaire Développeur que vous pouvez faire apparaître sur le Ruban. Il contient des commandes fort utiles pour une utilisation avancée d'Excel. Voici comment placer l'onglet Développeur dans le Ruban :

1. **Cliquez sur le Fichier/Options, ou utilisez le raccourci Alt + FI, pour accéder à la boîte de dialogue Options Excel.**
2. **Cliquez sur la catégorie Personnaliser le Ruban.**
3. **Dans la colonne de droite, sous Onglets principaux, cochez la case Développeur.**
4. **Cliquez sur OK.**

Le nouvel onglet apparaît à droite des autres, dans le Ruban. Excel ajoute aussi, à gauche dans la Barre d'état, juste à côté de l'indicateur Prêt, un bouton permettant de démarrer et d'arrêter l'enregistrement de macros.

Quelle que soit la manière par laquelle vous démarrez l'enregistrement d'une macro, – depuis l'onglet Affichage, l'onglet Développeur, le bouton de la Barre d'état –, Excel enregistre toutes les actions que vous effectuerez dans la feuille de calcul ou le classeur.

L'enregistreur de macros ne mémorise pas les touches sur lesquelles vous appuyez ou les mouvements de votre souris. Son rôle consiste à créer le code VBA nécessaire à l'exécution de l'action elle-même. De ce fait, les erreurs que vous commettez en cours d'enregistrement ne seront pas incorporées dans la macro. Par exemple, si vous vous trompez dans une saisie et si vous la corrigez pendant que l'enregistreur fonctionne, seule l'entrée définitive – la commande – apparaîtra dans la macro. Les erreurs commises et les actions pour y remédier ne seront donc pas prises en compte.

Les macros créées à l'aide de l'enregistreur peuvent être enregistrées soit dans le classeur actif, soit dans un nouveau classeur, soit encore dans un classeur global appelé `PERSONAL.XLSB` (il est placé dans un sous-dossier d'Excel appelé `XLSTART`). Si vous choisissez cette dernière option, la macro pourra être exécutée à partir de n'importe quel classeur. En effet, le fichier `PERSONAL.XLSB` est automatiquement et secrètement ouvert chaque fois que vous lancez Excel. Même s'il reste caché, ses macros sont donc toujours disponibles. Par contre, les macros enregistrées dans un classeur "normal" ne sont accessibles que si ce classeur est explicitement ouvert.

Lors de la création d'une macro, vous devez spécifier non seulement l'emplacement où elle sera enregistrée, mais aussi lui donner un nom et lui affecter un raccourci clavier. Les règles à suivre pour attribuer un nom à une macro sont les mêmes que pour nommer une plage de cellules dans une feuille de calcul. Les raccourcis prennent la forme suivante :

- Touche Ctrl plus une lettre de A à Z (comme dans Ctrl + Q).
- Combinaison Ctrl + Maj plus une lettre de A à Z (comme dans Ctrl + Maj + Q).

Vous ne pouvez par conséquent pas utiliser dans vos raccourcis des signes de ponctuation ou des chiffres.

Pour juger combien il est facile d'enregistrer des macros, essayez l'exemple qui suit. Nous allons y saisir le nom d'une entreprise, en caractères gras de corps 12, puis répartir et centrer ce nom dans les colonnes A à E.

1. **Ouvrez le classeur contenant les données ou le graphique concerné par la macro.**

   Pour réaliser une macro qui ajoute de nouvelles données à une feuille, ce qui est le cas ici, ouvrez une feuille contenant de nombreuses cellules vierges. Si la cible est une cellule, placez-y le pointeur de la souris.

2. **Cliquez sur le bouton de démarrage de l'enregistrement, en bas et à gauche de la Barre d'état.**

   La boîte de dialogue Enregistrer une macro apparaît (voir la Figure 11.5). Vous y nommerez la macro, définirez son raccourci clavier, choisirez le classeur dans lequel elle sera mémorisée, et saisirez une brève description de son usage.

3. **Saisissez dans le champ Nom le titre de la macro.**

Figure 11.5 : Définition des caractéristiques de la nouvelle macro.

Sachez que les espaces ne sont pas autorisés et que le nom doit commencer par une lettre, un chiffre ou un signe de ponctuation. Pour cet exemple, nous remplacerons Macro1 par Nom_entreprise.

Vous pouvez ensuite entrer une lettre entre A et Z afin de définir un raccourci clavier. Autrement dit, vous demandez que la macro soit exécutée chaque fois que vous appuyez sur la combinaison Ctrl + *lettre*. Il se trouve cependant que certaines lettres sont déjà attribuées ; c'est le cas de "C" : par exemple, Ctrl + C copie une sélection dans le Presse-papiers, tandis que Ctrl + V colle le contenu du Presse-papiers. Si vous tenez cependant à utiliser la lettre "C", appuyez sur la touche Maj tout en saisissant la lettre en question, pour obtenir le raccourci clavier Ctrl + Maj + C.

4. **(Facultatif) Cliquez dans le champ Touche de raccourci. Tapez la lettre de l'alphabet que vous désirez assigner à la macro.**

Vous devez maintenant décider de l'emplacement où sera placée la macro. Dans la liste Enregistrer la macro dans, choisissez l'option Classeur de macros personnelles. De cette manière, vous pourrez exécuter la macro quel que soit le classeur ouvert. Si l'action ne doit concerner que le classeur actuellement ouvert, sélectionnez l'option *Ce classeur*. Enfin, l'option Nouveau classeur créera (comme son nom l'indique) un nouveau classeur pour y enregistrer vos macros.

5. **À l'aide de la liste déroulante Enregistrer la macro dans, spécifiez l'emplacement dans lequel la nouvelle macro sera placée.**

   Pour notre exemple, nous choisissons l'option Classeur de macros personnelles, ce qui permettra d'insérer le nom de l'entreprise dans tous les documents créés ou modifiés avec Excel.

   Remplir le champ Description n'est pas obligatoire. C'est en revanche une bonne habitude à prendre. En associant systématiquement un commentaire à vos macros, vous ou vos collègues saurez toujours à quoi elle sert.

6. **(Facultatif) Cliquez dans le champ Description et insérez un bref commentaire indiquant l'objet de la macro. Dans un environnement professionnel, il est aussi conseillé d'ajouter la date de création et le nom de la personne qui l'a réalisée.**

   Vous êtes maintenant prêt à commencer l'enregistrement de la macro.

7. **Cliquez sur OK.**

   La boîte de dialogue se referme. L'icône du bouton d'enregistrement, sur la Barre d'état et dans l'onglet Développeur, cesse d'être une icône et devient un carré bleu, indiquant qu'Excel enregistre désormais toutes vos actions.

   Sous le menu Macros de l'onglet Affichage ainsi que dans le groupe Code de l'onglet Développeur, se trouve une commande Utiliser les références relatives. Utilisez-la lorsque les adresses des cellules doivent être enregistrées relativement à la position initiale, et non de façon absolue. Supposons par exemple que la cellule courante soit A1. Dans le mode par défaut (absolu), l'adresse utilisée sera systématiquement A1 (ce qui correspond à la forme $A$1). Chaque fois que vous exécuterez la macro, elle partira de cette cellule. Un déplacement vers la droite, par exemple, renverrait vers A2. Dans le mode relatif, toutes les actions seront appliquées en partant de la cellule active. S'il s'agit de B8, un déplacement vers la droite activera B9 (et non A2). Il est évident que seul le mode relatif convient à notre exercice.

8. **(Facultatif) Cliquez sur l'option Utiliser les références relatives. Elle se trouve dans le groupe Code de l'onglet Développeur, et aussi dans le menu de la commande Macros de l'onglet Affichage. De cette manière, la macro peut être exécutée en partant de n'importe quelle cellule de la feuille active.**

9. **Sélectionnez les cellules, entrez les données et choisissez les commandes Excel nécessaires à la réalisation des tâches que vous voulez enregistrer. Procédez exactement comme vous le feriez ordinairement. Tapez, cliquez, activez... L'enregistreur se charge du reste.**

   Pour cet exemple, tout ce que vous avez à faire est de saisir le nom de la société. Cliquez sur le bouton Entrer de la Barre de formule (afin de valider le texte sans quitter la cellule). Activez si nécessaire l'onglet Accueil. Dans le groupe Police, cliquez sur le bouton G (gras) et choisissez le corps 12 dans la liste déroulante Taille de police. Sélectionnez ensuite la plage A1:E1 à l'aide de la souris. Toujours sous l'onglet Accueil, cliquez dans le groupe Alignement sur le bouton Fusionner et centrer.

   Ces actions terminées, il ne reste plus qu'à arrêter l'enregistrement.

10. **Cliquez sur le bouton Arrêter l'enregistrement, dans la Barre d'état ou sous l'onglet Développeur.**

   Le bouton carré bleu redevient une icône, indiquant que l'enregistreur est arrêté.

Exécuter des macros

La macro enregistrée, vous pouvez dès à présent l'exécuter en procédant de diverses manières :

- Sous l'onglet contextuel Affichage, cliquez sur le bouton Macros. Ou déroulez le menu associé en cliquant sur la flèche et choisissez la commande Afficher les macros.
- Sous l'onglet Développeur, cliquez dans le groupe Code sur le bouton Macros.
- Appuyez sur la combinaison de touches Alt + F8.

Dans chacun de ces cas, une boîte de dialogue semblable à celle de la Figure 11.6 apparaît. Elle contient la liste de toutes les macros disponibles dans le classeur actif, ainsi que la liste de celles placées dans `PERSONAL.XLSB`. Pour lancer une macro, il suffit de cliquer sur son nom puis sur le bouton Exécuter (vous pouvez aussi appuyer sur Entrée ou double-cliquez sur la ligne voulue).

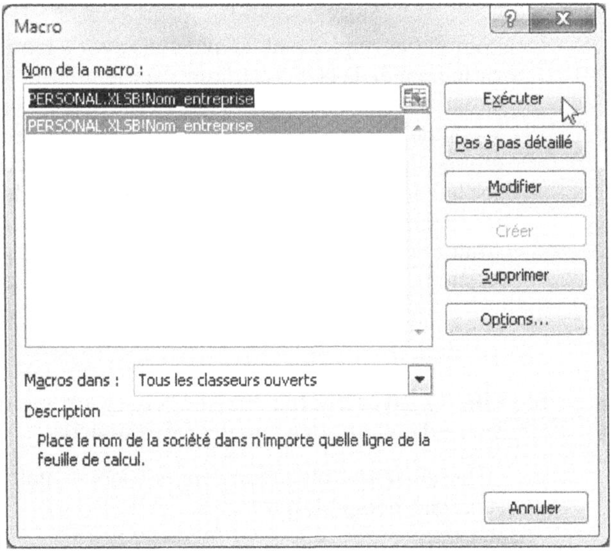

Figure 11.6 : Sélectionner la macro à exécuter.

TRUC

Si vous avez associé un raccourci clavier à la macro, il n'est pas utile d'ouvrir cette boîte de dialogue. Appuyez tout simplement sur la touche Ctrl et sur la lettre choisie (plus éventuellement sur la touche majuscule), et Excel exécutera immédiatement toutes les commandes enregistrées.

La raison pour laquelle les macros placées dans PERSONAL.XLSB sont toujours disponibles est que ce classeur est automatiquement ouvert lors du lancement d'Excel, mais sans être affiché. Cependant, et du fait même que ce classeur est invisible, il n'est pas possible de modifier ou de supprimer les macros depuis votre classeur. Si vous tentez d'effectuer ce genre d'action, Excel vous informe qu'il est impossible d'éditer une macro dans un classeur masqué.

Pour accéder à PERSONAL.XLSB, refermez d'abord le message d'erreur ainsi que la boîte de dialogue Macro. Cliquez à présent sur l'onglet Affichage puis, dans le groupe Fenêtre, cliquez sur le bouton Afficher. Dans la boîte de dialogue qui apparaît, sélectionnez le classeur PERSONAL.XLSB puis cliquez sur OK. Le classeur caché devient visible. Vous pouvez maintenant ouvrir la fenêtre Macro puis modifier ou supprimer les macros enregistrées dans le classeur personnel. Cela fait, refermez la boîte de dialogue Macro et cliquez sur le bouton Masquer, dans le groupe Fenêtre, pour cacher de nouveau le classeur PERSONAL.XLSB.

Placer des macros sur le Ruban et sur la barre d'outils Accès rapide

Au lieu de lancer une macro en appuyant sur un raccourci clavier ou en ouvrant la boîte de dialogue Macro, vous pouvez l'affecter à un onglet personnalisé sur le Ruban, ou le placer sur la barre d'outils Accès rapide.

Procédez comme suit pour placer une macro sous un onglet personnalisé du Ruban :

1. **Choisissez Fichier/Options puis, dans la boîte de dialogue Options Excel, cliquez sur la catégorie Personnaliser le ruban.**

   Le panneau Personnaliser le ruban apparaît.

2. **Dans le menu Choisir les commandes dans les catégories suivantes, choisissez Macros.**

La liste de gauche contient toutes les macros du classeur courant ainsi que celles enregistrées dans le dossier PERSONAL.XLSB.

3. **Dans la liste de droite, cliquez sur le nom d'un onglet personnalisé dans lequel vous désirez placer la macro.**

   Si vous n'avez pas encore créé de groupe personnalisé pour les macros, vous devrez en confectionner un. Voici comment :

   a. *Cliquez sur le bouton Nouvel onglet, en bas de la liste.*

      Excel ajoute à la fois, dans la liste de droite, un élément Nouvel onglet (Personnalisé) et un élément Nouveau groupe (Personnalisé). Ce dernier est sélectionné.

   b. *Cliquez sur l'élément Nouveau onglet (Personnalisé) que vous venez de créer.*

   c. *Cliquez sur le bouton Renommer, en bas de la liste, puis saisissez un nom pour l'onglet personnalisé –* ***Macros*** *par exemple – puis cliquez sur OK.*

   d. *Cliquez sur l'élément Nouveau groupe (Personnalisé).*

   e. *Cliquez sur le bouton Renommer puis saisissez un nom pour le groupe,* ***Insertion*** *par exemple. Cliquez sur OK.*

4. **Dans la liste de gauche, cliquez sur la macro à placer dans le groupe personnalisé.**

5. **Cliquez sur le bouton Ajouter. Cliquez ensuite sur OK pour fermer la boîte de dialogue.**

   Le nom de la macro apparaît sur un bouton du groupe personnalisé (Insertion, par exemple) figurant sous l'onglet personnalisé (Macros, par exemple). Il suffit à présent de cliquer sur le bouton de la macro, dans le Ruban, pour l'exécuter.

Pour ajouter un bouton personnalisé à la barre d'outils Accès rapide, procédez de la manière suivante :

1. **Cliquez sur la flèche qui se trouve au bout de la barre d'outils Accès rapide. Dans le menu qui s'ouvre, choisissez l'option Autres commandes.**

   La boîte de dialogue Options Excel apparaît, ouverte sur la catégorie Barre d'outils Accès rapide.

2. **Dans la liste déroulante Choisissez les commandes dans les catégories suivantes, sélectionnez Macros.**

   Excel affiche la liste de toutes les macros créées aussi bien dans le classeur actif que dans le classeur `PERSONAL.XLSB`.

3. **Cliquez sur le nom de la macro à ajouter à la barre d'outils Accès rapide, puis sur le bouton Ajouter (au milieu de la fenêtre).**

4. **Cliquez sur OK pour refermer la boîte de dialogue.**

La Figure 11.7 montre la barre d'outils Accès rapide ainsi que l'onglet personnalisé contenant chacun le nouveau bouton d'exécution de la macro.

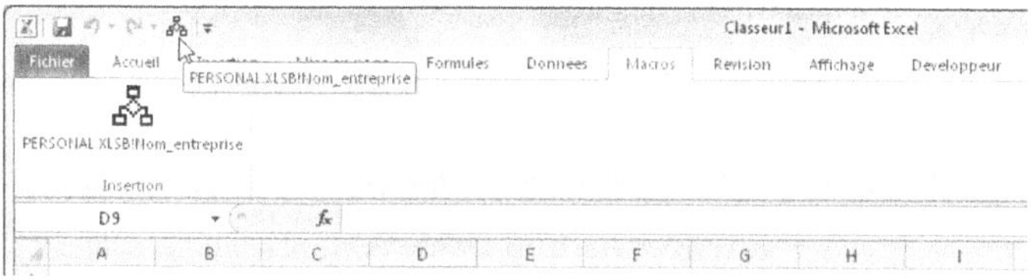

Figure 11.7 : Boutons de macro ajoutés dans la barre d'outils Accès rapide et dans l'onglet personnalisé nommé Macros.

Partager des classeurs

Il est très facile, avec Excel 2010, de partager des feuilles de calcul avec des collègues ou des clients. Vous pouvez utiliser la fonction Envoyer à l'aide de la messagerie, dans le panneau Backstage, pour envoyer un classeur à tous les utilisateurs dont l'ordinateur contient Excel. Si vous avez accès à un site collaboratif, comme SharePoint, ou un service Excel, vous pourrez enregistrer le classeur pour un usage au travers de ces ressources Web à partir du même panneau.

Si vous disposez d'un site de stockage Windows Live SkyDrive, toutes vos feuilles de calcul seront accessibles en ligne en vous connectant à ce site et en y transférant vos classeurs. Vous pouvez les modifier ou les réviser directement sur SkyDrive lorsque vous êtes hors de votre bureau ou en déplacement, même si une version d'Excel compatible n'est pas installée sur l'ordinateur que vous utilisez. Il suffit d'utiliser l'accès Internet de cet ordinateur pour vous connecter au dossier Mes Documents de votre zone SkyDrive contenant les feuilles de calcul, puis de les ouvrir et les modifier avec les tout nouveaux Excel Web Apps, reconnus par la plupart des navigateurs Web modernes.

Envoyer un classeur par courrier électronique

Pour envoyer un classeur par courrier électronique, choisissez Fichier/Partager. Le panneau qui apparaît, intitulé Envoyer à l'aide de la messagerie, contient les cinq options suivantes :

- **Envoyer en tant que pièce jointe :** Crée un nouveau message à l'aide du logiciel de messagerie par défaut, et y joint le classeur Excel.
- **Envoyer un lien :** Crée un nouveau message à l'aide du logiciel de messagerie par défaut, contenant un lien pointant vers le classeur. Cette option n'est disponible que si le classeur est enregistré sur le serveur Web de votre société ou de votre fournisseur d'accès Internet.
- **Envoyer en tant que PDF :** Le classeur Excel est converti en fichier PDF (*Portable Document File*) qui est placé comme pièce jointe dans un nouveau message. Notez que le logiciel gratuit Adobe Reader, téléchargeable à adresse `http://www.adobe.fr`, doit être installé sur l'ordinateur du destinataire.

- **Envoyer en tant que XPS :** Convertit le dossier Excel en fichier XPS (*XML Paper Specification*) joint à un nouveau message.
- **Envoyer en tant que télécopie Internet :** Envoie le classeur sous la forme d'une télécopie, par le truchement d'un fournisseur de service de télécopie. Le programme Télécopie et numérisation Windows doit être installé.

Après avoir sélectionné l'option de messagerie désirée, Windows ouvre un nouveau message contenant le classeur sous forme de pièce jointe ou un lien pointant vers le classeur. Indiquez l'adresse Internet du destinataire dans le champ À, ajoutez un petit mot dans le corps du message, puis cliquez sur le bouton Envoyer.

Partager un classeur sur un site SharePoint

Si votre entreprise possède un site SharePoint pour faciliter le travail collaboratif, vous pourrez y placer vos classeurs pour les mettre à dispositions des différentes équipes accédant à ce site. Vous avez le choix entre deux types de stockage : une copie statique du classeur qui n'autorise que sa consultation, ou une copie dynamique permettant aux équipes de modifier le classeur et exécuter certains types d'analyses en ligne, au travers de leur navigateur Web. Notez que la technologie de serveur Excel Services, de Microsoft, est indispensable pour pouvoir modifier les classeurs.

Pour enregistrer une copie statique du classeur, choisissez Fichier/Partager/Enregistrer dans SharePoint, puis cliquez sur le bouton Enregistrer dans SharePoint. Pour enregistrer une copie dynamique, interactive, choisissez Fichier/Partager/Publier vers Excel Services, puis cliquez sur le bouton Publier vers Excel Services. Dans les deux cas, Excel ouvre une boîte de dialogue Enregistrer sous, dans laquelle vous remplacez le nom de fichier par l'URL du site SharePoint (son adresse Web) avant de cliquer sur le bouton Enregistrer.

Excel se connecte alors au site SharePoint – il vous faudra peut-être fournir un nom d'utilisateur et un mot de passe –, puis il affiche la page Contenu du site dans la boîte de dialogue Enregistrer sous. Sélectionnez ensuite la bibliothèque de documents SharePoint, le sous-site ou l'espace de travail dans lequel vous désirez placer le classeur, en double-cliquant sur son icône ou sur l'élément en question. Cliquez ensuite sur le bouton Ouvrir. Quand vous cliquez sur le bouton Enregistrer après avoir sélectionné l'emplacement de destination, Excel place une copie du classeur directement sur le serveur SharePoint.

Placer des classeurs sur SkyDrive et les éditer avec un Excel Web App

Microsoft offre plusieurs applications et services en ligne avec sa suite Windows Live Essentials. Si vous possédez un compte SkyDrive – un composant de stockage et de partage de fichiers de Windows Live, dont les 25 premiers gigaoctets sont gratuits –, vous pourrez facilement y placer des copies de classeurs Excel afin de les partager.

1. **Choisissez Fichier/Partager/Enregistrer dans SkyDrive.**

   Le panneau Enregistrer dans SkyDrive apparaît. Vous avez le choix entre l'utilisation d'un navigateur Web, la connexion avec un identifiant Windows Live ID, ou la création d'un nouveau compte.

2. **Cliquez sur le bouton Se connecter. Indiquez ensuite votre identifiant Windows Live ainsi que le mot de passe.**

   Les dossiers du site SkyDrive apparaissent dans la fenêtre.

3. **Cliquez sur un dossier partagé puis cliquez sur le bouton Enregistrer sous.**

   Excel contacte le service SkyDrive et affiche ensuite la boîte de dialogue Enregistrer sous.

4. **Nommez le classeur puis cliquez sur le bouton Enregistrer.**

   Le classeur Excel est copié dans la zone SkyDrive.

Vous pouvez accorder un accès à vos copies de classeurs stockées sur SkyDrive. Vos collaborateurs utiliseront pour cela leurs propres identifiants Windows Live et mots de passe. De plus, vous pourrez modifier les classeurs à partir de votre navigateur Web à l'aide des tout nouveaux Excel Web Apps, une partie des Office Web Apps qui comprend aussi ceux de Word et de PowerPoint.

L'un des grands avantages d'un Excel Web App, pour modifier un classeur en ligne, est qu'il fonctionne parfaitement sous Internet Explorer 8, mais aussi avec les dernières versions des navigateurs Web les plus connus comme Mozilla Firefox pour Windows, Mac et Linux, et aussi avec les versions Mac et Windows de Safari, le navigateur d'Apple.

Voici comment modifier un classeur stocké dans le dossier Mes documents de SkyDrive :

1. **Ouvrez la page Mes documents de votre zone SkyDrive puis cliquez sur l'icône du dossier à modifier.**

   Une page Web contenant des informations à propos du fichier Excel apparaît.

2. **Cliquez sur le lien Modifier, dans la barre de liens en haut des icônes de fichiers.**

   Excel ouvre le classeur sélectionné à l'aide de l'Excel Web App de votre navigateur, comme le montre la Figure 11.8.

3. **Modifiez les cellules et/ou leur mise en forme grâce aux outils présents sous l'onglet Accueil du ruban Microsoft Excel Web App.**

   Pour changer le texte ou un nombre d'une cellule, ou pour modifier une formule, cliquez dans la cellule afin de l'activer puis cliquez dans la barre de formule. Pour modifier directement le contenu d'une cellule dans la feuille de calcul, cliquez sur la cellule et appuyez sur la touche F2.

   Pour modifier la mise en page ou la mise en forme d'une plage de cellules, cliquez sur le bouton de commande approprié dans les groupes Police, Alignement, Nombre ou Cellules, sous l'onglet Accueil du Ruban.

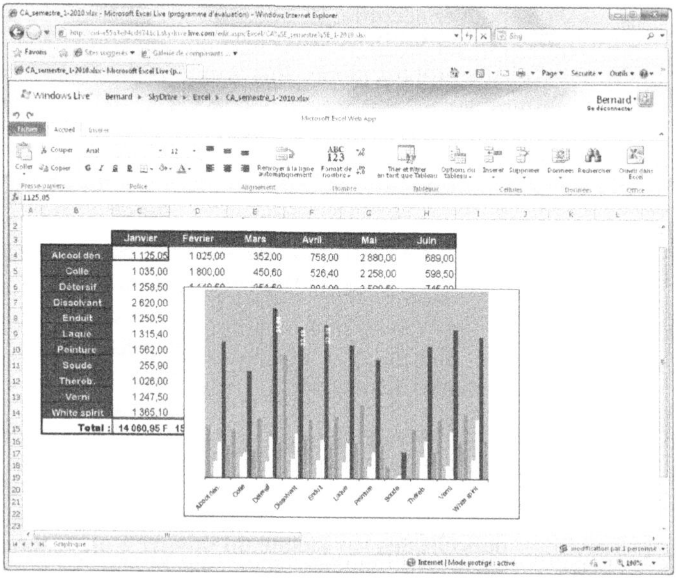

Figure 11.8 : Un classeur Excel stocké dans le dossier Mes documents de SkyDrive, est lu avec un navigateur Web grâce à son Excel Web App intégré.

4. **Les modifications terminées, enregistrez-les en cliquant sur Fichier/Enregistrer, et en changeant le nom du fichier figurant la boîte de dialogue Enregistrer sous. Cliquez ensuite sur le bouton Enregistrer. Ou alors, si vous ne voulez pas changer le nom du fichier, acceptez l'écrasement du fichier lorsque cette option vous sera proposée.**

TRUC

La fonctionnalité Excel Web App est fort commode pour les mises en page et mises en forme simples. Elle est cependant incapable de prendre en charge la modification des graphiques et autres objets complexes. Pour ce genre d'interventions, vous avez le choix entre la modification du dossier dans votre ordinateur – à condition qu'Excel 2007 ou 2010 soit installé – en cliquant sur le bouton Ouvrir dans Excel, à droite dans le Ruban. Ou alors, téléchargez le classeur dans l'ordinateur en cliquant sur Fichier/Télécharger une copie, modifiez le fichier dans l'ordinateur, puis copiez-le de nouveau dans SkyDrive.

Sixième partie

Les Dix Commandements

"Ma petite amie a créé une feuille de calcul de ma vie et elle en a tiré ce graphique. Maintenant, ce qui m'arrangerait, c'est qu'elle laisse tomber ses études d'informatique pour faire de l'aide sociale."

Dans cette partie...

Vous voici enfin arrivé à la partie amusante de ce livre, faite d'astuces et de conseils. Vous trouverez dans ces chapitres le Top 10 des fonctionnalités d'Excel 2010.

Chapitre 12

Le Top 10 des fonctions d'Excel 2010

Si vous voulez savoir très vite ce qu'Excel 2010 offre de plus sexy, ne cherchez pas plus loin ! En voici la liste officielle. La parcourir rapidement suffira sans aucun doute à vous en convaincre : dans cette débauche de fonctionnalités, le maître mot est bel et bien *graphique*, *graphique*, *graphique* !

Au cas où la brève description de chacune de ces fonctions ne vous suffirait pas, vous trouverez une référence croisée qui renvoie aux chapitres où ces fonctions sont expliquées plus en détail.

10. **Mise en forme conditionnelle et Sparklines :** C'est vrai. Je sais que, d'un point de vue strictement technique, la mise en forme conditionnelle existe depuis des années dans Excel. Mais le passé est déjà oublié et l'avenir s'ouvre devant vous. Vous avez la possibilité assez classique de définir une mise en forme lorsque les cellules vérifient certaines conditions. Mais, en supplément, il est maintenant possible d'appliquer instantanément à un groupe de cellules l'un des multiples choix proposés par les options Barres de données, Nuances de couleurs et Jeux d'icônes. Cliquez simplement sur Accueil, puis Style (dans le Ruban) et enfin sur Mise en forme conditionnelle. Vous n'avez plus qu'à choisir vos nouveaux jouets ! Lorsque vous appliquez un style Barres de données à une

plage, la longueur de chaque barre représente la valeur de la cellule courante comparée aux autres. Si vous choisissez Nuances de couleurs, c'est la teinte du fond qui figure cette échelle relative. Et si vous sélectionnez Jeux d'icônes, ce sont des symboles qui matérialisent ces rapports mutuels. Voyez le Chapitre 3 pour plus de détails sur l'application de mises en forme conditionnelles à vos feuilles de calcul.

Les graphiques sparklines sont une nouveauté d'Excel 2010. Ce sont de minuscules graphiques affichés directement dans les cellules de la feuille de calcul qui représentent visuellement des quantités présentes dans les cellules associées. Ils sont fort utiles pour attirer l'attention sur des tendances dans les données, et aussi pour repérer rapidement les valeurs hautes et basses.

9. **Styles de cellules :** Entre les six pauvres styles de cellules offerts dans les versions d'Excel antérieures à 2007 et la bonne quarantaine de styles colorés, prêts à l'emploi, dont vous disposez dans Excel 2010, il y a un monde ! Avec lui, vous avez vraiment du style ! De surcroît, le mode d'aperçu dynamique permet de prévisualiser la mise en forme de vos données avant même de l'appliquer. Il suffit pour cela de choisir un thème dans le Ruban associé à l'onglet Mise en page. Immobilisez le pointeur de la souris au-dessus d'un style, et son application est aussitôt visible dans la fenêtre (voyez un peu plus loin le point numéro 3). Reportez-vous au Chapitre 3 pour plus d'informations sur les styles prédéfinis et la création de mises en forme personnalisées.

8. **Mise en forme et édition depuis l'onglet Accueil :** L'onglet Accueil du nouveau Ruban d'Excel (voyez plus loin le point numéro 2) vous apporte sur un plateau doré toutes les fonctionnalités courantes de mise en forme et d'édition. Il est bien fini le temps où vous deviez jouer du bouton droit de la souris, plisser les yeux pour repérer le bon bouton dans une barre d'outils ou encore la bonne option dans un menu déroulant partiellement déployé. Avec Excel 2010, il suffit de trouver le groupe contenant la commande voulue et de cliquer sur le bouton approprié. Quoi de plus facile ? Le Chapitre 3 explique tout sur les

groupes Police, Alignement, Nombre ou encore Style de l'onglet Accueil. Le Chapitre 4 traite des groupes Presse-papiers, Cellules et Édition de ce même onglet.

7. **Des graphiques directement depuis l'onglet Insertion :** Aussi loin que remonte ma mémoire (disons... jusqu'à la version 4, en 1993), les graphiques furent de bons compagnons d'Excel. Mais avec Excel 2010, ils prennent enfin leur envol, si ce n'est leur autonomie. C'en est terminé du traditionnel assistant. Vous pouvez maintenant accéder directement à tous les principaux types de graphiques depuis l'onglet Insertion du Ruban. Sélectionnez simplement vos données, cliquez sur le bouton Diagrammes du Ruban et choisissez le style de votre graphique. Et avec l'aide des nombreuses options des onglets Créer, Disposition et Mise en forme, vous allez rapidement obtenir un diagramme totalement professionnel qui sera fin prêt à être imprimé ou projeté.

6. **Présenter sous forme de tableau :** Cette fonctionnalité est une vraie petite fée. En formatant un tableau de données avec l'un des nombreux styles offerts dans la liste déroulante de même nom, vous vous assurez que toutes les nouvelles entrées insérées ultérieurement dans ce tableau auront la même mise en forme que les éléments correspondants. Mieux, ces nouvelles entrées seront automatiquement considérées comme faisant partie du tableau lorsqu'il faudra discuter de formatage, de tri ou de filtrage. D'ailleurs, les tris et les filtres sont rendus vraiment faciles grâce à l'ajout automatique de boutons dans les cellules de la ligne d'en-tête. Voyez le Chapitre 3 pour ce qui a trait au formatage d'une plage sous forme de tableau.

5. **Aperçu de la mise en page :** L'aperçu de la mise en page, c'est exactement ce que le docteur vous a prescrit quand il a vu votre état. Lorsque vous activez ce mode en cliquant sur le bouton qui se trouve à gauche du curseur de zoom, Excel ne se contente pas, comme dans les précédentes versions, d'afficher les sauts de page sous la forme de lignes en pointillé (d'accord, il est quand même possible de le faire avec le bouton d'à côté), il montre aussi les marges, y compris les en-têtes et les pieds de

page (que vous pouvez définir et éditer directement tant que cette vue est active). Et, cerise sur le gâteau, vous disposez aussi, comme dans un traitement de texte, d'une règle horizontale et d'une règle verticale en plus des intitulés de lignes et de colonnes. Si vous couplez tout cela avec le curseur de Zoom et l'aperçu des sauts de page, vous finirez par aimer préparer des rapports prêts à être imprimés. Pour en savoir plus sur ces sujets, reportez-vous au Chapitre 5.

4. **Galeries de styles :** Excel 2010 déborde de galeries de styles très variées, qui permettent en un tournemain d'appliquer des formatages sophistiqués (et souvent pleins de couleurs) à vos tableaux, vos listes de données, vos diagrammes ainsi qu'aux graphismes divers et variés susceptibles de peupler vos feuilles de calcul. Couplées avec l'aperçu dynamique (voyez le point numéro 1), ces galeries de styles constituent un vif encouragement (et une contribution décisive) à créer des classeurs mieux présentés, plus colorés et plus intéressants.

3. **Informations sur le classeur, Impression et affichage Backstage :** La toute nouvelle vue Backstage d'Excel 2010 permet d'obtenir toutes les propriétés et statistiques du classeur – techniquement, des métadonnées – et de les présenter dans un panneau. Pour cela, il suffit de choisir Fichier/Informations (Alt + F). Grâce à la vue Backstage, la prévisualisation, les changements de paramètres et l'impression du classeur (Ctrl + P ou Alt + FP) s'effectuent en un clin d'œil. Reportez-vous au Chapitre 5 pour les détails sur l'impression à partir du nouveau panneau Imprimer.

2. **Le Ruban :** Le Ruban est au cœur de l'interface utilisateur d'Excel 2010. Il est basé sur un ensemble d'onglets auquel des sous-onglets, dits contextuels, sont ajoutés selon les besoins spécifiques de formatage et d'édition (comme les tableaux, les diagrammes, les tableaux croisés dynamiques, les objets graphiques, et ainsi de suite). Le Ruban rassemble toutes les commandes nécessaires pour effectuer les diverses tâches sous Excel. Reportez-vous au Chapitre 1 pour une découverte du Ruban.

1. **L'aperçu dynamique :** Jamais nous ne remercierons assez les inventeurs de cet aperçu *live* qui rend tellement plus

facile la mise en forme des feuilles de calcul. Il fonctionne avec les galeries de styles (voyez le point numéro 4) ainsi qu'avec les listes Police, Taille de police ou encore Couleur (vous les trouvez dans le groupe Police de l'onglet Accueil). Il vous permet de voir à quoi ressembleront les cellules de votre sélection courante si vous leur appliquez une mise en forme particulière. Tout ce que vous avez à faire est de promener votre souris au-dessus des vignettes du menu ou de la galerie. Le style correspondant à la position de votre pointeur est instantanément affecté à la plage de cellules. Et un bonheur ne venant jamais seul, certaines de ces listes sont accompagnées de boutons de défilement qui affichent de nouvelles rangées de vignettes sans obscurcir davantage votre sélection (comme ce serait le cas si vous deviez cliquer sur un bouton Plus ou quelque chose de ce genre). Après avoir repéré la mise en forme qui convient aux données, cliquez sur la vignette pour l'appliquer immédiatement à la plage de cellules.

Chapitre 13

Le Top 10 pour les débutants

Si vous ne maîtrisiez que les dix points qui suivent, vous sauriez déjà vous débrouiller honorablement avec Excel 2010. Ce Top 10 recense en effet ce qu'il faut savoir pour utiliser efficacement Excel.

10. **Pour démarrer Excel 2010 depuis la Barre des tâches de Windows 7 ou Windows Vista,** tapez **exc** dans le champ de recherche et appuyez sur Entrée dès lors que Microsoft Office Excel 2010 a été sélectionné dans la section Programmes. Avec Windows XP ou 2000, cliquez sur le bouton Démarrer, puis mettez l'option Tous les programmes en surbrillance. Ouvrez le sous-menu Microsoft Office et choisissez enfin Microsoft Office Excel 2010.

9. **Pour démarrer automatiquement Excel 2010 en même temps que le classeur à modifier,** localisez le fichier dans Mes Documents (sous Windows XP) ou Documents (sous Windows 7 et Windows Vista).

8. **Pour atteindre une partie de la feuille de calcul qui n'est pas visible à l'écran,** actionnez les barres de défilement à droite et en bas de la fenêtre du classeur jusqu'à ce que l'emplacement recherché apparaisse.

7. **Pour créer un nouveau classeur contenant par défaut trois feuilles de calcul vierges, en utilisant le modèle par défaut d'Excel,** appuyez sur les touches Ctrl + N. Pour ouvrir un nouveau classeur basé sur un autre modèle, cliquez sur Fichier/Nouveau (ou Alt + FN). Sélection-

nez ensuite le modèle désiré dans la partie Nouveau de la fenêtre Backstage, où vous pouvez aussi télécharger des modèles depuis le site Office.com. Pour ajouter une nouvelle feuille de calcul dans un classeur, si trois ne vous suffisent pas, cliquez sur le bouton Insérer, immédiatement à droite du dernier onglet situé en bas des feuilles.

6. **Pour activer un classeur ouvert et l'afficher à l'écran par-dessus ceux qui sont déjà ouverts,** cliquez sur l'onglet Affichage, dans le Ruban, puis sur le bouton Changement de fenêtre. Sélectionnez le classeur voulu dans la liste déroulante qui s'affiche. Vous pouvez aussi utiliser la combinaison de touches Alt + VW suivie du numéro de la fenêtre. Pour localiser une feuille de calcul particulière dans le classeur actif, cliquez sur l'onglet de cette feuille, en bas à gauche de la fenêtre du document. Pour afficher d'autres feuilles, cliquez sur les boutons de défilement des feuilles (ils se trouvent sur la gauche des onglets de celles-ci).

5. **Pour introduire des données dans une feuille de calcul,** sélectionnez la cellule qui doit les contenir puis tapez-les. Cliquez ensuite sur le bouton Entrer de la Barre de formule (celui en forme de coche) ou appuyez sur la touche Tab, sur la touche Entrée ou sur l'une des touches fléchées.

4. **Pour modifier le contenu d'une cellule,** double-cliquez sur sa case ou placez le pointeur de souris dessus et appuyez sur F2. Excel place le point d'insertion au bout du contenu de la cellule et passe en mode Modification (reportez-vous au Chapitre 2 pour les détails). Après avoir corrigé l'entrée, cliquez sur le bouton Entrer de la Barre de formule ou appuyez sur la touche Tab, sur la touche Entrée ou sur l'une des touches fléchées.

3. **Pour choisir l'une des nombreuses commandes d'Excel dans le Ruban,** cliquez sur l'onglet voulu, localisez le groupe qui contient le bon bouton, puis cliquez sur celui-ci. Vous pouvez également appuyer sur la touche Alt afin d'afficher les raccourcis clavier, puis successivement sur la touche de la lettre associée à l'onglet qui vous intéresse et enfin sur celle du bouton de commande à utiliser. Pour choisir une commande dans la fenêtre Backstage,

choisissez Fichier puis cliquez sur l'option désirée. Une autre solution consiste à utiliser la combinaison Alt + F suivie de la touche de raccourci associée à la commande que vous voulez activer. Pour choisir une commande dans la barre d'outils Accès rapide, il suffit de cliquer sur le bouton correspondant en haut et à gauche de la fenêtre d'Excel.

2. **Pour enregistrer une première fois le classeur sur le disque dur,** cliquez sur le bouton Enregistrer de la barre d'outils Accès rapide ou appuyez sur Ctrl + S (ou encore sur Maj + F12). Choisissez alors le lecteur et le dossier où le fichier sera sauvegardé. Remplacez le nom Classeur1.xls proposé par défaut par un nom plus personnalisé (jusqu'à 255 caractères, y compris les espaces). Cliquez ensuite sur le bouton Enregistrer. Pour enregistrer un classeur dans un format lisible par les anciennes versions d'Excel, sélectionnez l'option Enregistrer sous dans le menu Microsoft Office. Sélectionnez alors l'option Classeur Excel 97-2003 comme type de fichier dans la fenêtre Enregistrer sous.

1. **Pour quitter Excel,** choisissez Fichier/Quitter ou appuyez sur Alt + F4 ou sur Alt + FX. Si le classeur contient des modifications non sauvegardées, Excel demande s'il faut les enregistrer.

Chapitre 14

Les Dix Commandements d'Excel 2010

Vous découvrirez que dans Excel certaines choses se font et d'autres pas. En respectant religieusement les Tables de la Loi édictées ci-après, votre tableur vous mènera au septième ciel.

10. **Sur le disque dur tu coucheras ton travail. En sauvegardant fréquemment le travail en cours (sur le bouton Enregistrer de la Barre d'accès rapide tu cliqueras, ou tu appuieras sur Ctrl + S), le risque de pertes de données tu minimiseras. De plus, dès la première sauvegarde, Excel enclenchera la fonction de récupération automatique. Pour t'assurer que cette fonction est activée, sur Fichier/Options tu cliqueras. L'option Enregistrement tu choisiras. Tu vérifieras alors que la case Enregistrer les informations de récupération automatique toutes les *n* minutes est cochée et que *n* n'est pas supérieur à 10 minutes.**

9. **Tes classeurs tu nommeras. La première fois qu'un classeur tu enregistreras, un nom plus descriptif que celui proposé par défaut tu lui donneras. À 255 caractères ou symboles tu te limiteras, et si un caractère interdit est utilisé – enfer et damnation ! –, de te le signaler Excel ne manquera pas, ô mécréant. Tu choisiras ensuite judicieusement le dossier dans lequel le classeur sera enregistré afin de le retrouver facilement lorsque tu en auras besoin.**

8. **Tes données tu n'éparpilleras point dans la feuille de calcul, afin d'épargner la sainte mémoire vive de ton Seigneur et Maître, le Grand Ordinateur (sinon, au PC chinois tu seras inscrit d'office).**

7. Par le diabolique et sulfureux signe = (égal, le Grand Annihilateur), chacune des formules d'Excel 2010 tu commenceras. Mais si tu appartiens à l'orientale mais néanmoins pacifique tribu du grand Lotus 1-2-3, d'une dispense spéciale tu bénéficieras et tu pourras commencer une formule par le signe + et les fonctions par le signe @.

6. Les cellules tu sélectionneras avant d'invoquer quelque commande Excel. Sinon, comme un ballon de baudruche leur terrible pouvoir se dégonflerait.

5. De la fonction Annuler tu useras immédiatement après avoir commis une Très Grande Faute. Pour cela, sur le bouton Annuler de la Barre d'accès rapide tu cliqueras ou sur Ctrl + Z tu appuieras. Si tu oublies d'utiliser tout de suite cette fonctionnalité, couvert de honte et d'opprobre tu devras sélectionner l'action à effacer dans le sacré menu déroulant attaché au bouton Annuler. Mais prévenu tu seras alors que toutes tes actions ultérieures seront également détruites par Excel le Tout-Puissant.

4. Des lignes ou des colonnes tu ne supprimeras ou n'insèreras, à moins d'avoir vérifié que ces opérations ne détruisent ou ne déplacent pas inconsidérément des formules et des données.

3. Sans l'Aperçu avant impression jamais tu n'imprimeras. Systématiquement tu vérifieras, en cliquant sur le bouton d'aperçu (celui qui se trouve au milieu de la rangée que tu vois immédiatement à gauche du curseur de zoom), que les données apparaissent correctement dans la page, qu'elles ne sont pas tronquées et que les sauts de page sont pertinents. Pour voir ces derniers, sur le bouton d'aperçu des sauts de page tu cliqueras (celui qui se trouve juste à gauche du Pourcentage de zoom).

2. Au recalcul manuel tu auras recours lorsque la feuille de calcul sera devenue si volumineuse qu'elle rampera comme un vermisseau à terre. Pour cela, le menu Formules tu ouvriras. Dans le Ruban, sur Calcul tu cliqueras, puis sur Options de calcul. À partir de là, le message Calculer de la Barre d'état tu ignoreras. Sur la touche de recalcul immédiat (F9) tu éviteras d'appuyer.

L'option Formules/Calcul/Calculer maintenant, tu mépriseras. Ta feuille tu ne recalculeras que lorsque tu auras toi-même choisi l'heure de ton destin, par exemple juste avant d'imprimer ton document.

1. Les feuilles et le classeur tu protégeras de l'iniquité et de la corruption, et surtout de la horde des maladroits et des malfaisants. Pour ce faire, sur Révision tu cliqueras puis sur Protéger la feuille ou Protéger le classeur tu cliqueras aussi. Et pour te prémunir du malin – si tant est qu'il le soit –,un mot de passe au classeur tu appliqueras. Ce mot de passe, toujours tu t'en souviendras, non mais, car sinon les foudres divines sur toi s'abattront. Écoute le Grand Maître Dan Bricklin, celui qui sait tout car il inventa le tableur en 1977 : "En vérité je te le dis, le jour maudit ou le mot de passe tu oublieras, de ce jour dans les ténèbres ta feuille de calcul demeurera à jamais."

Index

A

B

C

D

E

G

H

I

L

M

Q

R

S

T

U

V

W

X

Z

Achevé d'imprimer en France par EPAC Technologies
N° d'édition: 4550414305418
Dépôt légal: janvier 2011